Verhandlungen

des

Zwölften deutschen Juristentages.

Herausgegeben

von

dem Schriftführer-Amt der ständigen Deputation.

Zweiter Band.

Berlin 1875.
Commissions-Verlag von J. Guttentag.
(D. Collin.)

Inhaltsverzeichniß.

X. Gutachten über die Fragen des Vormundschaftsrechts: Seite.

1. Soll die Obervormundschaft, soweit sie dem Staate obliegt, durch Einzelrichter oder durch Collegialgerichte ausgeübt werden?
2. Soll die Obervormundschaft dem Staate allein vorbehalten werden, oder eine Mitwirkung der Familie oder Gemeinde stattfinden, und im Falle der Bejahung der letzteren Alternative, in welchem Maße (begutachtend oder beschließend)?
3. Soll das Institut eines beaufsichtigenden Gegen- (Ehren-) Vormundes überhaupt, für alle, oder nur für einzelne Fälle eingeführt werden?
4. Empfiehlt sich die Beibehaltung der Deposital-Verwaltung für Mündelgelder? und welche Grundsätze rechtfertigen sich hinsichtlich der Cautionsbestellung der Vormünder? 171

von Herrn Rechtsanwalt Leonhard in Breslau.

XI. Gutachten über die Frage:

„Empfiehlt sich eine Beschränkung der Antrags-Verbrechen und Vergehen des Deutschen Strafgesetzbuchs?" 193

von Herrn Obergerichtsrath Thomsen zu Hannover.

XII. Gutachten über die Frage:

Sind die Antragsverbrechen überhaupt legislatorisch zu rechtfertigen? 223

von Herrn Oberappellationsgerichtsrath Dr. John zu Lübeck.

XIII. Gutachten über die Frage:

Soll die väterliche Gewalt, insbesondere als Grund der Beschränkung der Handlungsfähigkeit, kraft des Gesetzes mit der Großjährigkeit des Hauskindes erlöschen? 268

von Herrn Obertribunalsrath Dr. Struckmann zu Berlin.

XIV. Gutachten über die Gesetzgebungsfrage:

Ist es ausführbar, das eheliche Güterrecht durch ein einheitliches Gesetz in ganz Deutschland zu codificiren? 276

von Herrn Professor Dr. Paul v. Roth in München.

XV. Gutachten über die Gesetzgebungsfrage:

Ist es wünschenswerth und ausführbar, das eheliche Güterrecht für

ganz Deutschland durch ein einheitliches Gesetz zu codificiren und auf welcher Grundlage? 285
von Herrn Geh. Justiz- und Appellations-Raths Dr. Alfred Agricola zu Eisenach.
XVI. Gutachten über die Gesetzgebungsfrage:
Soll im Falle der Freisprechung (oder der Nichterhebung der Anklage) für die Untersuchungshaft eine Enschädigung gewährt werden? . . 329
von Herrn Obertribunalrath Dr. Köstlin in Stuttgart.
Nekrolog des Oberappellationsgerichtsraths v. Salpius. 334

Gutachten.

X.

Gutachten des Herrn Rechtsanwalt Leonhard zu Breslau

über die Fragen des Vormundschaftsrechts:

I. Soll die Obervormundschaft, soweit sie dem Staate obliegt, durch Einzelrichter oder durch Collegialgerichte ausgeübt werden?

II. Soll die Obervormundschaft dem Staate allein vorbehalten werden, oder eine Mitwirkung der Familie oder Gemeinde stattfinden, und im Falle der Bejahung der letzteren Alternative, in welchem Maaße (begutachtend oder beschließend)?

III. Soll das Institut eines beaufsichtigenden Gegen- (Ehren-) Vormundes überhaupt, für alle, oder nur für einzelne Fälle eingeführt werden?

IV. Empfiehlt sich die Beibehaltung der Deposital-Verwaltung für Mündelgelder? und welche Grundsätze rechtfertigen sich hinsichtlich der Cautionsbestellung der Vormünder?

Nach der Fassung der beiden ersten der vorangestellten vier Fragen, über welche ich mich nach der für mich sehr ehrenvollen Aufforderung der ständigen Deputation des deutschen Juristentages gutachtlich äußern soll, ist als bereits feststehend zweierlei vorausgesetzt: erstens, daß die Ober-Vormundschaft (wenigstens theilweise) dem Staate obliegt, und zweitens, daß der Staat seine obervormundschaftlichen Funktionen durch die Gerichte ausübt.

Mit beiden Voraussetzungen erkläre ich mich einverstanden.

Der Gedanke, daß Personen, welche für sich selbst zu sorgen nicht im Stande sind, und keinen natürlichen Vertreter haben, unter der besonderen Aufsicht und Fürsorge des Staates stehen, und die Bevormundung somit ein Recht und eine Pflicht des Staates ist, hat sich naturgemäß aus der deutschrechtlichen Anschauung entwickelt, welche bei dem Erwachsen der Familien-Verbindungen zu staatlichen Gemeinwesen an Stelle des Familienschutzes den wirksameren und umfassenderen Königsschutz treten ließ, und es als eine der vornehmsten Pflichten der Könige betrachtete, sich der Schutzbedürftigen in ihrem Gebiete anzunehmen. Die Reichsgesetzgebung hat demnächst in der Bestimmung, daß „ein jeglicher Vormunder, er sei gleich in Testamentsweis verordnet oder durch das Recht oder den Richter gegeben, sich der Vormundschaft nicht unterziehen soll, die Verwaltung sei ihm denn zuvor durch die Obrigkeit decerniret und befohlen," — worin ausgesprochen ist, daß auch der tutor legitimus und der tutor testamentarius zur Ausübung der ihnen durch das Gesetz oder durch Testament deferirten vormundschaftlichen Rechte der Bestätigung durch die Obrigkeit bedürfen, den Grundsatz, daß der vormundschaftliche Schutz ein Ausfluß der Staatsgewalt ist, allgemein sanctionirt. So findet sich denn auch in allen Partikulargesetzgebungen ausnahmslos die Consequenz jenes Grundsatzes, die obervormundschaftliche Aufsicht des Staates anerkannt. Verschieden ist nur das Maaß der Befugnisse, welche man der obervormundschaftlichen Behörde zugewiesen hat. Selbst das französische Recht, welches in der Tendenz, den Einfluß der Familie des Pfleglings auf die Vermundschafsführung zu erweitern, in dem Institut des Familienrathes ein Organ geschaffen hat, welchem ein Theil der sonst der Behörde zustehenden Aufsichtsrechte übertragen ist, bringt die Mitwirkung der staatlichen Behörde bei der obervormundschaftlichen Aufsicht zur Geltung, indem es einmal den Friedensrichter mit Stimmrecht, und bei Stimmengleichheit mit entscheidender Stimme dem Familienrathe präsidiren läßt, und außerdem für die wichtigsten Beschlüsse des Familienraths die Bestätigung der Collegialgerichte erster Instanz erfordert.

Je complicirter unser Verkehrs- und Rechtsleben sich gestaltet hat, und je größer folgeweise die Leistungen und Obliegenheiten geworden sind, welche das vormundschaftliche Amt im Allgemeinen mit sich bringt, desto weniger kann davon die Rede sein, bei einer Reform des Vormundschaftsrechts von der staatlichen Oberaufsicht vollständig abzusehen, und die Vormundschaft etwa zu einer reinen Familiensache derart zu gestalten, daß die Pfleglinge lediglich auf die Fürsorge ihrer Angehörigen angewiesen wären, und ihnen Seitens des Staats nur der allgemeine Schutz zu statten käme, der in den Gesetzen liegt. Hierüber herrscht wohl kein Streit.

Ebenso einig ist man, wenigstens im Princip, darüber, daß die vormundschaftliche Behörde nur eine Aufsichtsbehörde sein darf, daß sie weder berufen, noch geeignet ist, selbst den Pflegling zu vertreten, oder unmittelbar in seinem Namen zu handeln, daß vielmehr es lediglich der Vormund ist, welcher, und zwar nicht als ein Bevollmächtigter der Behörde, den sie beliebig übergehen kann, sondern kraft des ihm gesetzlich übertragenen Vormundschafts-Amtes den Pflegling vertritt und sein Vermögen verwaltet, daß sonach die Funktionen der Obervormundschaft im Wesentlichen sich erstrecken auf: die Einleitung der Vormundschafts, (Bestellung und Verpflichtung der Vormünder), ferner: die Aufhebung der Vormundschaft, soweit sie nicht kraft des Gesetzes aufhört, (Großjährigkeitserklärung, Entlassung ungetreuer Vormünder), endlich auf die Oberaufsicht über die Amtsführung der Vormünder. Zu der letzteren gehört die Abnahme und Controlirung der Rechnungen des Vormundes, das Recht, nöthigenfalls durch Ordnungsstrafen den Vormund zur Erfüllung seiner Pflichten anzuhalten, sodann die — im Interesse der Sicherheit des Pfleglings von jeher für nothwendig erachtete — Prüfung und Genehmigung gewisser im Gesetze bezeichneter besonders wichtiger Rechtsakte des Vormundes, die entweder erst durch die obervormundschaftliche Genehmigung für den Pflegebefohlenen rechtsverbindlich werden, (z. B. Veräußerung von Grundstücken), oder wenn vom Vormunde ohne Consens der Vormundschaftsbehörde vorgenommen, zwar giltig sind, aber die Regreßpflicht des Vormundes zur Folge haben; — endlich die Anleitung des Vormundes in denjenigen Fällen, in denen derselbe, obwohl zum selbständigen Handeln befugt, den Rath der vormundschaftlichen Behörde anruft. Weiter jedoch ist der Wirkungskreis der Obervormundschaft nicht auszudehnen. Den Vormund unter die beständige Leitung der Behörde stellen, und ihn in allen irgend erheblichen Stücken an deren Anweisung binden, — wie das Preußische Allg. Landrecht thut (§§. 235 — 239, II. 18) — verschiebt das rechtliche Verhältniß und führt zu einem bureaukratischen Regiment, welches, statt den gehofften Nutzen der größeren Sicherheit zu gewähren, auf die Besorgung der Angelegenheiten des Mündels hemmend und darum nachtheilig wirkt, die obervormundschaftliche Behörde mit unfruchtbarer Arbeit belastet, und den Vormund in eine Stellung drängt, die ihm sein Amt verleidet.

Hier ist der Punkt, in dem das Vormundschaftssystem des Preußischen Landrechts selbst nach dem Urtheil Derer, die den hohen Werth dieses seiner Zeit mit bewunderungswürdiger Sorgfalt und Gewissenhaftigkeit zu Stande gebrachten Werkes rühmend anerkennen, in Anbetracht namentlich der seitdem gänzlich veränderten staatlichen und wirthschaftlichen Verhältnisse — der Reform wirklich und dringend bedürftig ist, und wenn es sich jetzt um die Herstellung eines neuen Vormundschaftsrecht handelt, so kann es nicht fraglich sein, daß — wohin auch nahezu alle Reformvorschläge abzielen, welche auf dem Gebiete des Preußischen Vormundschaftsrechts seit einem halben Jahrhundert aufgetaucht sind — jene Maxime der beständigen Leitung des Vormundes durch die vormundschaftliche Behörde, welche diese Behörde als den eigentlichen Vormund erscheinen läßt und den bestellten Vormund als ihr willenloses Organ, wegfallen, — der Vormund die ihm als Vertreter des Mündels naturgemäß zukommende freiere und selbständigere Stellung angewiesen erhalten, und folgeweise der Wirkungskreis der Obervormundschaft im Wesentlichen auf die eben angegebenen Autoritäts- und Aufsichtsrechte eingeschränkt werden muß.

Fragt man nun, welche Behörden die zur Führung der staatlichen Obervormundschaft (in deren solchergestalt gehörig abgegrenztem Gebiete) berufen und am meisten geeignet sind, so muß von vornherein die Erwägung, daß die Obervormundschaft einen Zweig nicht der richterlichen, sondern der oberaufsehenden Gewalt bildet, von den Gerichten ab- und auf andere Behörden leiten, — also auf die staatlichen Verwaltungsbehörden, oder, wie vielseitig vorgeschlagen worden ist, die Gemeindebehörden, denen in diesem Falle der Staat die Ausübung der obervormundschaftlichen Gewalt zu übertragen hätte, oder auf eigens dazu eingerichtete Behörden (Waisenämter), wie sie, meist zusammengesetzt aus Beamten und Laien an mehreren Orten, — freilich nur als Zwischenorgane der Beaufsichtigung zwischen dem Vormunde und der Staatsbehörde — (so z. B. in Baden, in Württemberg, in Hamburg, in einzelnen Cantonen der Schweiz) bestehen. Die Frage, ob die Einschiebung eines solchen an die Gemeinde oder auch an die Familie des Pfleglings sich anlehnenden Zwischengliedes überhaupt empfehlenswerth ist, wird weiter unten bei der Untersuchung, ob und inwieweit der Familie oder Gemeinde eine Mitwirkung bei der Obervormundschaft einzuräumen sei, mit erörtert werden. Hier handelt es sich um die *staatliche* Oberaufsicht, die unter allen Umständen unentbehrlich ist, und um das geeignetste Organ für die Ausübung derselben. Gegenüber der obigen theoretischen Erwägung fällt bei dieser rein praktischen Organisationsfrage vor Allem in's Gewicht, daß von jeher die Obervormundschaft als ein Annexum der Civilgerichtsbarkeit den Gerichten zugewiesen war. Wenn Kraut („die Vormundschaft nach den Grundsätzen des Deutschen Rechts" Bd. I. S. 88) dies als etwas Zufälliges bezeichnet, und es daraus erklärt, daß in den älteren Zeiten die gerichtlichen Behörden überhaupt die ordentliche Obrigkeit bildeten, so wird immerhin von diesem langjährigen Gebrauche, der sich weit über die Zeiten fortgesetzt hat, in denen die verschiedenen Zweige der öffentlichen Gewalt sich sonderten, und namentlich die Verwaltung von der Justiz getrennt wurde, und welcher demzufolge mit der Anschauung des Volkes eng verwachsen ist, nur dann abzugehen sein, wenn dringende Gründe der jetzigen Zeit dies erfordern. Dies ist indessen keineswegs der Fall. Die Klagen, welche — hauptsächlich im Geltungsgebiete des Preußischen Landrechts — gegen die Gerichte als Vormundschaftsbehörden laut geworden sind, und welche außer der Ueberlastung der Richter mit Angelegenheiten, die ihrem Berufe fern liegen, die Peinlichkeit und Umständlichkeit des Verfahrens sowie die Schwerfälligkeit der Vermögensverwaltung betreffen, — diese an sich berechtigten Klagen rühren lediglich von der oben bereits bekämpften Einrichtung her, nach welcher die Behörde den Vormund unter ihrer beständigen Leitung zu halten, ihn mit Anweisungen zu versehen, somit eigentlich selbst die Vormundschaft zu führen und in alle Verhältnisse der Mündel sich einzumischen hat. Diese Art der Thätigkeit ist allerdings mit dem Richteramte am wenigsten verträglich; sie würde aber auch, von einer andern Behörde geübt, die eben beregten Mißstände mit sich führen. Es ist eben eine Thätigkeit, die mit der Stellung einer öffentlichen Behörde sich schlechterdings nicht verträgt und von keiner gehörig prästirt werden kann. Wird aber (wie dies unabweislich, und in dem neuesten Preußischen Entwurf eines Gesetzes über das Vormundschaftswesen unter allgemeinem Beifall in Aussicht genommen ist) der Vormund in die ihm gebührende, unabhängigere Stellung eingesetzt und zu dem im Allgemeinen selbständigen Verwalter des vormundschaftlichen Amtes — nicht blos dem Namen nach, sondern in der That — gemacht, demgemäß der Wirkungskreis der obervormundschaftlichen Behörde auf die Ausübung der oben angeführten Aufsichts- und Autoritätsrechte beschränkt, so wird der Grund jener Klagen sich erledigen. Es wird dann der Wust unfruchtbarer Arbeit wegfallen, der jetzt die Behörde überlastet und die vormundschaftliche Verwaltung lähmt. Die Thätigkeit, die der obervormundschaftlichen Behörde verbleibt, wird sich viel einfacher, viel übersichtlicher gestalten; sie wird in dem Gesetze einen festeren Boden finden, als bisher; sie wird, befreit von dem lästigen Formalismus, in welchen sie die nunmehr entbehrlich werdenden zahlreichen Detail-Vorschriften eingezwängt, sich mehr der materiellen Prüfung der Sachen und der Rücksichtnahme auf die individuellen Verhältnisse der Pflegebefohlenen zuwenden können. Unter diesen Voraussetzungen aber kann gegen die Beibehaltung der Gerichte als Organe der staatlichen Obervormundschaft ein begründetes Bedenken nicht erhoben werden. Weder in der Ausbildung der Richter, noch in ihrer Berufsstellung liegt ein Grund der Unzuträglichkeit. Man hat zwar gemeint, daß sie ungeeignet seien, weil sie zu ängstlich am Buchstaben des Gesetzes hafteten, und weil sie mit den bei der Führung der Obervormundschaft vornehmlich in Betracht kommenden Verhältnissen des bürgerlichen Lebens, mit Verwaltung, Oekonomie, Gewerbswesen u. dgl. zu wenig vertraut seien.*)

Während indessen der erste dieser Einwände, an sich von geringer Bedeutung, völlig sein Gewicht verliert, wenn ein beständiges und direktes Eingreifen der Behörde in die Vormundschaftsführung nicht mehr stattfindet, und der Kreis der obervormundschaftlichen Funktionen auf das richtige Maaß zurückgeführt wird, ist der zweite Einwand bereits vom Preußischen Gesetzrevisor (Pensum VII. Motive. Vorerinnerung Seite 22) und ebenso in den Erläuterungen zu dem oben allegirten Preußischen Entwurf eines Gesetzes über das Vormundschaftswesen (S. 50) zutreffend widerlegt worden durch den Hinweis auf die unbestrittene Thatsache, daß Privatpersonen ebenso wie Gesellschaften und Corporationen zu Verwaltern ihres Vermögens mit Vorliebe Juristen wählen, und von jeher gewählt haben. Der Besitz von Rechtskenntnissen ist für die Führung der Obervormundschaft jedenfalls von hohém Werth. Warum aber der Richter weniger geeignet sein soll, von den Verhältnissen des bürgerlichen Lebens, auch solchen, die ihm von vornherein fern liegen, eine richtige Anschauung zu gewinnen, während dies doch auch die Vorbedingung einer gesunden Rechtsprechung ist, läßt sich nicht einsehen; rühmt man doch gerade den Juristen die Fähigkeit nach, sich schnell in andern Fächern zurechtzufinden. Die Einwendungen gegen die Beibehaltung der Gerichte als Vormundschaftsbehörde ergeben sich hiernach als unerheblich, und da von jeher die Vormundschafts-Ordnungen immer auf den Richter als letzte Instanz in Vormundschaftssachen hingewiesen haben**), auch alle bestehenden Gesetzgebungen gerade in diesem Punkte übereinstimmen, es auch unzweifelhaft ist, daß der Richter als Obervormund mit der Anschauung des Volkes eng verwachsen ist und sich des höchsten Vertrauens erfreut, so kann man

---

*) So Mittermaier in dem Archiv für die civilistische Praxis Band XVI. S. 207. — Er erklärt es als ein Haupterforderniß, daß die obervormundschaftliche Verwaltung als eine Gemeindesache betrachtet, und einer eigenen Waisenbehörde, die als ein Ausfluß des Gemeinderaths erscheinen, oder doch aus Personen bestehen soll, die von der Gemeinde gewählt werden, anvertraut wird. Dieser soll indessen die Aufsicht über die Vormundschaften nicht allein überlassen werden, vielmehr soll der aus Gemeindemitgliedern bestehende „Vormundschafts-Ausschuß" ein Hilfsorgan des Vormundschaftsgerichts — mit theilweise beschließender, oder auch nur begutachtender Stimme — sein. Mit diesem Vorschlage, wonach dennoch die Vormundschaftsgerichte (als obere Instanzen, oder sogar als die auf Grund vorgelegter Gutachten allein entscheidenden Behörden) beibehalten werden sollen, will mir das vorangestellte Urtheil über die Ungeeignetheit der Richter zur Entscheidung der in Betracht kommenden Fragen nicht wohl vereinbar erscheinen.

**) Gesetz-Revision Pensum VII. Vorerinnerung Seite 20.

ohne Bedenken für die Belassung der Obervormundschaft bei den Gerichten sich entscheiden.

Ich komme nun zur Beantwortung der ersten der oben gestellten Fragen: ob Einzelrichter oder Collegialgerichte? und erkläre mich in Uebereinstimmung mit dem Preußischen Gesetz-Revisor (Pensum VII, Motive, Vorerinnerung S. 22, 23), dem oben erwähnten Entwurf eines Gesetzes über das Vormundschaftswesen (§. 1) und den mir bekannt gewordenen Beurtheilern dieses Entwurfes (Kurlbaum, Kritische Bemerkungen zu dem qu. Entwurf, Berlin 1870 S. 4; Behrend, Zeitschrift für deutsche Gesetzgebung rc. Band IV S. 309 und 319, und Band VI S. 317) unbedenklich für die Einzelrichter (mit geographisch abgegrenzten Bezirken). Das in erster Reihe in Betracht kommende Interesse der Pflegebefohlenen verlangt von der Führung der Obervormundschaft möglichst schnelle Einleitung der Vormundschaften, ein möglichst schnelles und energisches Einschreiten der Behörde im nöthigen Falle (z. B. gegen verdächtige Vormünder), ferner: die möglichste Berücksichtigung der individuellen Verhältnisse des Pfleglings. Diesem Verlangen wird durch den einem kleineren Bezirke vorgesetzten ständigen Einzelrichter, welcher den Gerichtseingesessenen näher tritt, schneller für sie erreichbar ist, mit ihren Verhältnissen und Gewohnheiten bekannter wird, namentlich auch sich eine für die Auswahl der Vormünder sehr werthvolle Personenkenntniß erwirbt, — gewiß mehr Rechnung getragen, als durch die ferner stehenden Collegialgerichte. Darf man nach den bisher gemachten Erfahrungen mit Grund erwarten, daß der Einzelrichter trotz dieser näheren Beziehung zu den Gerichtseingesessenen sich seine unabhängige Stellung und einen unbefangenen Blick bewahren wird, so weist das Interesse der Pflegebefohlenen entschieden auf die Einzelrichter hin. Daß diese für sich allein — nach den Kenntnissen und der Ausbildung unserer Richter im Allgemeinen — der im Grunde einfachen Thätigkeit, die sich in Folge der oben erwähnten Einschränkung der obervormundschaftlichen Funktionen noch viel einfacher gestalten wird, vollkommen gewachsen sind, und des collegialischen Beiraths hierzu nicht bedürfen, hat die Praxis genügend herausgestellt. Die in Betracht kommenden Rechtsfragen sind der Regel nach so einfacher Art, daß ihre Entscheidung getrost einem einzelnen Richter überlassen werden kann, der überdies nicht gehindert ist, den etwa benöthigten Rath sich auf nicht officiellem Wege zu verschaffen. Soweit es sich aber um Akte der Verwaltung handelt, ist die genauere Kenntniß des Einzelrichters von den konkreten Verhältnissen eine sicherere Garantie für den sachgemäßen Entscheid, als die Berathung und Diskussion im Collegium, die sich naturgemäß meist auf allgemeinere Gesichtspunkte richtet. In der Praxis gestaltet sich ohnehin die Sache nothwendiger Weise so, daß nur der vortragende Decernent (außer ihm vielleicht noch der Vorsitzende) mit der Sachlage genau bekannt ist, die übrigen Mitglieder des Collegii aber ihre Information lediglich aus dem Vortrage des Decernenten schöpfen. Von der Art und namentlich Vollständigkeit dieses Vortrages hängt daher wesentlich der Beschluß ab, so daß der Schwerpunkt immer in der Anschauung des Decernenten beruht. Der Nutzen der collegialischen Berathung ist hiernach großentheils illusorisch, wie denn überhaupt Verwaltungs-Angelegenheiten besser und zweckmäßiger, als durch ein Collegium mit immer nicht gleichmäßiger Information seiner Mitglieder, durch einen einzelnen Beamten besorgt werden, der genau mit den Verhältnissen vertraut ist und in dem Bewußtsein der alleinigen Verantwortlichkeit handelt. Dem Vormunde wird sein mit der selbständigeren Stellung schwieriger und verantwortlicher werdendes Amt erleichtert, wenn er, statt in einem weiteren Gerichtsbezirk einem unnahbaren Collegium, in seiner Amtsführung dem ihm näher stehenden Einzelrichter unterstellt ist, welchen er schneller erreichen, bei dem er in kritischen Fällen sich leicht Rath einholen kann, und es ist zu hoffen, daß durch den so ermöglichten unmittelbaren Verkehr zwischen Vormund und Obervormund bei vollkommener Wahrung der amtlichen Stellung des letzteren das Interesse des ersteren für seine Aufgabe ein lebendigeres und dadurch seine Wirksamkeit eine gedeihlichere sein wird. Als ein Vorzug der Einrichtung, welche den Einzelrichtern die Führung der staatlichen Obervormundschaft überträgt, wird in den Erläuterungen zu dem bereits mehrfach erwähnten neuesten Preußischen Entwurf (S. 51) mit Recht noch hervorgehoben, daß hiermit die heikle Frage der Regreßverbindlichkeit der obervormundschaftlichen Behörde sich von selbst und auf die einfachste Weise erledigt, indem der Einzelrichter als Obervormund für Versehen nur nach Maßgabe der allgemeinen gesetzlichen Vorschriften zu haften hat. Geschieht die Führung der Obervormundschaft durch ein Collegium, so sind spezielle Vorschriften über die Haftung der einzelnen Mitglieder nothwendig, und es ist geradezu unmöglich, in diesem Punkte bei gehöriger Rücksichtnahme auf die Interessen der Mündel Härten zu vermeiden, wie sie im Geltungsbereiche des Preußischen Landrechts sich fühlbar gemacht, und auf die Führung der Obervormundschaft so nachtheilig gewirkt haben.*) Nach alledem ist der kostspielige Apparat der vormundschaftlichen Gerichtskollegien entbehrlich, und das staatliche Interesse der Obervormundschaft erscheint nicht nur vollständig gesichert, sondern sogar besser gewahrt, wenn die Führung derselben ständigen Einzelrichtern übertragen wird.

---

*) Vergleiche Villaume: das Preußische Vormundschaftsrecht und seine Reform. Breslau 1846 S. 64 ff.

Und zwar müssen diese völlig unabhängig vom Collegium sein, und es sind ihnen alle Geschäfte der Obervormundschaft ohne Ausnahme zu überweisen. Einzelne Geschäfte (wie Majorennitätserklärungen, Genehmigung der Veräußerung von Mündelgütern und dergl.) von ihrer Competenz auszuschließen und den Collegialgerichten vorzubehalten, ist meines Erachtens weder nothwendig noch zweckmäßig. Ein Bedürfniß oder ein besonderer Vortheil collegialischer Berathung ist auch in diesen Fällen nicht anzuerkennen. Die Ausnahmebestimmung würde aber die Stellung des Einzelrichters verdunkeln, und seine Autorität beeinträchtigen, was vor Allem vermieden werden muß.

An die hiermit beantwortete Frage, welches Organ zur Führung der staatlichen Obervormundschaft das geeignetste ist, schließt sich logisch die weitere an, ob dem Staate zur Verwirklichung des obervormundschaftlichen Zweckes in den engeren Kreisen, denen der Pflegebefohlene angehört, — in der Familie oder Gemeinde — Hilfsmittel geboten sind, und wenn dies der Fall, wie sich diese Hülfsmittel am zweckmäßigsten benutzen lassen. Es ist dies der Inhalt der zweiten oben gestellten Frage, die ich in Folgendem zu beantworten versuchen will.

Die vom Staate aufgetragene Vormundschaft will das in der Familien-Verbindung beruhende natürliche Schutzverhältniß, welches zwischen Vater und Kind besteht, ersetzen, und in seiner Wirksamkeit diesem natürlichen Schutzverhältniß möglichst nahe kommen. Dieser Zweck bringt es nothwendig mit sich, daß die Vormundschaft an die Familie des Pfleglings sich anlehnt. Denn das Urtheil darüber, was dem Pflegebefohlenen zuträglich ist, hängt wesentlich von seinen individuellen Verhältnissen ab, über welche Niemand besser unterrichtet sein kann, als die nächsten Angehörigen, unter deren Augen der Pflegling sich zu entwickeln angefangen hat, mit deren Sitten, Gewohnheiten, Anschauungen sein ganzes Wesen zusammenhängt, die seine Fähigkeiten und Anlagen am besten kennen. Die nächsten Angehörigen des Pflegebefohlenen sind daher vorzugsweise befähigt, darüber zu urtheilen, was demselben vortheilhaft und wie dies am besten zu erreichen ist. Sie haben auch vermöge des starken Bandes, das naturgemäß die Familie zusammenhält, das lebhafteste Interesse an der gedeihlichen Entwickelung aller Verhältnisse des Pfleglings, und sind endlich diejenigen, welche, da der eintretende Bevormundungsfall zuerst innerhalb der Familie bekannt zu werden pflegt, für die schnellste Einleitung der Vormundschaft sorgen können. Alles dieß läßt die Mitwirkung der Familie bei der Vormundschaft unerläßlich erscheinen, und, wie im deutschen Recht ursprünglich die Vormundschaft lediglich in dem Schutze der Familie beruhte, so hat sich jederzeit, auch unter der ausgebildeten Staatsvormundschaft — mehr von selbst und auf natürlichem Wege, als unter dem Zwange gesetzlicher Vorschriften, ein erheblicher Einfluß der Familie des Pfleglings auf die Führung der Vormundschaft geltend gemacht, den namentlich auch das Preußische Landrecht, obwohl es das Princip der Staatsvormundschaft am weitesten ausgedehnt, in einzelnen Bestimmungen, die bald auf den Vorschlag, bald auf das Zeugniß oder das Gutachten und den Rath der nächsten Anverwandten des Pflegebefohlenen hinweisen, als berechtigt anerkennt. Es ist dieser Einfluß etwas so Natürliches, sich von selbst Ergebendes, daß die Gesetzgebung, welche das Institut dem lebendigen Volksbewußtsein entsprechend einrichten will, ihn unmöglich zurückdrängen kann, vielmehr darauf hingewiesen ist, jenen Einfluß zu einer gesetzlich geordneten Mitwirkung der Familie zu gestalten. Weiter allerdings darf das Maaß dieser Mitwirkung nicht ausgedehnt werden, als sich mit dem als erprobt beizubehaltenden Grundsatz verträgt, wonach der Staat es ist, der nach dem Ausscheiden des Familienhauptes den Pflegebefohlenen unter seine besondere Obhut nimmt und das vormundschaftliche Amt aufträgt. Innerhalb dieses Gebietes ist aber auch für die Mitwirkung der Familie vollständig Raum genug, wenn die Gesetzgebung die in erster Linie in Betracht kommenden Anordnungen des Vaters des Pfleglings, sowohl was die Person des Vormundes, als auch, was die Führung der Vormundschaft anlangt, namentlich auch rücksichtlich der Befreiung des Vormundes von der obervormundschaftlichen Aufsicht, als unbedingt maßgebend anerkennt, sofern sie nicht mit einer im öffentlichen Interesse gegebenen gesetzlichen Vorschrift in Widerspruch treten; — ferner unter gleichem Vorbehalt den nächsten Angehörigen des Pfleglings (Mutter, Großvater) ein Recht auf das vormundschaftliche Amt giebt, endlich den Richter anweist, bei der ihm zustehenden Auswahl des Vormundes auf Familienmitglieder vornehmlich Rücksicht zu nehmen oder doch solche mit ihren Vorschlägen zu hören. Abgesehen von diesen, in den bestehenden Gesetzgebungen durchweg, wenn auch mit verschiedenen Modifikationen anerkannten Rechten kann meines Erachtens nach den vorangestellten allgemeinen Gesichtspunkten die Familie nur eine begutachtende Mitwirkung bei der Führung der Vormundschaft und insbesondere bei der Aufsicht über den Vormund beanspruchen, und diese erscheint auch ausreichend, um den Einfluß der Familie, soweit er als berechtigt und ersprießlich einzusehen ist, zur Geltung zu bringen. Die Mitwirkung der Familie in einem beschließenden Organ (nach Art des französischen Familienraths) zu verkörpern, ist dagegen nicht zu empfehlen. Mit Recht führen die Erläuterungen zu dem neuesten Preußischen Entwurf, welche diese Frage sehr erschöpfend behandeln, (S. 58) gegen den organisirten Familienrath an, daß durch die Einschiebung eines solchen Zwischengliedes zwischen Vormund und Obervormund die Stellung sowohl des einen als auch des andern alterirt und die für die Verwaltung so sehr erwünschte Einfachheit und Uebersichtlichkeit des Verhältnisses beeinträchtigt werden würde. Der praktische Vortheil der französischen Institution des Familienrathes soll nicht sowohl in den Beschlüssen desselben, sondern vielmehr darin sich zeigen, daß die Meinungen der Familienmitglieder des Pflegebefohlenen gehört werden. Gerade dieser Vortheil wird aber auch erreicht, wenn, wie der erwähnte Entwurf statt der Einführung des Familienrathes will, der Vormundschaftsrichter im Allgemeinen ermächtigt, für gewisse besonders vorgeschriebene Fälle aber, in denen die Ansicht der Familie von vorzüglichem Werthe ist, gesetzlich verpflichtet wird, vor seiner Entscheidung das Gutachten von großjährigen Verwandten oder Verschwägerten des Pflegebefohlenen einzuholen, deren Auswahl seinem Ermessen überlassen bleibt. Durch diese dem Richter überlassene Auswahl wird besser, als durch eine gesetzliche Fixirung des Kreises der Berufenen der Gefahr vorgebeugt, daß verdächtige oder ganz unfähige Familienmitglieder mit ihren schädlichen Einflüssen sich geltend machen. Unbedingt bindend darf das Gutachten der Verwandten für den Vormundschaftsrichter nicht sein, denn damit wäre ihm die Entscheidung genommen. Allein es steht nichts entgegen, den Vormundschaftsrichter gesetzlich zu verpflichten, nach dem eingeholten Gutachten, wenn es mit den Anträgen des Vormundes übereinstimmt, sich zu richten, sofern sich nicht besondere Bedenken ergeben. Durch eine solche Bestimmung, die mir namentlich für diejenigen Fälle, in denen es sich um die Fürsorge für die Person des Pflegebefohlenen handelt (Heirath, Wahl des Lebensberufes), zweckdienlich erscheint, wird der berechtigte Einfluß der Familie noch mehr gesichert.

Als beschließendes Organ, dem die selbständige und unmittelbare Ausübung obervormundschaftlicher Rechte zugewiesen ist, hat der französische Familienrath von jeher auch bei solchen, die es im Allgemeinen für wünschenswerth halten, den Einfluß der Familie auf die Vormundschaftsführung zu erweitern, — erhebliche Bedenken hervorgerufen.*) Das wichtigste dieser Bedenken, daß die Beschlüsse eines Collegiums, dessen Zusammensetzung keine Gewähr für auch nur annähernd gleiche Befähigung und gleiches Interesse der Theilnehmenden bietet (zumal unter Umständen über den Kreis der eigentlichen Verwandten hinausgegriffen werden kann), und welches für seine Handlungen nicht gesetzlich verantwortlich ist, auch nicht füglich verantwortlich erklärt werden kann, wenn der Charakter des Instituts als eines Familienorgans gewahrt bleiben soll, den Pflegebefohlenen nicht die erforderlichen Garantien gewähren, — dieses Bedenken

*) Vergleiche Mittermaier a. a. O. S. 204.

ist allein Grund genug, um sich gegen die Einführung des französischen Instituts zu erklären. So haben denn auch, was besonders beachtenswerth ist, neuere Gesetzgebungen, obwohl sie im Großen und Ganzen dem code civil gefolgt sind und auch den Familienrath aufgenommen haben, dieses Institut gerade nach der Seite hin umgestaltet, daß die Wirksamkeit des Familienraths im Wesentlichen eine nur begutachtende geworden, die Ausübung aber der obervormundschaftlichen Funktionen des französischen Familienraths (namentlich die Ernennung, Bestätigung und Entlassung der Vormünder) dem Richter übertragen ist.*) Während hiernach der von dem Preußischen Entwurf eingeschlagene Weg der Einholung von Gutachten (in ausgedehnterem Maaße) als der einfachere und sicherere, zugleich aber auch zur Wahrung des berechtigten Einflusses der Familie durchaus geeignet und ausreichend erscheint, kann ich mich mit der in demselben Entwurf in Aussicht genommenen, sogenannten „Familien-Aufsicht über den Vormund", einer der „Familienbevogtigung" des Civilgesetzbuchs für Zürich (§§. 411 — 419) nachgebildeten Einrichtung nicht befreunden. Darnach soll entweder in Folge Bestimmung des Vaters oder: „wenn besondere Gründe im Interesse der Pflegebefohlenen, namentlich die Verwaltung eines beträchtlicheren Vermögens es nützlich erscheinen lassen", durch Beschluß des Gerichts auf Antrag der Vormünder und nach Einholung eines Gutachtens der Verwandten ein aus drei Mitgliedern gebildeter Familienrath anstatt des Richters die Aufsicht über den Vormund mit allen sonst jenem zustehenden Befugnissen haben. Da diese Einrichtung, trotz der Bestimmung, daß die Mitglieder des Familienrathes durch den Vormundschaftsrichter berufen und verpflichtet werden, mit dem auch im Entwurf angenommenen Grundsatz, wonach dem Staat die Obervormundschaft zusteht und der Familie nur eine begutachtende Mitwirkung einzuräumen ist, in offenbaren Widerspruch tritt, so könnte sie nur durch wichtige Nützlichkeitsgründe gerechtfertigt werden. Als solche sind in den Erläuterungen zum Entwurf angeführt: daß es Fälle gebe, in denen die Beaufsichtigung der Vormundschaftsführung durch den Richter, weil ihm die erforderlichen technischen Kenntnisse fehlten, nicht nur keinen Nutzen gewähre, sondern sogar hemmend und darum schädlich wirke; daß dies insbesondere dann zutreffe, wenn mit der vormundschaftlichen Verwaltung eine große Oekonomie, der Betrieb einer großen Fabrik oder eine Handelssocietät verbunden sei, und daß für solche Fälle die Familienaufsicht statt der obrigkeitlichen sich empfehle. Wäre der Grund richtig, daß für solche

*) So das Civilgesetzbuch für das Waadtland von 1821, das Civilgesetzbuch für Luzern vom December 1831.

Fälle dem Richter die zur Beaufsichtigung der Vormundschaftsführung erforderlichen Kenntnisse abgehen, so würde er beweisen, daß der Richter überhaupt für Vormundschaften mit komplicirter Verwaltung — also gerade für wichtige Vormundschaften — als Aufsichts-Organ ungeeignet ist, wie dies ja auch behauptet worden ist. Es ist jedoch schon oben gezeigt worden, daß diese Behauptung die Erfahrung gegen sich hat. Die in einzelnen Fällen erforderlichen technischen Kenntnisse kann der Richter durch das Gutachten Sachverständiger sich verschaffen, — worauf doch auch die Familienrathsmitglieder angewiesen sind, wenn sie wirklich, und nicht bloß dem Namen nach eine Aufsicht über den Vormund führen sollen, da nicht wohl vorausgesetzt werden kann, daß sie iu höherem Grade, als der Richter, die nöthigen technischen Kenntnisse besitzen. Es mag zugegeben werden, daß bei sehr verwickelter Verwaltung die obervormundschaftliche Aufsicht, auch wenn sie in den gehörigen Grenzen sich hält, bisweilen hemmend wirken, und daß in Fällen, wie die angeführten, das Bedürfniß vorliegen kann, sie auszuschließen. Hierzu aber ist dem Vater in der Befugniß zur Ernennung eines befreiten Vormundes oder nach Umständen mehrerer befreiter Vormünder ein viel einfacheres und wirksameres Mittel geboten, als durch die „Familien-Aufsicht", bei der es noch sehr dahin steht, ob der dreigliederige Familienrath die freiere Bewegung des Vormundes gestatten wird. Die „Familien-Aufsicht" aber, ohne eine Anordnung des Vaters, eingeführt durch Beschluß des Gerichts auf Antrag der Vormünder und nach Befragung der Verwandten erscheint, wenn auch der Familienrath dem Pflegebefohlenen verantwortlich ist, mit Rücksicht auf die beim Wegfall jeder richterlichen Controle leicht möglichen Collisionen der betheiligten Verwandten, als eine sehr bedenkliche Anordnung, und um so bedenklicher, als es sich dabei immer um vermögende Vormundschaften handelt. Das Civilgesetzbuch für Zürich gestattet die Familienbevogtigung auch nur, wenn der vom Vater, oder von den zur Garantieleistung sich anbietenden Verwandten vorgeschlagene Vogt und diese Verwandten „mit Rücksicht auf ihre Rechtschaffenheit, Einsicht und Vermögen das unzweifelhafte Zutrauen der Vormundschaftsbehörden verdienen." (§. 411 a. a. O.) Aber auch mit solcher Einschränkung erscheint das Institut nicht annehmbar. Entweder Staats-Aufsicht oder Familien-Aufsicht. Hat man sich grundsätzlich für jene entschieden, so kann man nicht zugleich gerade für wichtigere vormundschaftliche Verwaltungen eine Ausnahme statuiren, deren Rechtfertigung hauptsächlich in der Verleugnung jenes angenommenen Grundsatzes besteht. —

Nächst der Familie ist es die Gemeinde, der der Pflegebefohlene angehört, welche — als der im Verhältniß zum Staate engere Verband — ein besonderes Interesse hat an der Bevormundung des Pflegebefohlenen, insbesondere an seiner Erziehung und Ausbildung. Freilich ist das Interesse der Familie ein stärkeres, als das der Gemeinde, weil die Zusammengehörigkeit der Familie vermöge des natürlichen Bandes eine innigere ist, als die in der Gemeinde begründete Gemeinschaft. Wo daher die Vormundschaft in der Familie die erwartete Unterstützung findet, wird eine Mitwirkung der Gemeinde sich erübrigen. Soweit dagegen dem Pflegebefohlenen die Familie fehlt, oder doch der Schutz der Familie, der sich, abgesehen von der gesetzlich geordneten Mitwirkung der Verwandten auf natürlichem Wege geltend zu machen pflegt in einer fortgesetzten Mitbeaufsichtigung der Pflegebefohlenen und in einer fortwährenden Mitüberwachung des Vormunds, — da ist es die Gemeinde, welche — sowie sie mit ihren Mitteln für den verarmten Pflegebefohlenen einzutreten verpflichtet ist — sowohl den Anspruch, als auch die Pflicht hat, bei der Gewährung des vormundschaftlichen Schutzes mitzuwirken. Aus diesem Grunde ist insbesondere bei vermögenslosen Vormundschaften und bei solchen über uneheliche Kinder die Mitwirkung der Gemeinde geboten. Denn die etwaigen Angehörigen solcher armer und verlassener Waisen haben in der Regel mit dem eigenen Kampf um's Dasein vollauf zu thun; jeder geht seinen mühevollen Weg für sich, und weiß vom andern wenig oder gar nichts; es fehlt der Familienzusammenhang, und es fehlen folgeweise nahestehende Personen, die ein wachsames Auge auf die Pflege und Erziehung des Mündels haben, die den Vormund hierin unterstützen, und ihn, wenn es nöthig, zur Erfüllung seiner Schuldigkeit anhalten. Der Vormund selbst, meist denselben Kreisen angehörig, wird ebenfalls allzusehr von seinen persönlichen Verhältnissen in Anspruch genommen, um seiner hier doppelt schwierigen Aufgabe gerecht werden zu können. Er pflegt sich auf die nothwendigsten Maßnahmen, wie Unterbringung des Mündels in die Lehre oder in den Dienst, zu beschränken, im Uebrigen die Sache ihren Weg gehen zu lassen, und höchstens handelnd einzugreifen, wenn er von dem Mündel selbst darum angegangen wird oder sonst eine besondere Veranlassung dazu vorliegt. Hier ist das Gebiet, auf welchem die Mildhätigkeit der Gemeinde in Anspruch zu nehmen ist; denn der Vormundschaftsrichter steht zu entfernt, um allein eine wirksame Controle üben zu können. Es muß eine an die Gemeinde sich anlehnende Einrichtung getroffen werden, durch welche solchen Mündeln der fehlende Familienschutz wenigstens annähernd ersetzt wird. Dazu bedarf es keines besonderen Gemeinde-Waisenamts. Was aber gegen die Einschiebung eines selbständigen Familien-Organes zwischen Vormund und Obervormund gesagt ist, spricht auch gegen die Einschiebung eines solchen Gemeinde-Organs mit beschließender Stimme, dessen Einführung überdies großen praktischen

Schwierigkeiten begegnen würde, so lange eine gleichmäßige Organisation der ländlichen Gemeinden fehlt. In den Erläuterungen zu dem mehrerwähnten neuesten Preußischen Entwurf ist bei Erwähnung dieser praktischen Schwierigkeiten zutreffend hervorgehoben, daß die Rechtsgebiete, in denen die Vormundschaft vorzugsweise eine Gemeinde-Angelegenheit ist, durchweg kleinere, gleichmäßig entwickelte Bezirke sind. — Es erscheint aber auch hier, wie bei der Familie, eine Mitwirkung begutachtender Art — und zwar sowohl bei der Auswahl der Vormünder, als auch bei der Aufsicht über dieselben — ausreichend und zweckentsprechend. Nur muß hier natürlicher Weise es ein ständiges Organ sein, welches dem Vormundschaftsrichter zur Seite steht, — also ein Ausschuß von Vertrauensmännern, aus der Gemeinde gewählt, welchem für seinen abgegrenzten Bezirk die Aufgabe zufiele, geeignete Vormünder in Vorschlag zu bringen, diese zu controliren und zu unterstützen, dem Vormundschafsrichter auf sein Verlangen Auskunft zu ertheilen und Gutachten abzugeben; — die Pflege und Erziehung der Mündel mit zu überwachen und wahrgenommene Mängel dem Vormundschaftsrichter zur Abhülfe anzuzeigen. Jedem seiner Mitglieder hätte dieser Gemeinde-Ausschuß eine Anzahl von Mündeln seines Bezirks zur besonderen Obhut zu überweisen, in der Art, daß das betreffende Mitglied verpflichtet wäre, von Zeit zu Zeit sich durch persönliche Anschauung von dem Ergehen der ihm überwiesenen Pflegebefohlenen genaue Kenntniß zu verschaffen und etwa vorgefundene Mißstände mit Zuziehung des Vormundes zu beseitigen, oder bei dem Vormundschaftsrichter auf deren Beseitigung anzutragen. Zu bestimmten wiederkehrenden Zeiten hätten sich die Mitglieder dieses Gemeindeausschusses zu versammeln, um sich über die vorzuschlagenden Vormünder zu verständigen, über andere Angelegenheiten, über welche das Vormundschaftsgericht das Gutachten des Gemeinde-Ausschusses erfordert hat, zu berathen, die in ihren speziellen Wirkungskreisen gemachten Erfahrungen gegenseitig auszutauschen und ihre Spezialberichte mit den für nöthig erachteten Vorschlägen zur Beseitigung vorgefundener Mißstände behufs der Uebermittelung an das Vormundschaftsgericht zu übergeben. Verzieht ein Mündel aus einem Bezirk in einen andern, so müßte der für den letzteren bestehende Gemeinde-Ausschuß hiervon unverzüglich unterrichtet und mit den erforderlichen Nachrichten versehen werden. Ich halte eine solche Einrichtung, wie ich sie hier nur ganz allgemein skizzirt habe, für lebensfähig und geeignet, den Vormundschaftsrichter in der Fürsorge für die Person der Pflegebefohlenen mit Erfolg zu unterstützen, —*) glaube aber, daß

*) In dem (theilweise geänderten) Preußischen Entwurf eines Gesetzes über das Vormundschaftswesen, welcher in Nr. 94 der „Anlagen zu den Stenographischen Be-

das Institut nur dann sich wirksam und nützlich erweisen kann, wenn seine Thätigkeit sich auf diejenigen Vormundschaften beschränkt, für welche nach dem Obigen die Mitwirkung der Gemeinde ein wirkliches Bedürfniß ist. Hierüber wird freilich, da bei der großen Verschiedenheit der einzelnen Fälle sich im Gesetze eine bestimmte Grenze nicht ziehen läßt, das Ermessen des Vormundschaftsrichters entscheiden müssen.

Hiernach fasse ich meine Antwort auf die zweite oben gestellte Frage dahin zusammen:

> Die Ausübung der Obervormundschaft soll dem Staate allein vorbehalten werden, nur eine Mitwirkung begutachtender Natur ist der Familie, und subsidiär der Gemeinde, einzuräumen.

Die dritte und vierte der obigen Fragen werden zweckmäßig zusammen behandelt; denn sie stehen insofern in einem Zusammenhange miteinander, als sie beide Mittel betreffen, den Pflegebefohlenen gegen mögliche Benachtheiligungen durch den Vormund zu sichern. Für nothwendig ist eine solche Sicherung von jeher erachtet worden, weil bei allen vernünftigen Kautelen

---

richten über die Verhandlungen des Abgeordnetenhauses während der ersten Session der 12. Legislaturperiode 1873—1874" abgedruckt, findet sich ein ähnliches Institut unter dem Namen „Gemeindewaisenrath". Die bezüglichen Paragraphen stehen unter dem Titel „Obrigkeitliche Aufsicht" und lauten:

§. 54. Dem Vormundschaftsrichter steht für jede Gemeinde oder für einen örtlich abzugrenzenden Gemeindetheil ein Gemeindemitglied als Gemeindewaisenrath zur Seite.

Der Gemeindewaisenrath hat:

1. Mängel oder Pflichtwidrigkeiten, welche er bei der körperlichen oder sittlichen Erziehung der Pflegebefohlenen wahrnimmt, anzuzeigen, auch auf Erfordern über die Person der Pflegebefohlenen Auskunft zu ertheilen;
2. diejenigen Personen vorzuschlagen, welche im einzelnen Falle zur Berufung als Vormünder oder Gegenvormünder geeignet erscheinen.

§. 55. Der Vormundschaftsrichter hat den Gemeindewaisenrath des Bezirks, in welchem der Pflegebefohlene wohnt, von der einzuleitenden Vormundschaft in Kenntniß zu setzen und ihm den bestellten Vormund namhaft zu machen.

Von einer Verlegung der Wohnung des Pflegebefohlenen in eine andere Gemeinde oder einen andern Bezirk hat der Vormund den Gemeindewaisenrath dieses Bezirks zu benachrichtigen.

§. 56. Das Amt des Gemeindewaisenraths ist ein unentgeltliches.

Der Gemeindewaisenrath besteht aus Männern, welche das allgemeine Vertrauen genießen, durch die Gemeindebehörde berufen. Diese entscheidet über die Erheblichkeit geltend gemachter Ablehnungsgründe.

Nach Ablauf von 5 Jahren kann der Gemeindewaisenrath das Amt niederlegen.

Wird die Entlassung des Gemeindewaisenraths nothwendig, so hat der Vormundschaftsrichter dieselbe bei der Gemeindebehörde herbeizuführen.

des Gesetzes und selbst bei der größesten Sorgsamkeit in Auswahl der Vormünder immer die (durch die Erfahrung leider bestätigte) Besorgniß bleibt, daß der Vormund mit dem ihm anvertrauten Mündelgut unredlich oder leichtsinnig verfahren kann. Gegen diese Gefahr muß das Gesetz besonders Vorsorge treffen, und zwar für alle mit Vermögensverwaltung verknüpften Vormundschaften, — ausgenommen die, in denen der Vater des Pflegebefohlenen selbst den Vormund ernannt, und ihn entweder überhaupt von der obervormundschaftlichen Controle oder doch von der Sicherstellung befreit hat. In diesem Falle ist, — wenigstens insolange, als nicht hinterher Umstände eintreten, die eine besondere Vorsicht bedingen, — grundsätzlich von jeder Sicherungsmaßregel Abstand zu nehmen. Die größeste Sicherheit in der angeführten Beziehung gewährt den Pflegebefohlenen von allen Partikulargesetzgebungen unzweifelhaft das Preußische Landrecht, indem es die ganze vormundschaftliche Verwaltung mit allen Einnahmen und Ausgaben in die Hände der vormundschaftlichen Gerichte legt, und im nothwendigen Zusammenhange hiermit alle Gelder und Werthobjecte der Mündel gerichtlich deponiren, und gerichtlich verwahren und verwalten läßt. Durch diese Deposital-Verwaltung wird dem Vormund die Gelegenheit zur Veruntreuung oder Vergeudung des Mündelguts nahezu unmöglich gemacht. So werthvoll aber auch die genannte Einrichtung in dieser Hinsicht ist, so eignet sie sich doch nicht dazu, in Rechtsgebieten, in denen sie nicht besteht, eingeführt zu werden, und folgeweise auch nicht dazu, in ein allgemeines Vormundschaftsrecht aufgenommen zu werden. Denn sie ist eben die scharf ausgeprägte Konsequenz jener als unrichtig erkannten Maxime, nach welcher die Behörde die Vormundschaft führt und nicht der Vormund, der nur als ein unselbstständiges Organ der Behörde erscheint, und diese Maxime führt andererseits, — namentlich unter den gegenwärtigen, gegen die Zeit der Emanation der Deposital-Ordnung und des Landrechts wesentlich veränderten socialen und wirthschaftlichen Verhältnissen, — so viel Beschwerden und Nachtheile mit sich, daß der Vortheil der Sicherheit dadurch aufgewogen wird. Hält man es für eine berechtigte Tendenz, das Verhältniß dahin klar zu gestalten, daß der Vormund der Verwalter des vormundschaftlichen Amtes und die staatliche Behörde nur zu seiner Aufsicht berufen ist, so kann man unmöglich eine Einrichtung beibehalten, welche darauf berechnet ist, alle Disposition über das Mündelvermögen dem Vormunde zu entziehen. In den Erläuterungen zu dem neuesten Preußischen Entwurf (S. 89) ist dies nach der rechtlichen Seite hin näher dargelegt, und zugleich erwähnt, daß in den gutachtlichen Aeußerungen der Gerichtsbehörden vielfach das Aufgeben der Depositalverwaltung bei Herstellung eines einheitlichen Vormundschaftsrechts befürwortet worden ist.

Das ist ein beachtenswerthes Zeugniß, daß auch Praktiker, welche, in die Preußische Deposital-Verwaltung eingewöhnt, den unzweifelhaft erheblichen Nutzen derselben für die Sicherheit der Pflegebefohlenen kennen und schätzen gelernt haben, sie für unvereinbar mit jener Tendenz der selbständigeren Stellung des Vormundes, diese Tendenz für vorzüglicher berechtigt und die Depositalverwaltung keineswegs für unentbehrlich halten. Der Entwurf unterscheidet zwischen „Deposital-Verwaltung" und „Deposital-Verwahrung". Jene schließt er als prinzipwidrig aus; diese will er (nach §. 67) ausnahmsweise zulassen, wenn es der Vormundschaftsrichter nützlich findet, oder der Vormund es beantragt. Streng genommen ist die Verwahrung ein Theil der Verwaltung, und mit den principiellen Gründen, die dieser entgegenstehen, würde sich auch jene bekämpfen lassen. Allein es kann — wie die Motive des Entwurfs an anderer Stelle sehr richtig bemerken — bei der Ordnung des Vormundschaftswesens nicht auf die überall consequente Durchführung eines abstrakten Grundsatzes in demselben Maaße wie auf andern Rechtsgebieten ankommen; vielmehr ist hier der Erwägung der Zweckmäßigkeit nach der Natur der Sache ein bedeutender Einfluß einzuräumen. Sind es vornehmlich die Dispositions-Akte der vormundschaftlichen Behörde, wie Empfangnahme der Zahlungen für den Pflegebefohlenen, Einziehung der Aktiva, Anlegung der Gelder, welche die Verwaltungsthätigkeit des Vormundes ausschließen, und das anomale Verhältniß zur Folge haben, erscheint dagegen der Vormund als der Verwalter des vormundschaftlichen Amts auch in dem Falle, wenn unter seine speziellen Obliegenheiten gegenüber der Aufsichtsbehörde auch die aufgenommen wird, daß er Werthpapiere und andere Werthgegenstände des Mündels zur gerichtlichen Verwahrung abliefern muß: so läßt sich gegen eine solche Vorschrift ein begründeter Einwand nicht erheben, sofern daraus eine größere Sicherheit für den Pflegebefohlenen erwartet werden kann. Und dies ist meines Erachtens der Fall. Die gerichtliche Verwahrung des Mündelvermögens, die den komplicirten Apparat der Deposital-Verwaltung nicht erfordert, vielmehr (ebenso nach der Annahme des Entwurfs) sich viel einfacher einrichten lassen wird, auch den Vormund nicht sehr beschweren kann, halte ich — in Verbindung mit der vor Allem nöthigen gesetzlichen Begrenzung der zur Anlage von Mündelkapitalien geeigneten Papiere — für ein so bedeutendes Mittel zur Sicherung der Pflegebefohlenen, und zwar nicht bloß deshalb, weil die Aufbewahrung eine sicherere ist, als die in den meisten Fällen durch den Vormund zu bewirkende, sondern hauptsächlich auch darum, weil dem Vormund dadurch die Gelegenheit mindestens sehr erschwert wird, sich des Mündelvermögens auch nur vorübergehend (z. B. durch Lombardirung der Werthpapiere) zu persönlichen Zwecken zu bedienen, daß ich mich für die allgemeine und obligatorische Einführung einer solchen gerichtlichen Verwahrung (auch der baaren Gelder bis zu deren zinsbarer Anlegung) in der Art, daß die Herausgabe erfolgt, wenn Verwaltungsoperationen des Vormundes es erfordern, — erkläre. Ausgenommen von der Pflicht zur gerichtlichen Niederlegung soll — abgesehen von dem vom Vater ernannten und befreiten Vormunde, welchem gegenüber, wie schon oben bemerkt, jede derartige Sicherungsmaßregel sich erübrigt, — nur derjenige Vormund sein, der eine den Pflegebefohlenen vollkommen deckende Caution bestellt. Also entweder Bestellung einer ausreichenden Caution, oder gerichtliche Niederlegung des Substanzvermögens, was allerdings in der Praxis dahin führen muß, daß Letztere in der Regel, und Jenes nur ganz ausnahmsweise geschieht. Die Pflicht des Vormundes zur Cautionsbestellung halte ich an sich für gerechtfertigt, sie erscheint nach der sonstigen Gewohnheit im Rechtsverkehr als eine natürliche Bedingung für die Uebernahme eines mit Vermögensverwaltung verbundenen vormundschaftlichen Amtes, und wie diese Uebernahme mit Recht erzwungen werden kann, so auch meines Erachtens die Erfüllung jener Bedingung. Ich finde auch in dem Verlangen der Caution weder ein verletzendes Mißtrauen, noch eine unbillige Härte gegen den Vormund, da die Uebernahme der Vormundschaft eine allgemeine Bürgerpflicht ist, und jedem auch wieder die Wohlthat des strengeren Gesetzes zu Statten kommt. Ließe es sich daher praktisch durchführen, von allen Vormündern, denen eine Vermögensverwaltung anvertraut ist, ausreichende Cautionen zu erlangen, so würde dies ein vorzügliches Mittel zur Sicherung der Pflegebefohlenen sein. Allein das Verlangen der Caution stößt in der Praxis in den meisten Fällen auf unüberwindliche Schwierigkeiten: sehr häufig ist der an sich geeignete Vormund völlig außer Stande, die Caution aufzubringen; die Anwendung aber von Zwangsmitteln gegen solche, die sich ohne genügenden Grund weigern, zeigt sich mißlich, und wenig wirksam. So ist man mehr und mehr dahin gelangt, die Cautionspflicht der Vormünder einzuschränken. Während die Reichsgesetzgebung Caution von allen Vormündern ohne Ausnahme verlangte, hat die gemeinrechtliche Praxis (allerdings wohl auch in Anbetracht der Sicherheit, die dem Pflegebefohlenen in der ihm gemeinrechtlich zustehenden gesetzlichen Hypothek gewährt ist), sehr häufig, namentlich bei angesessenen Vormündern, von der Cautionsbestellung Abstand genommen. Desgleichen haben die deutschen Partikulargesetzgebungen im Allgemeinen die Cautionspflicht der Vormünder entweder ganz fallen lassen, oder doch dahin eingeschränkt, daß nur, wenn ein besonderer Verdacht gegen den Vormund entsteht, beziehungsweise nur in einzelnen Fällen nach dem Ermessen der Obrigkeit Caution gefordert werden soll. Das französische Recht, welches die Cautionspflicht des Vormundes nicht kennt, sichert den Pflegebefohlenen durch eine stillschweigende allgemeine Hypothek, die ohne Eintragung alle Grundstücke des Vormundes trifft. Andere neuere Vormundschaftsordnungen, denen die Sicherheitsbestellung des Vormundes ebenfalls fremd ist, suchen den Pflegebefohlenen durch andere Mittel (gemeinschaftliches Handeln zweier Vormünder oder genauere Controle des Vormundes) zu sichern. Das Preußische Landrecht, obwohl es von der Cautionsbestellung des Vormundes am leichtesten abstrahiren konnte, weil die vormundschaftliche Vermögensverwaltung nicht bei dem Vormunde, sondern bei der Behörde ist, hat dennoch die Bestimmung, daß der Vormund nach Verhältniß desjenigen Theiles des Vermögens und der Einkünfte, die er von Zeit zu Zeit in Händen behält, Caution (durch Bürgen, Pfänder oder hypothekarische Eintragung) bestellen soll, dieser Bestimmung jedoch hinzugefügt, daß (abgesehen von den vom Erblasser ernannten Vormündern, die von der Cautionsbestellung frei sind, so lange nicht besondere Verdachtsgründe gegen sievorliegen) auch andere Vormünder, welche die Caution nicht aufbringen können, ohne Cautionsbestellung angenommen und beibehalten werden sollen, sofern sie nur im Rufe der Redlichkeit und ordentlichen Wirthschaft stehen. Obwohl hiernach die Cautionsbestellung die Regel und die Abstrahirung von derselben die Ausnahme sein soll, hat sich in der Praxis die Sache umgekehrt gestaltet, und man hat bei der großen Schwierigkeit, Cautionen zu erlangen, solche nur in sehr seltenen Fällen und beim Vorhandensein besonderer Verdachtsmomente erfordert. Aus alledem geht zur Genüge hervor, daß die Einführung einer allgemeinen und unbedingten Cautionspflicht der Vormünder eine ganz unpraktische Maßregel sein würde. Andererseits aber kann von dem in der Cautionsbestellung liegenden Sicherungsmittel nicht völlig abgesehen werden, — um so weniger, als der Vormund eine freiere Stellung angewiesen erhalten, und für die Pflegebefohlenen der altpreußischen Provinzen, — die auch durch kein gesetzliches Pfandrecht geschützt sind, die große Sicherheit wegfallen soll, welche ihnen die gerichtliche Deposital-Verwaltung gewährt. Es liegt auch kein Grund vor, von der Cautionsbestellung gänzlich zu abstrahiren, die in einzelnen Fällen einerseits dringend geboten, andererseits leicht realisirbar sein kann, und welche an und für sich ein sehr geeignetes Sicherungsmittel gewährt. Da die Frage, ob und in welchem Maaße Caution zu fordern, wesentlich von den concreten Umständen abhängt, empfiehlt es sich meines Erachtens vollständig, (ohne eine gesetzliche Beschränkung, wie sie §. 62 des Entwurfs enthält) von dem Ermessen der vormundschaftlichen Behörde abhängig zu machen, ob und in welchem Umfange, auch in welcher Art vom Vormunde Sicherheit zu bestellen ist.

Als ein Mittel, den Pflegebefohlenen gegen Benachtheiligungen Seitens des mit der Verwaltung betrauten Vormundes zu sichern, dient endlich auch das Institut des beaufsichtigenden Gegenvormundes (subrogé tuteur des französischen Rechts). Der preußische Entwurf will dasselbe als ein passendes Gegengewicht gegen die freiere Stellung des Vormundes und zwar nur für vermögendere Vormundschaften (§. 42 des Entwurfs) einführen. Der Gegenvormund ist zur Beaufsichtigung des verwaltenden Vormundes berufen; er soll zu diesem Zwecke das Recht haben, jederzeit die Bestände und die Rechnungen nebst Belägen einzusehen; in allen Fällen, in denen die Genehmigung des Vormundschaftsrichters zur Gültigkeit des Geschäfts erforderlich ist, soll dieser auch den Gegenvormund hören, in anderen, im Gesetz bestimmten Fällen sollen Vormund und Gegenvormund gemeinschaftlich handeln (z. B. bei Veräußerung von Werthpapieren und anderen werthvollen Sachen); Kapitalzahlungen für den Pflegebefohlenen sollen den Schuldner nur befreien, wenn sie an den Vormund und Gegenvormund gemeinschaftlich geleistet sind, und von beiden die Quittung ausgestellt ist. Das sind die wesentlichsten Bestimmungen des Entwurfs. Das damit charakterisirte Institut hat nach meiner Meinung gewichtige Bedenken gegen sich, während der davon gehoffte Vortheil sehr problematisch erscheint. Voraussetzung der Nützlichkeit ist, daß der Gegenvormund ein sehr tüchtiger und zuverlässiger Mann ist, der in vollem Maaße seine Schuldigkeit thut; nur unter dieser Voraussetzung bietet die in seine Hände gelegte Controle überhaupt eine Garantie, wenngleich diese unter allen Umständen eine sehr geringe ist, weil dem Gegenvormund auch mit den ihm in dem Entwurf beigelegten spezielleren Befugnissen die nöthigen Mittel zur Ausübung einer wirksamen Controle abgehen. Ist es nun aber schon sehr schwer, gerade für vermögende Vormundschaften qualificirte Vormünder zu finden, so wird es noch viel schwerer sein, neben diesen noch qualifizirte Gegenvormünder zu erlangen, und man wird dadurch genöthigt werden, bei der Auswahl der letzteren weniger schwierig zu sein, dabei aber auf Persönlichkeiten kommen, die jener Voraussetzung des Gesetzes gar nicht oder nur in sehr geringem Maaße entsprechen. Solche Gegenvormünder gewähren nicht blos keinen Nutzen, — sie können sehr schädlich sein, indem sie dem Vormunde nur Schwierigkeiten bereiten und seine Verwaltung lahm legen. Die Mißstände, die sich aus fortdauernden Differenzen zwischen Vormund und Gegenvormund (und solche sind nach der Natur des Verhältnisses zu besorgen) für die Verwaltung ergeben müssen, sowie die viel größere Gefahr für den Pflegebefohlenen, wenn Vormund und Gegenvormund zu seinem Nachtheil gemeinschaftliche Sache machen, sollen nur nebenher erwähnt werden. Die Hauptsache ist, daß die Einsetzung des beaufsichtigenden Gegenvormundes der stärkste Ausdruck des Mißtrauens gegen den verwaltenden Vormund ist, — viel verletzender für diesen, als das Verlangen der Cautionsbestellung und jede Einschränkung Seitens der Obervormundschaft. Es ist die drückendste Zumuthung an den zu einem Vertrauensamt Berufenen, sich einen Privatmann als beständigen Aufpasser gefallen zu lassen, und es kann gar nicht ausbleiben, daß dies Widerwillen gegen das vormundschaftliche Amt gerade bei den besseren Elementen erzeugt, und diese mehr und mehr der Uebernahme einer Vormundschaft sich zu entziehen suchen. Die Stellung des Vormundes wird nicht nur herabgesetzt, sie wird auch rechtlich alterirt, insofern er bei der vorgeschriebenen Mitwirkung des Gegenvormundes für einzelne Rechtshandlungen nicht mehr der alleinige Vertreter des Pflegebefohlenen ist; es kehren sonach mit dem gedachten Institut die Inconvenienzen wieder, welche man durch die Einschränkung der obervormundschaftlichen Befugnisse beseitigen will, — nur in einer schlimmeren, weil gehässigeren Form und ohne den entsprechenden Nutzen. Der Vortheil, der in der Mitwirkung einer zweiten Person bei der vormundschaftlichen Verwaltung unter Umständen liegen kann, wird besser und einfacher erreicht, wenn in geeigneten Fällen zwei oder mehrere Vormünder — entweder mit getrennter Verwaltung oder auch zu gemeinschaftlichem Handeln — bestellt werden. Das Institut des beaufsichtigenden Gegenvormundes ist für diesen Zweck entbehrlich, im Uebrigen aber aus den vorangeführten Gründen durchaus nicht zu empfehlen. Ich antworte demgemäß auf die dritte Frage:

> Das Institut des beaufsichtigenden Gegen- (Ehren-) Vormundes soll nicht eingeführt werden —

und auf die vierte Frage:

a. Die Beibehaltung der Deposital-Verwaltung empfiehlt sich nicht, wohl aber die Einführung der gerichtlichen Verwahrung des Mündelvermögens, zu welcher jeder nicht befreite Vormund verpflichtet sein soll, sofern er nicht ausreichende Caution bestellt hat; —
b. Im Uebrigen soll es dem Ermessen der Vormundschaftsbehörde überlassen werden, ob und in welchem Umfange, auch in welcher Art vom Vormunde Caution zu bestellen ist.

XI.

Gutachten des Herrn Obergerichts-Rath Thomsen zu Hannover

über die Frage:

„Empfiehlt sich eine Beschränkung der Antrags-Verbrechen und Vergehen des Deutschen Strafgesetzbuchs?"

Vergleiche:

Geib, Geschichte des Röm. Cr. Pr. S. 254 ff. 515 ff.
Zachariä, Deutsch. Str. Pr. §§. 24—26, 70.
Mittermaier, Deutsch. Str. V. §§. 15, 31, 32, 217, 218.
Gneist, vier Fragen z. D. Str. Pr. O. I.
Fuchs, Anklage und Antragsdelikte.
O. Reber, Antragsdelikte
Archiv des Cr. R. N. Flge V 609, XII 566, XIV 390.
Gerichtssaal XI 183, XVIII 291, XIX 37, XXI 144, XXII 190, XXIII 432,.
Deutsche St. R. Ztg. X 2.
Die zahlreichen Aufsätze in Goltdammer Arch. XIX ff.

I.

Das Institut des Antrags-Rechts hat erst in der neueren und neuesten Gesetzgebung eine hervorragende Bedeutung gewonnen, während es im früheren Römischen wie Deutschen Rechte, wesentlich aus prozessualischen Rücksichten, mehr im Hintergrunde blieb.

Im Römischen Straf-Proceß bildete in allen Stadien das Anklage-System die Grundform des Verfahrens, und zwar hatte es sich zuletzt dahin entwickelt, daß die betr. Handlungen behufs Verhängung einer öffentlichen Strafe verfolgt werden konnten:

1) von Jedermann aus dem Volke (Popular-Anklage, regelmäßig beim delictum publicum),
2) nur von bestimmten betheiligten Personen (Privat-Anklage, regelmäßig beim delictum privatum).

Im ältesten Deutschen Rechte war das System der Buße als einer Privat-Strafe vorherrschend. Dann entwickelte sich mit der wachsenden Erkenntniß der Strafthaten als Verletzungen der öffentlichen Rechtsordnung, als Störungen des öffentlichen Friedens, die auf öffentliche Strafe gerichtete Anklage des Verletzten (Privat-Anklage), und endlich gewann das System der Popular-Anklage den Sieg, welches letztere System auch noch zur Zeit der CCC. bestand.

In beiden Rechtsgebieten kam allerdings sowohl die Verfolgung durch den Richter ex officio, als auch die amtliche Bestellung eines öffentlichen Anklägers vor, jedoch nur ausnahmsweise und unter besonderen Umständen. Neben der öffentlichen Verfolgung bestand sodann noch für einzelne Fälle das ursprüngliche Institut der auf Privat-Strafe (Buße) gerichteten, wiederum theils Jedem aus dem Volke, theils nur dem Betheiligten zustehenden Privat-Klage, nicht zu verwechseln mit der eine öffentliche Strafe verfolgenden Privat-Anklage.

Bei dieser Einrichtung des Straf-Verfahrens wird es ohne Weiteres einleuchten, daß die Frage, ob die Strafverfolgung überhaupt von der Genehmigung oder dem Antrage der Betheiligten abhängig sei, sehr wenig hervortrat, obgleich sie begriffsmäßig sowohl bei der Popular-Anklage, als bei dem ausnahmsweise zulässigen Official-Verfahren vorkommen konnte

Im Römischen Recht enthält aufs Deutlichste einen Fall dieser Art die l. un. C. IX 7, wonach bei Majestätsbeleidigungen „integris omnibus" an den Kaiser berichtet werden soll, damit dieser entscheide, utrum praetermitti an exquiri debeat (also ganz, wie die „Ermächtigung" im D. St. G. B.).

Ferner sind mehr oder weniger dahin zu rechnen injuriae, adulterium und crimen partus suppositi, obgleich die betreffenden Stellen

§. 10 J. IV 4.

l. 30 §. 1, D. XLVII, 10I.

l. 30 C. IX, 9.
l. 7 C. IX. 35.

durchgängig zunächst nur jene systemgemäßen Gegensätze zwischen Popular- und Privat-Anklage (accusatio publica und privata) oder zwischen Anklage (accusatio) und (Civil-)Klage (actio) behandeln, nicht auch den Gegensatz zwischen Verfolgung ex officio und Verfolgung auf Antrag der Betheiligten.[1])

In der P. G. O. finden wir sodann als (theilweise modificirte) Antragsfälle hervorgehoben:

Ehebruch (Art. 120.)
Entführung (Art. 118.)
Nothzucht (Art. 119.)
Familien-Diebstahl (Art. 165),

und zwar hier unzweifelhaft im Gegensatze nicht blos zu der Popular-Anklage, sondern auch zu dem Official-Verfahren.

Erst mit der steigenden Entwickelung des richterlichen Verfahrens ex officio, des Inquisitions-Processes, und mit dem allmäligen Verschwinden sowohl der Privat- als der Popular-Anklage, konnte die Frage, welche Strafthaten ohne Rücksicht auf den Willen des Betheiligten, und welche nur auf Antrag (nicht auf Anklage) desselben zu verfolgen waren, zum klareren Bewußtsein und zur praktischeren Bedeutung gelangen.

In Verbindung mit dem schließlichen Siege des inquisitorischen Processes trat noch ein zweites Moment für die Bedeutung des Antrags-Instituts mehr und mehr in den Vordergrund, nämlich die allmälige Heranziehung von zahlreichen, sonst nur mit Privatstrafe verfolgbaren Handlungen in das Gebiet des öffentlichen Straf-Rechts.

Als nun in neuerer Zeit an die Stelle des Inquisitions-Processes wiederum der accusatorische gesetzt, aber statt der alten Popular- oder Privat-Anklage die Verfolgung durch einen amtlich bestellten Ankläger eingeführt, also ein früher im Römischen, wie im deutschen Straf-Verfahren zwar schon bekanntes, aber nur ausnahmsweise angewandtes Institut jetzt als durchgreifende Regel statuirt wurde, als man außerdem die amtliche Stellung des öffentlichen Anklägers als ministère public mit bedeutend gesteigerten Rechten ausstattete: da mußte naturgemäß das Gefühl und Gewicht derjenigen Gründe, aus welchen bei einzelnen Strafthaten früher die öffentliche Bestrafung überhaupt ausgeschlossen, oder an die Anklage bezw. den Antrag des Betheiligten geknüpft worden, mit erneuter Stärke

---

[1]) Nach l. 11 §. 1 D. XLVIII, 19 waren die viliora furta domestica überhaupt nicht criminell verfolgbar.

sich geltend machen, und eine gewisse Reaction gegen das „Monopol" der Staats-Anwaltschaft herbeiführen. Diese Reaction trat mit Rücksicht auf die absolute Macht der Staats-Anwaltschaft sowohl über die Erhebung als über die Unterlassung der Anklage wesentlich in zwei Richtungen hervor, einmal in dem Institut der Privat-Anklage des Betheiligten (im modernen Sinne, als Gegensatz zur öffentlichen Anklage des Staats-Anwaltes, andermal in dem Institut des „Antrags" als Vorbedingung der öffentlichen Anklage, der öffentlichen Bestrafung.

II.

Beide Institute wurden in den neuen Strafgesetzbüchern, resp. Strafprozeß-Ordnungen immer mehr entwickelt und ausgedehnt, und zwar hat man sie regelmäßig in die engste Verbindung mit einander gebracht, sie gewissermaßen als correspondirende gleichartige Begriffe, die Privat-Anklage als eine Steigerung, eine besondere Form, eine höhere Potenz des Antrags-Rechts behandelt.

Diese in der Literatur sowohl als in der Gesetzgebung uns entgegentretende Vermischung und Verwechslung der Begriffe hat unzweifelhaft einen sehr großen, ja entscheidenden Einfluß auf die Vermehrung der Antrags-Fälle geübt, indem man theils bewußt, theils unbewußt die zahlreichen und gewichtigen Gründe für die Ausdehnung der Privat-Anklage auch auf das Antragsrecht bezog. In Wahrheit aber sind beide Institute nach Grund, Zweck und Begriff scharf auseinander zu halten. Die Privat-Anklage findet ihre Bedeutung in einer Positive, das Antrags-Recht in einer Negative. Dort hat der Betheiligte die Befugniß, das Gericht als das bestrafende Staats-Organ seinerseits selbst in Thätigkeit zu setzen, (jus faciendi) — hier: die öffentliche Anklage, beziehungsweise die Bestrafung zu hindern (jus prohibendi). Dort wird den Interessen des Betheiligten Schutz gegen ungerechtfertigte Ablehnung der öffentlichen Anklage, hier gegen die Erhebung derselben gewährt, indem sich naturgemäß gegen die negative Seite des „Monopols" (Ablehnung der öffentlichen Anklage) die positive Privat-Anklage richtet, gegen die positive Seite (Erhebung der öffentlichen Anklage) das negative Institut des Antrags.

Das Wesen des Antrags besteht nicht darin, daß dem Verletzten, „bevor der Staats-Anwalt sein Strafamt ausüben kann, das Recht zusteht, die Bestrafung des Thäters durch Stellung des Antrags zu bewirken", sondern in der Befugniß der Betheiligten, die Verfolgung und Bestrafung durch Unterlassung oder eventuell Zurücknahme des Antrags zu verhindern, wie die Motive zum St.-G.-B. annähernd richtig sagen, in der „Befugniß des Betheiligten, nach seinem Ermessen die Untersuchnng abzuwenden oder eintreten zu lassen." [2])

Die Stellung des Antrags legt weder dem Staatsanwalte, noch dem Gerichte eine besondere Pflicht auf oder ein besonderes Recht zu, sondern beseitigt lediglich ein Hinderniß der Verfolgung einer an sich strafbaren That. Die Staats-Anwaltschaft kommt nun dem Antragsdelikte gegenüber in dieselbe Lage, in welcher sie dem Officialdelikte gegenüber sich von vornherein befindet, und läßt jetzt erst hier, wie bei jeder anderen Strafthat, die Prüfung eintreten, ob und wie sie einzuschreiten und die richterliche Thätigkeit anzurufen habe, während die Privat-Anklage mit ihrer positiven Funktion ohne Weiteres den Richter zur Aburtheilung der That zwingen soll. Die Privat-Anklage setzt die strafende Justiz selbst in Bewegung, der Antrag zieht nur die Barriere auf, welche das Gesetz dem Gange der Justiz vorgelegt hat.

Beide Institute involviren allerdings ein Dispositionsrecht über die Strafverfolgung, aber dies Dispositionsrecht wirkt bei der Privat-Anklage stets positiv, äußert sich activ, wirkt bei dem Antrags-Rechte stets negativ, äußert sich principaliter passiv (Unterlassung), nur eventuell auch activ (Zurücknahme).

Gewissermaßen erklärt beim Antrags-Rechte der auf den Antrag wartende Staat: „ich meinerseits will verfolgen", der Verletzte (durch Unterlassung oder Zurücknahme): „ich will, daß nicht verfolgt wird", — bei der Privat-Anklage der die öffentliche Anklage ablehnende Staat: „ich meinerseits will nicht verfolgen", der Verletzte: „ich will, daß verfolgt wird", und zugleich: „ich will selbst verfolgen". Die Verwirklichung dieses Willens wird dann vermittelt durch das Antrags-Recht, resp. durch die Privat-Anklage.

Die (primäre) Befugniß, zu verhindern, schließt natürlich die (secundäre) Befugniß, zu erlauben, in sich, und insofern hat beim Antrags-Rechte der Betheiligte auch das activ sich äußernde Recht, den Antrag zu stellen, d. h. durch solche Erklärung den Hinderungsrungsgrund zu beseitigen: nimmer jedoch enthält dies secundäre Recht das Wesen des Antrags-Rechts, involvirt vielmehr die Vernichtung desselben, indem dessen negative Function eben mit der Stellung des Antrags aufhört und erst mit der Zurücknahme

---

[2]) Das D. Str. G. Buch selbst gibt überall keine Definition des Antrags-Rechts. Während die Ausdrücke: „Verfolgung tritt nur auf Antrag ein", „ist nur auf Antrag zu verfolgen", „bedarf eines Antrags nicht", „ist nicht zu verfolgen, wenn der Berechtigte es unterläßt, den Antrag binnen 3 Monaten zu stellen" allerdings die negative (beschränkende, hindernde) Function des Antrags-Rechts zu erkennen geben, spricht doch das Gesetz durchgängig von einem Rechte, den Antrag zu stellen, als ob in diesem activen Momente das Wesen des Antrags-Rechts bestände.

wiederauflebt. Mit Rücksicht auf diese secundäre, für die Bewegung der staatlichen Thätigkeit allerdings entscheidende, und vermöge ihrer activen Erscheinung äußerlich mehr in die Augen fallende Befugniß, mag auch die, logisch für das Verhinderungs-Recht wenig zutreffende, technische Bezeichnung „Antrags-Recht" sich rechtfertigen lassen, deren Einbürgerung ihre wesentlichste Stütze, wenn nicht ihren Grund in der Vermengung des Antrags-Instituts mit der Privat-Anklage fand. Nur ziehe man keine falschen Folgerungen aus dem Worte! Das Strafantrags-Recht ist in Wirklichkeit ein Strafhinderungs-Recht.

Mit dem Recht des Verletzten auf Verhinderung der Verfolgung correspondirt die Pflicht der Staats-Anwaltschaft zu deren Unterlassung, während dann, wenn man das Wesen des Antrags-Rechts in dem Recht auf Stellung des Antrags findet, sich schwerlich eine logisch correspondirende Pflicht construiren läßt.[3])

Die innere Verschiedenheit beider Institute wird noch deutlicher einleuchten, wenn man[4]) unter den nöthigen Cautelen die alte Popular-Anklage subsidiär neben der öffentlichen wieder einführen sollte. Dann wäre die Allgewalt des öffentlichen Ministeriums gebrochen und jeder Staatsbürger eventuell zur öffentlichen Klage legitimirt, das Institut der Privat-

---

[3]) Ein Antrags-Recht im streng wörtlichen Sinne könnte man finden in dem Rechte des amtlichen Vorgesetzten, bei Amtsehrenbeleidigungen den Strafantrag zu stellen (St. G. B. §. 196). Diese extraordinäre Befugniß soll die öffentliche Anklage nicht hindern, sondern herbeiführen und das dienstliche (staatliche?) Interesse an der Verfolgung gerade im Gegensatze zum Privat-Interesse an der Nichtverfolgung schützen. Sie richtet sich gar nicht wider den Staat oder das Monopol der Staatsanwaltschaft, vielmehr nur gegen die beleidigte Person selbst, um deren Strafhinderungsrecht zu paralisiren, kann daher logisch gar kein Antragsrecht im technischen Sinne sein und nur dessen secundäres, hier practisch genügendes Moment enthalten: das Recht, durch Stellung des Antrages die Strafverfolgung zu erlauben. Die Vernichtung des wirklichen Antrags-Rechts durch Stellung des Antrags ist hier nicht bloß Folge, sondern Zweck, und das Recht des Vorgesetzten ist soweit vom Wesen des Antrags-Rechts entfernt, daß es gerade als Surrogat der ausgeschlossenen Officialverfolgung dient, — ein Beweis mehr dafür, wie wenig das wahre Wesen des Antrags-Rechts in dem Rechte auf Stellung des Antrags besteht. Die Reichstags-Commission, welche die Statuirung des vom Gesetz-Entwurfe ausgeschlossenen Antrags-Rechts bei Amtsehrenbeleidigungen veranlaßte, ging von der Ansicht aus, daß nicht allein dem Vorgesetzten zur Wahrung der Ehre des Amts, sondern und an erster Stelle dem Beamten selbst (also beiden in gleicher Weise) das Recht der Denunciation (sic!) zustehen müsse, eine Ansicht, welche eben nur durch die irrige Auffassung und Verwechselung der richtigen Begriffe erklärlich wird.

[4]) Wie Gneist in seiner angeführten Schrift verlangt.

Anklage insofern gar nicht mehr erforderlich; nichtsdestoweniger aber, ja in viel erhöhterem Maaße, würden nun gerade der Popular-Anklage gegenüber die Gründe für das Antrags-Recht sich gelten machen, eben weil sie auf einem ganz anderen Gebiete liegen.

Nur in dem nächsten Anlasse und in dem letzten Erfolge reichen beide Institute sich die Hand, nämlich in der Furcht vor der Alleinherrschaft des Staatsanwalts und in der Beschränkung dieser Alleinherrschaft; auch können und werden die Gründe für Privat-Anklage und Antrags-Recht bei gewissen Delikten faktisch zusammentreffen, und der so entstehende äußere Schein von Gleichartigkeit und Zusammengehörigkeit hat die Vermengung der innerlich verschiedenen Institute gewiß hauptsächlich verschuldet.

III.

Sehen wir uns nun nach den Gründen um, welche gewöhnlich wider und für das Antrags-Institut angeführt werden, so begegnen wir zwar den verschiedenartigsten Ansichten: aber darin herrscht allgemeine Uebereinstimmung, daß das Anklage-Recht des Staates als gebietende Regel, das Antrags-Recht des Betheiligten als besondere Ausnahme zu betrachten ist. Wenn einmal das Strafgesetz bestimmte Handlungen als (öffentlich) strafbare hingestellt hat, dann muß auch mit Nothwendigkeit auf die Strafandrohung die Strafverhängung erfolgen, und die absolute Majestät des Staates und des Gesetzes duldet nicht, daß das Belieben des Individuums mit all seinen Schwächen und Leidenschaften den strafenden Arm der Gerechtigkeit aufhalte.

Liegt es in der Macht des Privatmannes, ob die Strafe ausbleiben soll, so erblickt selbst bei der öffentlichen Anklage der Thäter im Verletzten seinen persönlichen Gegner, und nur zu leicht ergreift ihn das Gefühl des Unmuths über die Härte und Unversöhnlichkeit desselben, sowie die Sucht, sich demnächst an ihm zu rächen. Das Volk hat, wie die Erfahrung zeigt, sehr schnell gelernt zu unterscheiden zwischen dem Denuncianten oder Zeugen und dem Antragsberechtigten, zwischen Anzeige und Dispositions-Recht.

In der Seele des Verletzten selbst entsteht ein peinlicher Streit edler wie unedler Gefühle: Gerechtigkeitsliebe, Mitleid, Furcht, Bequemlichkeitsliebe, Haß, Neid, Rachsucht, Habgier u. s. w., und der unberechenbare Ausgang dieses Streites entscheidet die Frage, ob der Thäter straflos bleibt.

Bei dem Zauber des allmächtigen Geldes wird das Dispositionsrecht des Verletzten oft zur käuflichen Waare, und geht der Reiche straflos aus, während den Armen die Strafe unerbittlich trifft.

Das rechtliche und sittliche Bewußtsein des Volkes, das Ansehen der

Justiz, die Sicherheit der öffentlichen Ordnung wird empfindlich geschädigt; es entwickelt sich eine gewisse Gleichgültigkeit gegen die Antragsdelikte und der Reiz zu neuen Strafthaten mehrt sich, wenn offen im Volke und unter den Augen der machtlos zuschauenden Behörden der Strafbare straflos umhergehen, ja ungescheut sich seiner Verbrechen rühmen darf, wenn unter sonst gleichen Verhältnissen wegen gleicher Thaten je nach dem verschiedenen Belieben der verletzten Privatpersonen der Uebelthäter hier bestraft, dort freigelassen wird.

Angesichts dieser großen Schattenseiten müssen also höchst dringende und gewichtige Gründe vorliegen, um legislatorisch die Statuirung einer solchen Ausnahme, wie sie das Antrags-Institut bildet, zu rechtfertigen.

Da es sich hier eben um ein jus singulare handelt, so können diese Gründe weniger aus dem strengen Rechte, als vielmehr aus praktischen, im Gebiete der Sittlichkeit, Billigkeit oder Nützlichkeit liegenden, criminalpolitischen Momenten hergenommen werden, — aus Rücksichten, welche der Legislator gegenüber dem allgemeinen Staats-Interesse der Strafverfolgung anderen speciellen Interessen zu schenken hat.

Abgesehen von völkerrechtlichen Verhältnissen, liegt nun das Antragsrecht stets in der Sphäre von Privatpersonen; es müssen also P r i v a t-Interessen existiren, welche mit dem strafrechtlichen Interesse des Staats in Conflikt gerathen und wegen ihrer an und für sich anzuerkennenden Berechtigung die Statuirung eines Ausnahmsrechts zu Gunsten von Privatpersonen zur Frage bringen. Aus dem früher entwickelten Begriffe des Antrags-Rechts, als der Befugniß des Betheiligten, die Verfolgung und Bestrafung des Uebelthäters zu v e r h i n d e r n, ergibt sich mit logischer Nothwendigkeit, daß die fraglichen Privat-Interessen sich eben auf die V e r h i n d e r u n g der sonst eintretenden öffentlichen Verfolgung beziehen, und dann eine Benachtheiligung erleiden müssen, wenn und soweit die Staatsorgane die Anklage erheben und die Bestrafung verwirklichen. Auf der einen Seite steht das Gesetz mit der allgemeinen Forderung, daß jede strafbare That geahndet werde, beziehungsweise die Staatsanwaltschaft mit dem Rechte und der Pflicht, diese Forderung zur Erfüllung zu bringen, auf der andern Seite tritt die verletzte Privatperson auf mit ihrem Interesse an dem Unterbleiben der Verfolgung, mit dem Verlangen eines Schutzes berechtigter Interessen gegen die Erhebung der öffentlichen Anklage. Also dort Staats-Interesse an der Verfolgung, hier Privat-Interesse an der Nichtverfolgung, — zwei collidirende Factoren, von denen der schwächere dem stärkeren weichen muß, deren gegenseitige Abwägung allein das richtige legislatorische Facit liefern kann. Hiernach ist m. E. für die Frage, wann im einzelnen Falle der Gesetzgeber das Antrags-Recht zu statuiren

statuiren habe, das folgende Princip als allgemein maßgebend aufzustellen:

> Wenn das Staats-Interesse an der Verfolgung der Strafthat geringer ist als ein berechtigtes Privat-Interesse an der Nichtverfolgung, dann, aber auch nur dann, ist das Antrags-Recht zu statuiren.

Das so aufgestellte Princip muß und wird durchgängig einen hinreichenden Maßstab an die Hand geben, obgleich die Nachtheile und Interessen des Staats und des Verletzten nicht genau commensurable Größen bilden, und zuweilen im einzelnen Falle die legislatorische Abwägung jener Momente schwierig sein mag. Derartige Schwierigkeiten werden aber auch bei jedem andern Princip für den Gesetzgeber bleiben.[5])

Die zahlreichen, sonst noch in der Literatur und in der Gesetzgebung geltend gemachten, theils mit dem erwähnten Princip und dessen Anwendung zusammenhängenden, theils davon sich trennenden Gründe oder Principien haben mehr oder weniger eine speziellere Natur und bezielen öfter nur die Rechtfertigung des einen oder andern einzelnen Antrags-Falles.[6])

Im Allgemeinen lassen die sämmtlichen Gründe mit ihren Combinationen und Variationen sich auf drei Hauptkategorien zurückführen:

1) staatsrechtliche oder völkerrechtliche Beziehungen,
2) schonende Rücksicht auf den Verletzten und seine Angehörigen, oder auf das Familien-Interesse,
   (Nachtheile der Publicität Strafe des Thäters, zugleich auch Uebel für den Verletzten; Heiligkeit der Familienbande; häusliche Zucht),
3) alleiniges oder überwiegendes Privat-Interesse an der Bestrafung im Verhältnisse zum Staats-Interesse.

---

[5]) Seiner wesentlichsten Grundlage nach findet sich dies Princip schon von Mittermaier hervorgehoben im Arch. für Cr. R. V S. 609 ff., wo das Antrags-Recht dann für motivirt erklärt wird, wenn die Nachtheile der Official-Verfolgung für den Verletzten, dessen Familie oder den Staat größer seien, als die Nachtheile der eventuellen Straflosigkeit für den Staat.

[6]) Der von v. Bar (Goltdammer Arch. XIX S. 644) aufgestellte Satz:

> „Daß bei gewissen Delicten die Strafgewalt des Staates nur dann strafend einzuschreiten gesonnen ist, wenn das Bedürfniß der staatlichen Reaction gegen das Delict in dem zunächst interessirten Kreise (regelmäßig beim Verletzten) sich in bestimmter Weise (durch Stellung des Strafantrags) manifestirt hat,"

enthält weniger selbst ein Princip, als vielmehr eine Beschreibungs- oder Umschreibungs-Formel für das Resultat der vom Gesetzgeber erwogenen, anerkannten und angewandten Principien, bezieht sich obendrein eigentlich nur auf das secundäre active Moment des Antrags-Rechts.

(Strafe mehr Privat-Genugthuung; Verzeihung; mehr subjectiver oder ideeller Werth der verletzten Güter; mangelnde oder geringe Bedeutung des Delicts für den Staat; Unsicherheit der Grenze zwischen criminellem und civilem Unrecht).

IV.

Vergleicht man nun hiermit, abgesehen von der bunten Musterkarte der früheren Particular-Gesetze, die im deutschen Strafgesetzbuch enthaltenen, bedeutend vermehrten Antragsfälle, so wird unschwer darzuthun sein, daß der weite Spielraum, welchen jene zahlreichen, dehnbaren und unbestimmten Gründe der Inconsequenz und Willkühr gewähren, in der Gesetzgebung leider zu ausgiebig benutzt ist.

Sowohl die Motive zum deutschen Strafgesetzbuch (zum I. Entwurf S. 105, zum II. Entwurf S. 106) als auch die Debatten im Reichstage gehen wesentlich von der letzten jener drei Hauptkategorien aus, indem sie im Allgemeinen das Princip zu Grunde legen, daß die Antrags-Delicte meistens das Staats-Interesse erst in zweiter Linie berühren, das Privat-Interesse an der Bestrafung ein stärkeres sei. Diese Kategorie ist aber gerade die bedenklichste und die Anwendung des so aufgestellten Princips erscheint m. E. als falsch und verwerflich, weil nur das Institut der Privat-Anklage, nicht das des Antrags-Rechts, als logische Folge daraus herzuleiten ist.

Wenn bei bestimmten Handlungen, die einmal vom Gesetzgeber für öffentlich strafbar erklärt sind, der Verletzte ein noch höheres Interesse an der Bestrafung hat, als der Staat, so darf aus diesem Grunde doch offenbar nicht das Staats-Interesse absorbirt und ganz ausgeschlossen, dessen Geltendmachung dem Willen des Verletzten allein unterworfen werden, (und dies geschieht beim Antrags-Rechte), sondern es rechtfertigen sich nur diejenigen Maßregeln, welche dem Verletzten die Garantie der Strafverfolgung gewähren. Für den Verletzten ist nämlich ein selbständiges (cumulatives oder subsidiäres) Verfolgungs-Recht zu statuiren, und ein solches Recht ist dann für sein Interesse an der Bestrafung, wie erforderlich, so auch genügend. Ihn berührt bei der Gefahr, daß etwa die Staatsanwaltschaft wegen zu geringen öffentlichen Interesses die Anklage ablehnt, nur die negative Seite des Monopols der Staatsanwaltschaft, und die Frage, ob er die öffentliche Verfolgung des Staats-Interesses verhindern dürfe, fällt hier überhaupt nicht in den Kreis seines Privat-Interesses, welches der Natur der Sache nach rücksichtlich der Erhebung der öffentlichen Anklage niemals mit dem Staats-Interesse in Conflikt gerathen kann.

Die entscheidenden Momente sind für das Antrags-Recht: die collidirenden Interessen des Verletzten an der Nichtverfolgung, des Staats an der Verfolgung, für die Privat-Anklage: die concurrirenden Interessen des Verletzten und des Staats, also beider, an der Verfolgung, oder, wie man mit Rücksicht auf das punctum saliens, die Ablehnung der öffentlichen Anklage, es auch ausdrücken könnte: bei der Privat-Anklage stehen sich gegenüber das Interesse des Verletzten an der Verfolgung und die Negirung des öffentlichen Interesses, die Nicht-Interessirung des Staats an der Verfolgung. Das überwiegende Interesse des Verletzten an dem Eintreten der Verfolgung kann also logisch nie dahin führen, daß demselben ein Recht gewährt werde, die Verfolgung zu hindern. Das hieße die richtigen Begriffe geradezu umkehren.

Die Ansicht, als ob die Privat-Verzeihung mit dem Antrags-Recht im Causalnexus stehe, darf als ein überwundener Standpunkt bezeichnet werden, indem jetzt wohl allgemein anerkannt ist, daß Privat-Verzeihung als solche niemals den Strafbarkeits-Charakter der Handlung rückwärts annulliren kann, und die Einwilligung des Verletzten, wenn überhaupt zulässig, schon den Begriff des Delicts selbst ausschließt. Dieses Moment spielt daher auch eine erhebliche Rolle nicht mehr in den gesetzgeberischen Erwägungen, was allerdings früher oft der Fall war.

Sodann mag in manchen Fällen die Grenze zwischen criminellem und civilem Unrecht unsicher sein, aber die Entscheidung hierüber der Ansicht, dem Gefühl und dem Interesse des Verletzten anheimzugeben, ist gewiß die verkehrteste Lösung der Schwierigkeit. Wo der Gesetzgeber die genaue Markirung der Grenze für unthunlich crachtet, darf er entweder den zweifelhaften Thatbestand gar nicht in das Gebiet des Strafrechts hereinziehen, oder er muß in jedem einzelnen Falle die Entscheidung der Staats-Anwaltschaft beziehungsweise dem Richter, überlassen.

Die Ansicht endlich, daß der Staat bei Verletzungen solcher Güter, die für ihn gar keinen Werth, für den Verletzten nur einen subjectiven oder ideellen Werth hätten, (Ehre, Keuschheit, eheliche Treue), nicht von Amtswegen einschreiten dürfe, fällt in den daraus gezogenen Consequenzen wesentlich mit dem Principe der schonenden Rücksicht auf den Verletzten zusammen und dürfte obendrein in ihren Voraussetzungen selbst unrichtig sein, da allerdings der Staat an solchen Gütern ein bedeutendes Interesse hat, und dieses sein Interesse durch die Hereinziehung der betreffenden Delicte in das Gebiet des öffentlichen Strafrechts auch genügend documentirt.

Auf der anderen Seite ist aus der geringeren Bedeutung gewisser Delicte für die staatliche Ordnung, aus dem secundären Charakter des

Staats-Interesses hier eine Modification der staatsanwaltschaftlichen Function als wünschenswerth herzuleiten. Das öffentliche Recht zur Verfolgung muß freilich stets gewahrt bleiben, aber die, sonst an sich absolute, Pflicht des Staats-Anwalts zur Verfolgung insofern modificirt werden, als er nur dann die öffentliche Anklage zu erheben hat, wenn dies durch Gründe des öffentlichen Wohles geboten erscheint. Sonst überläßt er die Strafverfolgung dem Berechtigten, welchem ja die Privat-Anklage zusteht.

Eine solche bereits auf dem ersten Juristentage angeregte, auch im Entwurf zur D. Str. Pr. O. §. 305 bei Körperverletzungen und Beleidigungen angewandte Bestimmung empfiehlt sich nicht blos bei allen jetzt mit der Privat-Anklage ausgestatteten (richtigen wie falschen) Antrags-Fällen, sondern überhaupt da, wo die Privat-Anklage gegeben ist.[7])

Dann ist einerseits dem Privat-Interesse des Verletzten genug gethan, sofern ihm die Möglichkeit der Strafverfolgung, sei es mittelbar durch Anrufung der Staats-Anwaltschaft, sei es eventuell unmittelbar durch Privat-Anklage, in ausreichendem Maße gegeben wird: andererseits ist dem secundären Standpunkte des Staats-Interesses („minima non curat praetor“) gebührende Rechnung getragen, sofern die Staatsbehörde die „Manifestirung (Anzeige, Verlangen,) des im betheiligten Kreise zunächst auftretenden Bedürfnisses“ abwarten kann, nicht (wie beim Antrags-Rechte) abwarten muß. Dabei ist ferner zu bedenken, daß ohnehin diejenigen Delicte, welche in erster Linie sich gegen die Person oder die Güter des Einzelnen richten, naturgemäß in den zahlreichsten Fällen nur dann zur Contestation kommen, wenn der Verletzte sie zur Anzeige bringt, daß also practisch oft der Fall der Nichtanzeige dem des Nichtantrages gleichsteht.

In diesen beiden Richtungen (Zulassung der Privat-Anklage, Erleichterung der staatsanwaltschaftlichen Anklage-Pflicht) enthält jene dritte Kategorie von Gründen allerdings richtige Gedanken und legislatorische Motive; keinenfalls aber ist dadurch das Antrags-Institut zu rechtfertigen, für dessen Statuirung, wie nochmals betont werden mag, nicht das Interesse des Staates, beziehungsweise des Verletzten, also beider Concurrenten der Strafverfolgung, sondern das Privat-Interesse an der Nichtverfolgung und das Staats-Interesse an der Verfolgung als die richtigen Factoren des gesetzgeberischen Facits anzusehen sind.

Bei gewissen Delicten wird es eintreten, daß für den Verletzten zugleich nach der einen Seite hin ein Interesse an der Nichtverfolgung

---

[7]) Das Institut der Privat-Anklage dürfte, namentlich bei den zunächst gegen die Person oder Güter des Einzelnen gerichteten Strafthaten viel weiter auszudehnen sein, als bisher geschehen ist, und als auch der Entwurf zur D. Str P. O. §. 282 begrenzen will (nur Antrags- und Buße-Fälle).

und nach der anderen Seite hin auch ein Interesse an der Verfolgung vorliegt, und zwar beides in höherem Grade, als der Staat an der Verfolgung interessirt ist.

Dann besteht eine, gleichsam ideelle, Concurrenz beider Interessen auf Seiten des Verletzten, und es muß ihm mit Rücksicht auf die Ablehnung, beziehungsweise Erhebung der öffentlichen Anklage sowohl das Antrags-Recht als auch die Privat-Anklage electiv gewährt werden, je nachdem er für die eine oder andere Seite seines Interesses sich entscheiden will. Nur bei solchen Concurrenz-Fällen kann man sagen, daß die Kreise der Privat-Anklage und des Antrags-Rechts als congruent sich decken.

Genau genommen tritt beim Antrags-Rechte stets eine Art Concurrenz, oder wohl richtiger: Collision der Privat-Interessen an der Nichtverfolgung und an der Verfolgung ein, da ja der Verletzte schon als solcher ein gewisses Interesse an der Verfolgung hat. Dieses allgemeines Interesse des Verletzten an der Verfolgung, auch wenn es das Staats-Interesse nicht überwiegt, kann wiederum vielleicht die Privat-Anklage motiviren, überhaupt aber mit dem Antrags-Rechte nicht im Causalnexus stehen. Zwischen Antrags-Recht und Privat-Anklage findet begriffsmäßig keine Wechselwirkung statt, jedes Institut geht seinen eigenen Weg.

Durch die in dieser Beziehung herrschende, bereits früher gerügte Vermengung beider Institute ist es nun m. E. zu erklären, wie, meist ohne alle weitere Begründung, als daß „der Staat erst in zweiter Linie Interesse habe" die schon im Entwurf des D. St. G. B. zahlreich enthaltenen Antrags-Fälle theils durch die Reichstags-Commission, theils durch Anträge einzelner Mitglieder in der Debatte vermehrt worden. So sind jetzt fast alle diejenigen Vergehen und Uebertretungen, welche zunächst gegen die Person oder die Güter und Rechte der Einzelnen gerichtet sind, d. h. bei weitem die meisten Delicte überhaupt, zu Antrags-Fällen gestempelt.

Nur beim Diebstahl und Betruge ist inconsequenter Weise kein derartiger Versuch gemacht, ohne Zweifel, weil hier schon die oberflächlichste Erwägung vom practischen Standpunkte aus die Unthunlichkeit klar legen mußte, obgleich a priori jenes Princip des stärkeren Privat-Interesses an der Verfolgung ebenso zutreffen würde. Bei der Unterschlagung (anvertrauter Sachen) ist es auch wirklich zu desfallsigen Debatten gekommen, und nur dem energischen Widerspruch des Preußischen Justiz-Ministers ist es zu verdanken, daß hier kein Antrag zur Verfolgung gesetzlich erfordert wird.[8])

---

[8]) Um sich ein Bild von den gesetzgeberischen Schicksalen und Zufällen bei solchen Fragen zu machen, lese man den Bericht über die Reichstags-Verhandlungen (S. 727

Jene Vermengung der Gründe sowie des Wesens der Privat-Anklage und des Antrags-Rechts zeigt sich auch wieder in sehr eclatanter Weise beim Entwurfe der D. St. P. O., wo im §. 282 die Kreise der Privat-Anklage und des Antrags-Rechts als vollkommen congruent hingestellt werden (unter Hinzusetzung der Buße-Fälle). Die Motive (S. 245 nebst Anlage 4) gehen zunächst von dem richtigen Gesichtspunkte aus, daß die Gewährung der „Privat-Klage" (wohl richtiger „Privat-Anklage" zu nennen) dann in Frage kommen, wenn die Staats-Anwaltschaft die Erhebung der öffentlichen Klage ablehne.

Dann heißt es aber weiter, und hierin wird der logische Sprung ausgeführt:

„Muß man nun zugeben, daß die subsidiäre Privat-Klage nicht dem öffentlichen Interesse, sondern dem Privatinteresse des Verletzten zu dienen bestimmt ist, so wird man dieselbe folgerichtig auch nur insoweit zulassen dürfen, als dieses Privat-Interesse auf dem Gebiete des Strafrechts überhaupt Anspruch auf Berücksichtigung hat. Die Frage, in wie weit letzteres der Fall sei, wird von dem materiellen Strafrecht beantwortet. Denn indem dieses bei gewissen strafbaren Handlungen die Verfolgung von dem Antrage des Verletzten abhängig macht, erkennt es an, daß in Fällen dieser Art das öffentliche Interesse an der Strafverfolgung von der Rücksicht auf das Privat-Interesse des Verletzten überwogen werde.

Dem Entwurf der St. P. O. ist daher die Grenze, innerhalb deren er die subsidiäre Privatklage gewähren muß, durch das D. St. G. B. vorgezeichnet, und er gewährt sie demgemäß überall da, wo das Strafgesetzbuch die Strafverfolgung vom Antrage des Verletzten abhängig macht. Daß er den Fällen dieser Art auch diejenigen anreiht, in denen der Verletzte die Zuerkennung einer Buße beantragen kann, findet seine Rechtfertigung

---

bis 732), betreffend die §§. 292, 293 und §§. 370[4], 296 Str.-G.-B., wonach als Endresultat beschlossen ist, daß beim einfachen Wild- und Fisch-Diebstahl der Antrag nothwendig ist, bei den qualificirten, mit gleicher Strafe bedrohten Fällen der §§. 293, 296 der Wilddiebstahl ohne Antrag, der Fischdiebstahl nur auf Antrag verfolgt werden kann, während als Grund für die Statuirung gerade des letzteren Falls als eines qualificirten ausdrücklich das öffentliche Interesse, das Interesse des National-Wohlstandes hingestellt ist. Nach den Eingangs-Worten des Präsidenten (S. 727) ist das Antrags-Amendement auch zum §. 293 (Entwurf §. 289) gestellt, wovon aber im weiteren Verlaufe nichts mehr vorkommt, obgleich in Gemäßheit der Debatten selbst das Antrags-Recht im §. 293 viel mehr am Platze gewesen wäre, als im §. 296!

darin, daß auch in den Fällen der letzteren Art die Vorschriften des Strafrechts auf einer Berücksichtigung des Privat-Interesses des Verletzten beruhen."

Also das überwiegende Privat-Interesse (n. b. an der Strafverfolgung) bildet materiell und processualisch das maßgebende Prinzip für die Zulassung der Privat-Anklage wie des Antrags-Rechts, ja das letztere wird mit dem Rechte, die Zuerkennung einer Buße zu „beantragen", auf gleiche Stufe gestellt! Von dem entscheidenden Privat-Interesse an der Nichtverfolgung ist nirgends hierbei die Rede. Wie vollkommen richtig die Folgerung der Privat-Anklage aus dem überwiegenden Privat-Interesse an der Strafverfolgung hergeleitet wird, so unrichtig ist die ganze Argumentation hinsichtlich des Antrags-Rechts.

Diese mißverständliche Auffassung und Confundirung beider Institute lassen die Motive auch noch anderswo wiederspiegeln, z. B. S. 104, wo die Pflicht des Staates zur Strafverfolgung als eine allgemeine und nur bei den Antragsdelicten eingeschränkte erwähnt wird (— das Antrags-Institut beschränkt in erster Linie gerade das Recht des Staats, das Dürfen oder Können, nur in mittelbarer Folge die Pflicht, das Brauchen oder Sollen —), ferner S. 261, wo bei der Erörterung, ob für leichte Körperverletzungen die öffentliche Klage ganz auszuschließen und lediglich die Privatklage zu statuiren sei, es heißt: „daß es Fälle von Körperverletzungen gibt, in denen die öffentliche Ordnung so sehr die Verfolgung erheischt, daß der Staat sich der letzteren nothwendig unterziehen muß", und dann der am allerwenigsten zu erwartende Satz kommt: „sobald sie vom Verletzten beantragt wird", (also soll die im öffentlichen Interesse nothwendige Verfolgung vom Belieben des Privatmannes abhängen, obgleich für diesen ein berechtigtes Interesse, die Verfolgung zu hindern, nirgendwie ersichtlich ist.)

V.

Wenn nach den bisherigen Erörterungen nun die Gründe der dritten Kategorie für das Antrags-Recht als nicht zutreffend anzusehen sind, so erscheinen dagegen die beiden ersten Kategorien als geeignet, das Antrags-Recht zu motiviren.

Von dem Standpuncte des Völkerrechts aus ist es gewiß passend, bei den feindlichen Handlungen gegen befreundete Staaten den Antrag abzuwarten, soweit nicht etwa gemeine Verbrechen concurriren.

Wo ferner durch die Official-Verfolgung, durch den strepitus fori, durch die Publicität der empfindlichste Nachtheil für die Ehre, den Ruf, die Lebensstellung und das sittliche Gefühl des Verletzten und seiner Angehörigen herbeigeführt, wo wegen des persönlichen Verhältnisses zum Thäter die Strafe von dem Verletzten selbst als Uebel empfunden, wo das höhere sittliche Interesse der Familie [9]) in Mitleidenschaft gezogen würde: da hat der Gesetzgeber sorglichst zu erwägen, ob gegen diese Nachtheile der staatliche Nachtheil der eventuellen Straflosigkeit, das Staatsinteresse an der Bestrafung in den Hintergrund treten müsse. Daß bei dieser Abwägung der beiden Factoren die größere oder geringere Schwere der im fraglichen Delicte liegenden Verletzung des öffentlichen Friedens, der staatlichen Rechts-Ordnung, ein gewichtiges Moment bildet, und der Gesetzgeber leichter geneigt sein wird, bei geringfügigen Delicten die Wagschaale zu Gunsten des Verletzten sinken zu lassen, leuchtet ohne Weiteres ein, und in dieser, aber auch nur in dieser Beziehung hat die Rücksicht auf das geringere Interesse des Staates an der Bestrafung ihre relative Berechtigung und Bedeutung für das Antrags-Recht. — Legislatorisch ist von den richtigen speciellen Gründen blos der eine: der Nachtheil der Publicität durch die Strafverfolgung, ausdrücklich urgirt, und zwar auch dieser in den Motiven zum D. St. G. B. nur bei der betrüglichen Eheschließung und bei den Beleidigungen, in den Reichstags-Debatten nur bei den Ermächtigungsfällen, bei der Nothzucht und der Entführung.

Die Frage also, ob in einem speciellen Falle das Antrags-Recht vom Gesetzgeber anzuerkennen und zu statuiren sei, gestaltet sich folgendermaßen:

Vor Allem muß natürlich der Gesetzgeber die betreffende That in das Gebiet des öffentlichen Strafrechts hereingezogen und damit zugleich documentirt haben, daß an und für sich ein öffentliches Staats-Interesse an der Bestrafung vorliege. Sodann ist zu fragen, ob der Verletzte oder überhaupt eine Privatperson irgend ein als berechtigt anzuerkennendes Interesse an der Nichtverfolgung der That, an der Nichterhebung der öffentlichen Anklage, an dem Nichteintreten der Bestrafung habe.

Wird dies verneint, so kann vom Antrags-Recht grundsätzlich überall keine Rede sein.

---

[9]) Das höhere sittliche Familien-Interesse kann hier für das Antrags-Recht nur als mittelbarer Grund gelten, insofern nämlich, als das Privat-Interesse des Verletzten, durch Strafverfolgung seine Familien-Verhältnisse nicht stören zu lassen, in der Heiligkeit der Familien-Bande eben die erforderliche Berechtigung findet. Wo der Staat ein Familien-Verhältniß um seiner selbst willen als ein gegen die Nachtheile der Strafverfolgung zu schützendes Institut anerkennt, ist nicht das vom Privat-Willen abhängige Antrags-Recht, sondern das absolute Verbot der Strafverfolgung gerechtfertigt, wie im §. 247 des St.-G.-B. bei Diebstählen und Unterschlagungen (warum nicht auch bei andern Delicten?) durch Ascendenten und Ehegatten.

Wird dies aber bejaht, so entsteht nun die weitere specielle Frage, ob der Nachtheil, welcher aus der öffentlichen Strafverfolgung für die berechtigten Privat-Interessen des Betheiligten erwächst, verhältnißmäßig größer sei, als der Nachtheil, den das Staats-Interesse durch die eventuelle Straflosigkeit der That erleidet, m. a. W., ob das berechtigte Privat-Interesse an der Nichtverfolgung stärker sei, als das Staats-Interesse an der Verfolgung.

Wird auch diese Frage bejaht, so ist die Statuirung des Antrags-Rechtes motivirt, wird sie verneint, bleibt das Recht weg.

VI.

Unter Anwendung der als zutreffend anerkannten beiden Kategorien von Gründen läßt sich nun die Bejahung der vorstehenden Fragen bei vielen jetzigen Antrags-Fällen des D. St. G. B. rechtfertigen, namentlich gehören hierher:

A. Die bereits genannten feindlichen Handlungen gegen befreundete Staaten nach §§. 102 bis 104 (103 und 104 fallen ohnehin unter die Rubrik der Beleidigungen).

B. 1. Die Strafthaten im Gebiete der geschlechtlichen Sittlichkeit (Ehe) nach §§.
170 (betrügliche Eheschließung,)
172 (Ehebruch,)
176 (Unzucht,)
177 (Nothzucht,)
179. 182. (Verleitung zum Beischlafe,)
236 bis 238 (Entführung.)

2. Die Beleidigungen (Anm. [10] u. [11]) nach §§. 185 flg. (desgleichen in den Ermächtigungs-Fällen der §§. 99. 101. 197,) so wie die im Wesentlichen zum Gebiete der Injurien gehörigen Fälle der §§. 123, Abs. 1. (einfacher Hausfriedensbruch)
240 (Nöthigung,)

---

[10]) Die Beibehaltung der Regel bei Majestätsbeleidigungen (§§. 94 flg.) wird leicht durch höhere politische Erwägungen gerechtfertigt, jedenfalls bei Beleidigungen regierender Personen, während im Uebrigen mit Rücksicht gerade auf das eigene Interesse der Beleidigten der Ausschluß des Antrags-Rechts zu erheblichen Bedenken Anlaß gibt.

[11]) Bei der sog. Amtsehrenbeleidigung mag die Antrags-Befugniß der amtlichen Vorgesetzten für genügend erachtet werden, das dienstliche Interesse an der Bestrafung zu wahren. Wegen der logischen Unsicherheit des Wesens und der Consequenzen dieser Befugniß (vergl. Anm. 3) dürfte es sich aber empfehlen, lediglich durch disciplinarische Vorschriften die nöthige Aushülfe zu gewähren.

241 (Bedrohung,)

299 und 300 (Verletzung fremder Geheimnisse.)

3. Die Diebstähle, Betrügereien, Unterschlagungen gegen Angehörige, Vormünder und Erzieher, (§. 247, 263),

4. Creditgeben an Minderjährige u. s. w. (§. 301, 302).

Bei allen diesen Fällen unter B. besteht unzweifelhaft ein berechtigtes Privat-Interesse an der Nichtverfolgung. Nur die Frage nach dem Uebergewicht dieses Interesses über das Staats-Interesse an der Verfolgung kann speciell bei einigen Fällen zweifelhaft sein, und hat auch schon z. B. bei den §§. 176, 177, (Unzucht resp. Nothzucht,) zu lebhaften Streitigkeiten und Debatten im Reichstage Anlaß gegeben, jedoch hat sich zuletzt der Sieg zu Gunsten jenes Privat-Interesses, d. h. des Antrags-Instituts, entschieden, und wie ich glaube, mit Recht.

VII.

Dagegen sind m. E. als ungerechtfertigte, als falsche Antragsfälle des D. St. G. B. die folgenden anzusehen:

a) die Körperverletzungen (223, 230, 232),

b) Diebstähle u. s. w. von Personen in Kost oder Lohn (247, 263.),

c) strafbarer Eigennutz (§§. 288, 289),

d) Wild- und Fisch-Diebstahl (292, 296, 370^4),

e) Sachbeschädigung (303),

f) die Entwendungen nach 370^5 und der sog. Futter-Diebstahl (370^6).

In den früheren Gesetzbüchern war das Erforderniß des Antrages bei diesen Fällen theils gar nicht, theils nur sporadisch enthalten, theils auf ganz geringfügige Fälle beschränkt.

Bezüglich des D. St. G. B. statuirte den Antrag

a) bei Körperverletzungen §. 232, (deren frühere Mittelstufen jetzt weggefallen sind) und zwar:
bei fahrlässigen leichten der I. Entwurf,
bei vorsätzlichen leichten der II. Entwurf,
bei fahrlässigen schweren der Reichstag bei der Debatte,

b) bei den sog. Gesinde-Diebstählen, Unterschlagungen und Betrügereien §§. 247, 263 die Reichstags-Commission,

c) beim strafbaren Eigennutz und zwar Verschleppung §. 288 die Reichstags-Commission,
beim furtum possessionis §. 289,
unter Angehörigen der Entwurf,
allgemein die Reichstags-Commission,

d) bei Wild- und Fisch-Diebstahl §§. 292, 296, 370^4 der Reichstag (wie früher bereits näher erwähnt),

e) bei Sachbeschädigungen §. 303 der Entwurf,

f) beim Nasch-Diebstahl §. 370^5 nur als Gesinde-Diebstahl der I. Entwurf, allgemein der II. Entwurf,
beim Futter-Diebstahl §. 370^6 der Entwurf.

Bei allen diesen Antragsfällen läßt sich überhaupt kein berechtigtes Privat-Interesse des Verletzten an der Nichtverfolgung entdecken, ist auch bei den gesetzgeberischen Operationen nicht angeführt worden, abgesehen etwa vom Falle sub. f. daher muß hier nach dem als maßgebend angenommenen Princip das Antrags-Recht von vornherein grundsätzlich verworfen werden.

Im Schooße der gesetzgeberischen Gewalten ist man, wie schon bei den richtigen Antrags-Fällen, um so mehr bei den falschen mit der Motivirung sehr sparsam zu Werke gegangen, und wo sich eine Motivirung findet, läuft sie wesentlich immer wieder auf das Princip des überwiegenden Privat-Interesses an der Verfolgung hinaus.

Speciell heben die Motive (zum I. Entwurf S. 197,) noch beim sog. Naschdiebstahl (sub f oben) hervor, daß das Verhältniß zwischen Dienstherrn und Dienstboten nach Analogie des Familienverhältnisses aufgefaßt, und darum die Bestrafung so geringfügiger Entwendungen, wie Nasch-Diebstähle, vom Willen des Dienstherrn abhängig gemacht werden müsse. Schon diese schüchterne Anwendung der Analogie läßt auf deren Bedenklichkeit schließen, und in der That ist das mehr und mehr sich lockernde, auch gewiß nicht etwa durch das Antrags-Recht fester zu kittende Gesinde-Verhältniß keineswegs bedeutend genug, um die Ausnahme zu rechtfertigen, am allerwenigsten deren jetzige Ausdehnung. Die angeblichen höheren sittlichen Interessen des Familienvaters bestehen hier wesentlich in der Scheu vor Unbequemlichkeit, und Unruhe im Hause, und erfahrungsmäßig läßt einerseits der Dienstherr den ungetreuen Dienstboten doch baldmöglichst fortgehen, freilich ungestraft, andererseits sucht der Dienstbote, der sich erkannt und beobachtet weiß, lieber ein neues Feld für seine Thätigkeit auf.

Die hier und da in der Literatur vorkommende Berufung auf häusliche Zucht und dienstherrliche Gerichtsbarkeit ist wohl mit Rücksicht auf die jetzigen socialen Verhältnisse kaum als ernstlich gemeint aufzufassen, zumal wenn man bedenkt, daß oft nicht einmal eine Hausgemeinschaft zwischen den Betheiligten besteht.

Im Reichstage hat man überall keine Motive vorgebracht, weshalb man das Gesinde-Verhältniß, das früher so ziemlich in allen Straf-Gesetzen

Deutschland's eine erschwerende Qualification bildete, jetzt als Anlaß und Grund des Antrags-Rechts, mithin umgekehrt factisch als Milderungsgrund hingestellt hat, obendrein in einer nicht sehr glücklichen, allerlei Controversen herbeiführenden Fassung.

Daß aber jenes Princip des überwiegenden Privat-Interesses an der Straf-Verfolgung in logischer Consequenz zum Institute der Privat-Anklage führt, und nicht zum Institute des Antrags, ist oben bereits erörtert worden, und das in der legislatorischen Geschichte des Antrags-Rechts sich so auffällig zeigende Wanken und Schwanken der Gesetzgebung erklärt sich sehr leicht eben durch die Haltlosigkeit des ganzen Princips.

Dazu kommt noch, daß in vielen Fällen, namentlich bei schwereren bedeutenderen Diebstählen u. s. w. der Dienstleute und bei erheblicheren Körperverletzungen das Staats-Interesse keineswegs so gering ist, um gegenüber dem Privat-Interesse in den Hintergrund zu treten. Mindestens ebenso sehr, ja mehr noch als bei der Verletzung von Vermögensrechten, ist der Staat nach Innen und Außen interessirt bei der Beschädigung der Gesundheit und der Gliedmaaßen seiner Bürger, wie denn auch vom nationalöconomischen Standpunkte aus jede Körperverletzung mit Arbeitsunfähigkeit sogar einen unersetzlichen Verlust, der Diebstahl nur einen Wechsel von Vermögens-Werthen involvirt. Man vergleiche nur den Fall, wo ein thätiger Bürger in Folge scandalöser brutaler Mißhandlung Monate lang krank und arbeitsunfähig wird, aber aus Mitleid und Edelmuth gegen den Thäter oder dessen Familie seinerseits keine Bestrafung veranlassen, keinen Antrag stellen will, oder den Fall, wo der schurkische Bediente seinen wohl gar auf dem Sterbebette liegenden Herrn um viele Tausende bestiehlt und straflos bleibt, mit dem Falle eines geringfügigen gewöhnlichen, ex officio zu verfolgenden Diebstahls, und man wird schwerlich zweifelhaft sein, wo das ideelle wie materielle Staats-Interesse, das Rechtsbewußsein des Volkes empfindlicher in Mitleidenschaft gezogen wird.

Gerade bei Körperverletzungen, deren zahlreiches Vorkommen so tief mit den Neigungen des Germanischen Volks-Charakters zusammenhängt, ist der Staat berufen, durch scharfe und prompte, nicht vom Belieben des Individuums abhängige Bestrafung seine erziehende Function zu üben. Somit erscheint nicht blos der theoretische Obersatz, sondern auch der factische Untersatz, die fundamentale Voraussetzung jenes Princips als unrichtig, umsomehr der ganze Schluß.

VIII.

Wenn hiernach die theoretische Verwerflichkeit der falschen Antrags-

Fälle nachgewiesen sein dürfte, so ist damit noch nicht die zu begutachtende Frage entschieden:

ob sich eine Reducirung der Antragsdelicte des D. St. G. B. empfehle?

Man kann nämlich einwenden, und die volle Berechtigung dieses Einwandes ist anzuerkennen, daß eine Abänderung der einmal bestehenden Gesetzgebung erst dann sich empfiehlt, wenn zufolge der praktischen Handhabung eine solche Abänderung als ein dringendes Bedürfniß sich herausstellt. Dies aber ist, wie ich meine, auch entschieden der Fall.

Von vornherein liegt es schon in der Natur der Sache, daß alle die Gründe und Bedenken, welche gegen das exceptionelle Antrags-Recht überhaupt früher hervorgehoben sind, und auch bei den gerechtfertigten Antrags-Fällen in die Wirklichkeit treten, bei den falschen Antrags-Fällen mit um so schwererem Gewicht sich geltend machen müssen, als das Gegengewicht, das berechtigte Privat-Interesse an der Nichtverfolgung, hier gänzlich fehlt (oder wenn irgendwie als vorhanden angenommen, doch jedenfalls auf ein verschwindendes minus herabsinkt). In der That haben auch die Nachtheile, welche für die staatliche Rechtsordnung aus dem Antrags-Rechte und der folgeweise oft eintretenden Straflosigkeit erwachsen, sich sehr bald in einem erschreckenden, schwerlich vom Gesetzgeber geahnten Umfange eingestellt, und drohen immer größere Dimensionen anzunehmen, wenn nicht die zu weit fortgeschrittene Gesetzgebung einen Rückschritt thut und in die richtigen Bahnen wieder einlenkt.

Zwar füllen die ungerechtfertigten Antragsfälle verhältnißmäßig wenige §§., aber praktisch sind sie weit erheblicher, von weit größerer Bedeutung in der Rechtspflege, als die gerechtfertigten. Namentlich bei den Vermögensdelicten von „Personen in Kost oder Lohn“ und bei den Körperverletzungen, welche sozusagen das tägliche Brod der Staats-Anwaltschaften und der Strafgerichte bilden, zeigen sich die desfallsigen Unzuträglichkeiten, aber auch bei den übrigen falschen Antrags-Fällen treten sie immerhin erheblich genug hervor.

Es mag erlaubt sein, hier aus der Hannoverschen Praxis einige recht deutlich redende Beispiele anzuführen[12]), deren Zahl übrigens jeder Praktiker wird leicht vermehren können.

1) Mehrfache Fälle, wo die Verletzten aus Furcht vor Drohungen den Antrag zurückzogen.

---

[12]) Zum Theil nach den freundlichen Mittheilungen mehrerer Strafkammer-Präsidenten und Staatsanwälte aus der Provinz Hannover, welche ebenfalls durchgängig eine Beschränkung des Antrags-Instituts für erforderlich erklären.

2) Mehrfache Fälle, wo die Berechtigten den zurückgenommenen Antrag wiederholen zu wollen erklärten, weil das versprochene Lösegeld nicht bezahlt sei, während umgekehrt wieder andere Berechtigte trotz vorher gezahlten Lösegeldes treuloser Weise den Antrag nicht zurücknahmen und das Geld profitirten.

3) Ein reicher Bauer hatte ohne Grund in brutalem Uebermuth seinen Knecht rücklings mit einem Messer gestochen, so daß derselbe monatelang in Todesgefahr schwebte. In der öffentlichen Sitzung erhielt der Verletzte nach längerem Handeln eine Abfindung, nahm den Antrag zurück, und der Thäter trat ab, nicht ohne laut und öffentlich sich zu rühmen, wie rechtlich und billig er sich benommen habe.

4) Mehrfach zeigte es sich erst später, daß Körperverletzungen schwere Folgen nach sich zogen (Tod, Lähmung,) und wurde einstweilen in Ermanglung des Antrags die Justiz am Einschreiten verhindert, zum größten Nachtheile für die spätere Untersuchung. Bei dem einen Falle hatte sogar der Thäter (Fabrikarbeiter, kein Rechtskundiger!) als die Polizei ihn verhaften wollte, mittels eines Fünfthalerscheins in continenti den Verletzten zur Erklärung veranlaßt, keinen Antrag stellen zu wollen.

5) Ein Hausknecht hatte durch sechsjährige Unterschlagungen gegen den Dienstherrn sich ein Vermögen von 6000 Thlr. erworben, gestand aber nur Unterschlagungen zum Betrage von 1000 Thlr. ein. Beide einigten sich auf 2000 Thlr. gegen Zurücknahme des Antrages, und der Thäter blieb straflos.

6) Ein Handelslehrling hatte gleichsam gewerbsmäßig dem Principal Waaren gestohlen und im Bunde mit 6 — 8 Helfershelfern verkauft. Seine Eltern zahlten endlich die verlangte Summe, der Principal nahm den Straf-Antrag zurück, und der Lehrling, die Hauptperson, ging frei von dannen, während die von ihm verleiteten Genossen der Strafe verfielen.

7) Der Cassirer einer Actien-Gesellschaft hatte 5000 Thlr. unterschlagen, um sie mit einer Maitresse durchzubringen. Von der Direction wurde der Antrag gestellt, und nachdem dann aus der Familie möglichst viel heraus gepreßt war, zurückgenommen. Diese Zurücknahme erfolgte in derselben öffentlichen Gerichts-Sitzung, in welcher unmittelbar darauf ein armes Dienstmädchen, das 6 Thlr. zur Anschaffung nothwendiger Kleidungsstücke unterschlagen hatte, verurtheilt wurde, indem deren Dienstherr den Antrag aufrechterhielt.

8) Nach einander hatten drei Gesellen bei einem Meister gedient und ihn fortgesetzt bestohlen, und zwar so, daß der frühere jedesmal bei den Diebstählen des oder der nachfolgenden bald als Hehler, bald als Theilnehmer mitwirkte. Der Bestohlene nahm in der öffentlichen Sitzung den Antrag gegen zwei zurück, gegen den dritten nicht. Man male sich mit Rücksicht auf die concurrirenden Official-Delicte diese verzwickten Verhältnisse für die Verhandlung und Aburtheilung aus, und vergegenwärtige sich dabei die Gedanken und Gefühle des zuhörenden Publikums!

9) Ein Lehrling steckte das Haus seines Dienstherrn in Brand aus dem eingestandenen Grunde, weil letzterer bei dem Bestrafungsantrage wegen Unterschlagung beharrlich verblieb.

10) Ein Lehrling aus wohlhabender Familie stahl dem Dienstherrn einen Rock. Nach gestelltem Antrage verlangte der Dienstherr 1000 Thlr., preßte sie nach und nach auch wirklich heraus, und nahm nun den Antrag zurück.

Nach diesem Allen trage ich kein Bedenken, auszusprechen, daß die erwähnten falschen Antrags-Fälle sämmtlich aus dem D. Str. G. B. beseitigt werden müssen, um einen Zustand zu beenden, der geradezu als eine Calamität der Rechtspflege zu bezeichnen ist.

Wenn in strafrechtlichen Zeitschriften hie und da die praktische Bewährung des Antrags-Rechts ganz im Allgemeinen bezeugt wird, so greife ich schwerlich mit der Bemerkung fehl, daß sich dies nur auf die Privat-Anklage beziehen und seine einfache Erklärung in der mehrerwähnten Begriffs-Vermengung finden mag, wonach die günstigen Folgen der Privat-Anklage, ähnlich wie die Gründe, mißverständlich auf das Antrags-Recht übertragen werden, namentlich bei denjenigen Delicten, bei welchen Privat-Anklage und Antrags-Recht concurriren.

Nach Beseitigung der falschen Antrags-Fälle wird sich zeigen, daß wesentlich der gemeinrechtliche Zustand wiederhergestellt ist, und daraus dürfte rückwärts eine nicht geringe Bestätigung der hier verfochtenen Ansichten zu entnehmen sein, zumal bei einem Institute, welches gerade als ein Product criminal-politischer, praktischer Rücksichten sich im Laufe vieler Jahrhunderte herausgebildet hat.

Hier mag auch der Ort sein, eine oft gehörte Behauptung, insofern dieselbe einen Einwand bilden soll, als unzutreffend zurückzuweisen: daß nämlich die Denunciation (deren Unterlassung,) schon gleiche oder ähnliche böse Folgen, wie das Antrags-Recht nach sich ziehe. Einmal liegt in der Unvermeidlichkeit Eines Uebels oder Einer Ursache desselben offenbar kein Grund, ein zweites Uebel oder eine zweite Ursache desselben Uebels bestehen zu lassen; andermal zeigt sich insofern ein höchst bedeutsamer Unterschied, als bei der unterlassenen Denunciation die Strafthat geheim bleibt, also weder die öffentliche Autorität, noch das allgemeine Rechtsbewußtsein geschädigt wird, während beim Antrags-Recht die größte Publicität der That herrschen kann.

Nur Eine Modification ist bei Aufhebung der falschen Antrags-Fälle zu statuiren resp. beizubehalten, die mit Rücksicht auf die Familien-Interessen keiner weiteren Motivirung bedürfen wird: daß nämlich überal ein Antrag erforderlich ist, wo die fraglichen erwähnten Delicte gegen Angehörige (Erzieher, Vormünder) verübt sind.

Wollte man gewissermaßen zu Transactionen sich verstehen, und einen Mittelweg zwischen Beibehaltung und Abschaffung aller ungerechtfertigten Antrags-Fälle einschlagen, d. h. bei den geringeren Fällen — unter Aufstellung etwa von Mittelstufen bei Körperverletzungen — das Antrags-Recht beibehalten, bei den erheblicheren es abschaffen, so würde man allerdings einen sehr großen, vielleicht den größten Theil der practischen Unzuträglichkeiten beseitigen, immerhin aber sowohl eine theoretische Unrichtigkeit im Str G. B., als auch einen Rest von practischen Uebelständen conserviren, außerdem alle jene leidigen Streitigkeiten in Theorie und Praxis wieder aufwecken, welche die Statuirung von Mittelstufen regelmäßig als Gefolge nach sich zieht. Wenn anders die hier verfochtenen Principien richtig sind und man doch einmal mit revidirender Hand in das Str. G. B. hineingreifen muß, dann soll man, wie ich meine, auch consequent verfahren und gründlich reine Bahn machen, indem man alle diejenigen Antrags-Fälle, kleine wie große, ausnahmslos wegnimmt, bei denen kein berechtigtes Privat-Interesse an der Nichtverfolgung vorliegt.

IX.

Ebensowenig glücklich wie bei der Festsetzung der Antrags-Fälle selbst, sind die Bestimmungen des Gesetzes über die Frist der Zurücknahme ausgefallen.

Die früheren Partikular-Gesetze stellten als Endtermin für die Frist der Zurücknahme verschiedene Momente hin, nämlich:

> erste gerichtliche Vernehmung des Beschuldigten, Eröffnung der gerichtlichen Untersuchung, Verweisungsbeschluß, Beginn der mündlichen Verhandlung, Verkündigung eines Erkenntnisses, (bei der Privat-Anklage wegen Injurien: Beginn der Strafvollstreckung).

Der Entwurf zum D. St. G. B. wählte als regelmäßigen Endtermin die Eröffnung der gerichtlichen Untersuchung und schließlich wurde in Folge der Beschlüsse des Reichstags als Endtermin gesetzlich statuirt:

1) regelmäßig die Verkündung eines auf Strafe lautenden Erkenntnisses (§. 64), ausnahmsweise:

2) in den Fällen der §§. 176, 177, (Unzucht, Nothzucht): die Erhebung der förmlichen Anklage bei Gericht; und

3) bei Beleidigungen im Falle der Privat-Anklage oder Privat-Klage: der Beginn der Strafvollstreckung (§. 194)[13].

Dieser reguläre Endtermin muß für zu weit gesteckt erklärt werden. Die im Entwurf enthaltene Bestimmung, daß der Antrag nach Eröffnung der gerichtlichen Untersuchung (nicht schon der Voruntersuchung, Motive zum I. Entwurf S. 106) nicht mehr zurückgenommen werden könne, erscheint aus überwiegenden Gründen als die richtigere.

So lange die Sache in den Händen der Staatsanwaltschaft, die ja überhaupt ihrem Berufe gemäß erst die Erhebung oder Unterlassung der Anklage erwägt, oder im Stadium der Vorbereitung (Voruntersuchung) sich befindet, und es noch ungewiß ist, ob eine definitive gerichtliche Hauptverhandlung und Aburtheilung erfolgen oder die Sache durch Vorbeschluß begraben wird: kommt die Würde und der Ernst der Justiz noch nicht erheblich in Frage.

Wenn aber das Gericht als das urtheilende Organ der Strafgewalt des Staates, auf Anrufen der Staatsanwaltschaft, die Anklagesache definitiv an sich gezogen hat, wenn der Streit unter den Parteien eröffnet und in judicium deducirt ist, dann darf die Privat-Willkühr einer neben den Parteien stehenden dritten Person nicht mehr in das einmal zum Rollen gebrachte Rad der Justiz hemmend hineingreifen.[14])

Der Staatsanwaltschaft ist die Zurückziehung der erhobenen Anklage untersagt, dem Souverain ist das specielle Abolitions-Recht genommen, und der Privatmann sollte das zwischen Staat und Thäter obschwebende Strafverfahren unbeschränkt sistiren können, sei es mit, sei es ohne Zustimmung des Angeklagten?[15])

---

[13]) Der letzte Fall gehört correcter Weise weder in das Strafgesetzbuch, noch in das Antragsgebiet, da er sich lediglich auf die Privat-Anklage oder Privat-Klage bezieht und dabei begriffsmäßig von einem auch hier wieder damit vermengten Antrags-Rechte gar keine Rede sein kann.

[14]) Nach der D. St. P. O. würde der gerichtliche Beschluß der Eröffnung des Hauptverfahrens (§§. 159, 164) den kritischen Abschnitt bilden.

[15]) Das römische Recht verlangte bei der Popular-Anklage regelmäßig für die Zurücknahme eine justa causa (error, temeritas, calor) und verordnete die officielle Fortsetzung des Verfahrens, „si accusator pecuniis a reo corruptus ad postulandam abolitionem venit,“ wobei der Grundsatz ausgesprochen wird „redemtae miserationis vox minime admittatur.“ l. 2. C. IX. 42.

Die Zurücknahme des Antrags ist nur soweit zuzulassen, als in Consequenz des maßgebenden Grundprincips die ratio des Antrags-Rechts überhaupt reicht, d. h. soweit die Nachtheile der Fortsetzung des Verfahren für die berechtigten Interessen des Verletzten größer sein würden, als die Nachtheile der Einstellung für das Interesse der staatlichen Ordnung.

Von jedem Verletzten, der die Gerechtigkeitsorgane des Staates zur Bestrafung des Verletzers in förmlicher Weise anruft, kann Besonnenheit und Ueberlegung verlangt werden. Sollte er aber in Unbesonnenheit, in augenblicklicher Aufwallung sich übereilt haben, so bleibt für einen solchen Fall immerhin bis zur definitiven Eröffnung des Haupt-Verfahrens Zeit genug, zur ruhigen Ueberlegung zu gelangen und den Antrag zurückzuziehen. Außerdem gewährt die dreimonatige Antrags-Frist Raum genug zur Erwägung der Privat-Interessen und zur Abwicklung etwaiger Verhandlungen, die der Verletzte für ersprießlich halten mag.

Falls man aber die Eröffnung der gerichtlichen Untersuchung (des Hauptverfahrens) nicht als entscheidend annehmen will, so muß eventuell die öffentliche Hauptverhandlung selbst unter allen Umständen jenseits des Endtermins liegen, und darf nur bis zu deren Beginn die Zurücknahme des Antrags gestattet werden.

Wenn solche Scenen, wie beispielsweise obenerwähnt, vor dem Publikum, der Staats-Anwaltschaft und dem Gerichte (welches selten in der Lage ist, sie zu verhindern) sich abspielen, wenn öffentlich um das Lösegeld gefeilscht und gemarktet, und die Staats-Behörde ungescheut als Pressungs-Maschine benutzt wird, wenn der Gerichtssaal gleichsam, s. v. v., zu einem Marionetten-Theater herabsinkt, wo die Figuren nach dem Belieben des Antrags-Berechtigten agiren oder abtreten müssen, so bedarf es keiner weiteren Ausführung, daß das Ansehen der Behörden und der Rechtspflege, überhaupt das sittliche und rechtliche Bewußtsein des Volkes, aufs Empfindlichste geschädigt wird. Der **Beginn der Hauptverhandlung** erscheint daher eventuell als der alleräußerste zulässige Termin, wie denn auch bereits in einigen Partikular-Rechten dieser Moment als Endtermin festgestellt war.

Selbst bei Injurien, wenn sie mittelst **öffentlicher Anklage** verfolgt werden, ist eine Ausnahme ungerechtfertigt, da hier die ratio des Antrags-Rechts wesentlich in dem Nachtheil der Publicität zu befinden ist, dieser Nachtheil aber mit der Hauptverhandlung schon eintritt, auch der angebliche Charakter der Strafe als Privat-Genugthuung keineswegs hinreichen würde, um dem Antrags-Berechtigten auf Kosten der höheren öffentlichen Interessen ein, über das Wesen und den Zweck des Antrags-Rechts weit hinausgedehntes Dispositionsrecht zuzuerkennen.

Sofern die Injurien mittels **Privat-Anklage** (oder -Klage) verfolgt werden, müssen die gewöhnlichen processualischen Regeln für Privat-Anklage überhaupt Platz greifen, und eine exeptionelle Behandlung (wie sie auch wieder in dem Entwurfe der D. St. P. O. §. 213 statuirt ist,) dürfte hier ebenfalls eines genügenden Grundes entbehren.

Wird demnach im öffentlichen Interesse eine zeitliche Beschränkung der Zurücknahme-Befugniß überhaupt für nothwendig gehalten, und dies ist ja allseitig der Fall, so erscheint die Eröffnung des Hauptverfahrens als der zweckmäßigste Moment, von welchem an die Zurücknahme nicht mehr gestattet ist, eventuell muß jedenfalls der Beginn der Hauptverhandlung selbst die Frist der Zurücknahme beendigen.

Nur eine Modification ist auch hier vorzuschlagen, nämlich bei den Antrags-Delicten unter Angehörigen. Hier empfiehlt es sich im höheren Interesse der geheiligten Familien-Bande, bis zur Verkündigung des auf Strafe lautenden Urtheils die Zurücknahme zu gestatten, zumal da die Gefahr eines Mißbrauchs fern liegt, und das Ansehen der Justizpflege nicht gefährdet wird, wenn auch erst in der öffentlichen Hauptverhandlung die Aussöhnung der Familien-Glieder, die Heilung der zerrissenen Familien-Bande erfolgt.

X.

Wie nun die Frage über die Zeit der Zurücknahme vorzugsweise in das Gebiet des materiellen Strafrechts, des Str. G. B., fällt, so mögen zwei andere Fragen: nämlich über die Befugniß der Staats-Behörden zu unaufschiebbaren Untersuchungshandlungen, und über den Kostenpunkt, streng genommen lediglich in das Proceßrecht gehören. Gleichwohl erscheint es als zweckdienlich, sie hier anzuregen und kurz zu erörtern, da die Bestimmungen über die Folgen des Antrags beziehungsweise der Zurücknahme ein Doppelgesicht haben, theils nach der materiell-strafrechtlichen, theils nach der strafprocessualischen Seite schauen, und beide Beziehungen im engsten Zusammenhange stehen, wie denn auch sicherlich die Gesetzgebung die nothwendige Revision des D. St. G. B. überhaupt mit der Schöpfung einer D. St. P. O. verbinden wird.

Was nun den ersten Punkt anbelangt, so muß im öffentlichen Interesse insofern eine Beschränkung des Antrags-Rechts für wünschenswerth erklärt werden, als der Staatsbehörde die Befugniß beizulegen ist, nach ihrem Ermessen die zur Sicherung des Beweises und der Verfolgung unaufschiebbar nothwendigen Maßregeln vorzunehmen. Der Antrag wird selten, namentlich bei den Verbrechen der §§. 176, 177, unmittelbar nach der That gestellt werden, und wie sehr das Aufschieben der nothwendigsten in continenti vorzunehmenden Schritte die spätere Untersuchung erschwert, ja vereitelt, bedarf keiner näheren Ausführung. Es kann sich nur fragen, ob das berechtigte Interesse des Verletzten entgegensteht. Von allen Interesse-Gründen könnte nur die Rücksicht auf die Nachtheile der Publicität erheblich ins Gewicht fallen. Wenn man aber erwägt, daß das officielle Einschreiten ja nur durch Kundgebungen dritter Personen veranlaßt wird, also insofern eine gewisse Publicität doch schon eingetreten ist, daß nur die nothwendigsten Maßregeln erlaubt sein sollen und von dem vernünftigen Ermessen der Behörden hier ohnehin eine besondere Schonung zu erwarten steht, wenn man endlich erwägt, daß der (allenfalls ex officio zu benachrichtigende) Antrags-Berechtigte ganz nach seinem Belieben alle bisherigen Maßregeln wieder aufheben kann durch seine Erklärung, keinen Antrag stellen zu wollen: so wird eine solche gesetzliche Bestimmung schwerlich Bedenken erregen.

Während bei den Ermächtigungsfällen alle einleitenden Schritte gleich wie bei den Officialfällen erfolgen, würden hier nur die unaufschiebbaren Schritte vorzunehmen sein.

XI.

Schließlich den ferneren processualischen Punkt anbelangend: die Kostenfrage bei Zurücknahme des Antrags, so mag es bei dem jetzigen Zustande der Gesetzgebung freilich im Interesse des Staats als dringend wünschenswerth erscheinen, dem Antragssteller die Kosten aufzuerlegen.[16]) Wenn man aber hiervon eine irgend erhebliche Repression gegen die gröberen Mißbräuche des Antrags-Instituts erwartet, so ist diese Erwartung gewiß zu hoch gespannt. Beim Loskauf werden dann die Kosten mit in die Berechnung hineingezogen, und erhöht sich einfach der Preis noch um die Kosten als Zuschlag. Ein Hinderniß der Zurücknahme bildet dieser Punct erfahrungsmäßig nicht, sobald einmal unedle Motive die Herrschaft gewonnen haben.[17])

---

[16]) Eine derartige Vorschrift findet sich auch im Entwurf der D. St. P. O. §. 379.

[17]) Wenn vor einiger Zeit im Reichstage von einzelnen Miturhebern der Ausdehnung der Antrags-Fälle eine Schädigung des Rechtsbewußtseins im Volke, namentlich mit Rücksicht auf Körperverletzungen hervorgehoben, und der Grund dieser Schädigung theils in der langsamen Justiz, deren Strafverhängung auf die That folgen müsse, wie „der Donner auf den Blitz", theils in dem Kostenpunkte bei der Zurücknahme gefunden ist, so muß dagegen bemerkt wurden, daß einerseits gerade durch das Erforderniß des Antrags naturgemäß der sonst auch noch so schnelle Gang der Justiz gelähmt wird, andererseits das Volk hier nicht etwa wie eine Oberrechnungskammer denkt und empfindet, sondern sein Rechtsbewußtsein durch ganz andere Momente beschädigt fühlt, als durch die fiskalische Erwägung, daß Zeugengebühren dem großen Staatssäckel unnütz zur Last fallen.

Unter der Voraussetzung einer Reduction des Antrags-Instituts auf das richtige Maß erscheint im Gegentheil jene Bestimmung als verwerflich. Der Antrags-Berechtigte macht nur von einem ihm zustehenden Rechte Gebrauch; durch Stellung des Antrags werden nicht, wie durch die Privat-Anklage, seinerseits die Kosten des Verfahrens verursacht, und bei dem regelmäßigen Verlaufe und Zusammenhange der Sache kann ihm auch eine Zurücknahme nicht zum Vorwurfe, zu einer Schuld gereichen, zumal wenn edle sittliche Motive ihn leiten, (z. B. Aussöhnung von Familiengliedern) oder die Gründe der Zurücknahme erst später entstanden sind. Die Einwendung, daß die inzwischen erwachsenen Kosten in Folge der Zurücknahme fast unnütz aufgewandt seien, kann allein um so weniger entscheidend sein, als fast von vornherein gar nicht feststeht, auch nicht mehr festzustellen ist, ob unnütze Aufwendung und Zurücknahme wirklich im Causalzusammenhange stehen, ob beim Fortgange des Verfahrens der Angeklagte zur Kosten-Erstattung verurtheilt worden, eventuell, ob er dazu im Stande gewesen wäre. Nach strengem Recht ließe sich die Vorschrift nur rechtfertigen, wenn der Verletzte in doloser Weise gleich bei der Stellung des Antrags die Absicht gehabt, ihn später zurückzunehmen, und proceß-politisch ist sie als Repressiv-Maßregel zu unbedeutend, um aus diesem Gesichtspuncte die Ausübung eines Rechts mit Kosten zu belasten

Das Gefühl der Nothwendigkeit einer Reaction gegen die Uebertreibung des Antrags-Instituts hat, wie ich glaube, hier zu weit geführt.

Uebrigens bedarf es kaum einer Erwähnung, daß die angemessene materielle Erweiterung der Antrags-Fälle und die zu große Ausdehnung der Zurücknahme-Frist die Cardinal-Puncte aller Beschwerden bilden und die sonstigen hier behandelten Fragen verhältnißmäßig von sehr untergeordneter Bedeutung sind, sobald eben die falschen Antragsfälle im S.G.B. beseitigt werden und lediglich die richtigen Antrags-Fälle stehen bleiben, beziehungsweise die Zurücknahme-Frist reducirt wird.

XII.

Nach den vorstehenden Ausführungen ergiebt sich als Schluß-Resultat,

daß eine Beschränkung der Antrags-Fälle des D.St.G.B. dringend zu empfehlen ist,

und zwar speciell in folgenden Richtungen:

A. Als falsche Antrags-Fälle, d. h. als solche Delicte, bei denen das Antrags-Recht theoretisch ungerechtfertigt und praktisch unhaltbar, daher zu beseitigen ist, sind anzusehen:

1) die Körperverletzungen und zwar sämmtliche, vorsätzliche wie fahrlässige (§. 232.),
2) Diebstähle, Betrügereien, Unterschlagungen solcher Personen, welche sich in Lohn oder Kost der Verletzten befinden (§§. 247, 263),
3) die Sachbeschädigungen (§. 303),
4) der strafbare Eigennutz in den Fällen der §§. 88, 89,
5) Wild-Diebstahl (§. 292,) Fisch-Diebstahl (370^4, 296,) Naschdiebstahl (370^5), Futter-Diebstahl (370^6),
bei welchen Delicten unter 1, 3, 4, 5, jedoch dann ein Antrags-Recht zu statuiren ist, wenn sie gegen Angehörige (Erzieher, Vormünder) verübt sind.

B. Die Zurücknahme des Antrags ist nur bis zur Eröffnung des Hauptverfahrens zulässig, ausnahmsweise bei Antragsdelicten unter Angehörigen bis zur Verkündung eines auf Strafe lautenden Erkenntnisses.

XII.

Gutachten des Herrn Oberappellationsgerichtsrath Dr. John zu Lübeck

über die Frage:

I.

Sind die Antragsverbrechen überhaupt legislatorisch zu rechtfertigen?

Die Beantwortung dieser Frage setzt voraus, daß ein Zweifel darüber, was unter Antragsverbrechen zu verstehen sei, nicht existire. Diese Voraussetzung trifft aber meiner Ansicht nach nicht zu, vielmehr glaube ich, daß die Begriffsbestimmung der Antragsverbrechen noch keineswegs festgestellt ist. Und hierfür möchte ich mich zunächst auf dasjenige beziehen, was Geib (Lehrb. II §. 83 a. S. 165) zur Charakterisirung der Antragsverbrechen beibringt. Hier heißt es:

> „bei Antragsverbrechen, d. h. bei sämmtlichen Verbrechen, deren Untersuchung und Bestrafung von dem Antrage oder der Klage des Verletzten abhängig gemacht ist (§. 61), fällt die Anwendung der Strafgesetze hinweg, sobald auf diesen Antrag oder auf diese Klage Verzicht geleistet wird."

Der in Bezug genommene §. 61 (S. 2 ff.) weist darauf hin, daß heut zu Tage in Folge richtigeren Verständnisses sowohl des Begriffes und Wesens des Verbrechens, als der Aufgabe und des Charakters des Staats, das Strafrecht durchgängig als ein Theil des öffentlichen Rechts betrachtet werde. Unter den Folgen dieses öffentlichen Charakters des Strafrechts wird dann zunächst die angeführt, daß die verwirkte Strafe nicht an den durch das Verbrechen zunächst Verletzten, sondern an den Staat abzutragen sei, und daß ihre Geltendmachung überall von Amtswegen zu geschehen habe, und jeder Privateinfluß hier ausgeschlossen bleibe. Als Ausnahme von diesem aus der öffentlich rechtlichen Natur des Verbrechens folgenden Grundsatze heißt es dann weiter:

> „bei gewissen Verbrechen findet die gerichtliche Verfolgung nur unter der Voraussetzung statt, daß der erste Anstoß hierzu von dem Verletzten selbst — Klage, Antrag, Anzeige — ausgeht. Charakter dieser (von Wächter, Sächsisches Strafrecht S. 80 so genannten) Antragsverbrechen: dieselben — im Gegensatze zu den Privatverbrechen, wie diese besonders in dem früheren römischen Rechte (§. 12) so häufig gewesen waren — halten den öffentlichen Charakter des Strafrechts nicht blos in so fern fest, daß auch hier die verwirkte Strafe an den Staat abzutragen ist, sondern ebenso in so fern, daß selbst ihre gerichtliche Verfolgung, abgesehen von jenem ersten, durch den Verletzten zu gebenden Anstoße, dem Einfluße der Privatwillkühr, bald unbedingt, bald mindestens in höherem oder geringerem Grade (§. 83 a)*) entzogen bleibt, und die ganze Bedeutung der hierdurch bewirkten Ausnahme besteht also weniger in einer eigentlichen Beschränkung, als vielmehr in einer bloßen Modifikation der sonst geltenden allgemeinen Regel."

Daß diese Bemerkungen Geib's nicht ausreichend sind, um über den Begriff der Antragsverbrechen Klarheit zu gewinnen, wird einer ausführlichen Darlegung nicht bedürfen. Denn es steht wohl fest, daß da, wo ein Strafverfahren in Folge der Privatklage stattfindet, eben nicht von Amts wegen das Verbrechen verfolgt wird. Die Privatklage ist nicht blos „jener erste, vom Verletzten zu gebende Anstoß zur gerichtlichen Verfolgung", sondern es ist dieselbe nur die erste Handlung eines Strafverfahrens, zu welchen der Privatkläger nicht blos den ersten Anstoß giebt, sondern welches der Privatkläger vollständig durchführt. Und hieran wird ja auch dadurch nichts geändert, daß für den Staatsanwalt die Möglichkeit offen bleibt, seinerseits die Sache zu verfolgen, falls der Privatkläger die Verfolgung der Sache aufgegeben haben sollte; — denn in diesem Falle existirt das Verfahren auf Grund der Privatklage gar nicht mehr — auch

*) Ist die oben bereits angeführte Stelle.

nicht dadurch, daß der Staatsanwalt die durch Privatklage verfolgte Sache für sich arripirt (vergl. den ersten revidirten Entwurf einer deutschen Strafproceßordnung 1873 §. 310) — denn in solchem Falle schiebt die Staatsanwaltschaft durch ihre Erklärung, daß sie die Verfolgung der Sache übernehmen wolle, den Privatkläger, und mit ihm das Privatverfahren bei Seite, und setzt an dessen Stelle ein Officialverfahren. Ueberall aber, wo die Privatklage wirklich durchgeführt wird, da trifft es keineswegs zu, daß der Privatkläger zu dem Strafverfahren nur den ersten Anstoß gegeben habe, dieses selbst aber seiner Privatwillkühr entzogen bleibe. Denn der Privatkläger — und das ist doch das Entscheidende — bleibt dominus litis (vergl. den angeführten Entwurf einer deutschen Strafproceßordnung §. 305, 319), wenn auch immerhin der Umstand, daß es sich um eine Strafsache handelt, die Veranlassung zu gesetzlichen Bestimmungen giebt, welche zum Zwecke der Wahrheitsermittelung die Immiscirung staatlicher Behörden für zulässig erklären. (Vergleiche den angeführten Entwurf §§. 301 — 303; 309.)

Wollte man aber andererseits den Begriff der Antragsverbrechen auf diejenigen Fälle beschränken, in welchen die gerichtliche Verfolgung der Verbrechen, abgesehen von dem durch den Strafantrag gegebenen ersten Anstoße, der Privatwillkühr des Antragsberechtigten entzogen bleibt, so würden von den Antragsverbrechen alle diejenigen Delicte ausgeschlossen bleiben, die auf dem Wege der Privatklage zu verfolgen sind, oder auch nur verfolgt werden können, und der Begriff des Antragsverbrechens würde auf diejenigen Fälle beschränkt bleiben, in denen in Folge des Strafantrages das Officialverfahren stattfindet. Mit Bezug auf die von dem Entwurfe zur deutschen Strafproceßordnung getroffenen Bestimmungen käme man damit freilich dazu, daß selbst ein in concreto bestimmtes Delict den Antragsverbrechen zuzuzählen sein würde, falls in Folge des Antrages das Officialverfahren einträte, daß dagegen, falls in Folge des Antrages der Staatsanwalt nicht einschritte und die subsidiäre Privatklage stattfände, das gleiche Delict als Antragsdelict nicht mehr gelten könnte.

Meine Absicht konnte es nur sein, darzuthun, daß mit Bezug auf den jetzt geltenden, sowie mit Bezug auf den Rechtszustand, welchen man durch die bevorstehende Gesetzgebung herzustellen gedenkt, die Begriffs-Bestimmung der Antragsverbrechen so, wie dieselbe von einem unserer bedeutendsten Criminalisten aufgestellt ist, nicht zutreffend erscheint. Daß man jedoch auf der Grundlage der Geib'schen Darstellung zu einer richtigen Begriffsbestimmung wohl gelangen kann, darauf wird weiter unten einzugehen sein.

In einer Arbeit, die allgemeine Anerkennung gefunden hat, stellt v. Bar (Goltdammer Archiv 23. XIX S. 644) als Formel, durch welche die juristische Construction der Antragsverbrechen gegeben werden könnte, die folgende auf:

> „Bei gewissen Delicten ist die Strafgewalt des Staates nur dann gesonnen, strafend einzuschreiten, wenn das Bedürfniß der staatlichen Reaction gegen das Delict in dem zunächst interessirten Kreise (regelmäßig bei dem Verletzten) sich in bestimmter Weise (durch Stellung des Strafantrages) manifestirt hat."

Man könnte zweifeln, ob diese Formel wirklich eine juristische Construction der Antragsverbrechen darbietet, oder ob dieselbe sich nicht vielmehr darauf beschränkt, zu konstatiren, daß von dem positiven Rechte strafbare Handlungen anerkannt seien, welche nur auf Antrag verfolgt werden sollen. Es erscheint diese Formel aber auch um deswillen nicht klar zu sein, weil dieselbe nicht erkennen läßt, was unter der „staatlichen Reaction" verstanden werden soll. v. Bar will durch seine Formel „den sämmtlichen auf Antrag zu verfolgenden Delicten den Charakter öffentlicher Delicte wahren" — aber in soweit der Character eines öffentlichen Delictes davon abhängig ist, daß die Strafe vom Staate vollstreckt werde, daß namentlich auch die durch ein Antragsdelict verwirkte Geldstrafe immer nur der Staatskasse und nicht dem verletzten Antragsberechtigten zufließe, ist es ja wohl überall unbestritten, daß die Antragsdelicte den Character öffentlicher Delicte haben. Wenn man dagegen dem Ausdrucke „staatliche Reaction" einen weiteren, als den eben bezeichneten Inhalt geben will, so kann darunter nur noch verstanden werden, daß auch der Staat zum Zweck der Bestrafung des Antragsverbrechens, nachdem der Antrag gestellt ist, selbst procedire. Dann ergäbe sich für den Begriff der Antragsverbrechen, daß diejenigen Fälle, in denen in Folge einer Privatklage procedirt wird, zu den Antragsverbrechen nicht gehören können, mit einem Worte, es entstehen dann gegenüber der von Bar aufgestellten Begriffsbestimmung die gleichen Schwierigkeiten, wie dieselben bereits oben in Bezug auf die von Geib gegebene Definition ausgeführt worden sind.

In der Schrift von Nessel „die Antragsberechtigungen des deutschen Reichsstrafgesetzbuches" findet sich S. 9 unter der Ueberschrift „die processualische Natur der Antragsberechtigungen" folgender Satz vorangestellt:

> „die den verletzten Privatpersonen (vergleiche §. 102, 103, wo auch Antrag gefordert wird, aber nicht der Antrag einer Privatperson, sondern der Antrag einer Regierung) in Beziehung auf gewisse Delicte überhaupt und bei einzelnen Kategorien von strafbaren Handlungen in Ansehung bestimmter Uebertreter des Strafgesetzes gesetzlich eingeräumte Antragsberechtigung enthält eine auf

die bestimmt bezeichneten Fälle sich beschränkende Aufhebung des staatlichen Rechts: die begangene strafbare Handlung von Amtswegen zu verfolgen. Es handelt sich soweit um eine Ausnahme von der Regel."

Dieser Satz ist nun aber offensichtlich unrichtig. Denn es ist doch unbestreitbar, daß, wenn der Staatsanwalt in Folge des gestellten Antrages die Voruntersuchung beantragt, die Anklage erhebt u. s. w., es sich um ein Verfolgen von Amtswegen handelt. Von einer Aufhebung des staatlichen Rechts, die begangenen strafbaren Handlungen von Amtswegen zu verfolgen, könnte bei den Antragsverbrechen nur dann die Rede sein, wenn deren Verfolgung nur auf dem Wege der Privatklage zulässig wäre. Verwechselt ist das Verfahren von Amtswegen und die Voraussetzungen, welche in gewissen Fällen erfüllt sein müssen, damit ein Verfahren von Amtswegen stattfinden könne. Höchstens hätte also gesagt werden können: die gesetzlich eingeräumte Antragsberechtigung enthält eine Beschränkung des staatlichen Rechts, die begangene strafbare Handlung von Amtswegen zu verfolgen, und zwar besteht diese Beschränkung darin, daß nur in Folge des gestellten Antrages die Officialverfolgung stattfinden darf. Für Klarstellung des Begriffes der Antragsverbrechen würde hiedurch aber nichts gewonnen sein.

Berner weist in seinem Lehrbuche S. 324 auf die Veranlassungen hin, welche die Gesetzgebung zur Aufstellung der Antragsverbrechen bestimmt haben mögen: geringe Beeinträchtigung des allgemeinen Interesses und des öffentlichen Wesens; Zerstörung der Würde und Weihe der Familie; Schwierigkeit der Erbringung des Beweises ohne bereitwillige Mitwirkung des Verletzten. Vervollständigt sind diese Veranlassungen noch durch Schütze Lehrbuch S. 167.*) Aber so dankenswerth diese Hinweisungen an sich sind, so vermögen sie doch auf die Frage keine Antwort zu geben, welch

*) Die Rücksicht auf die schwer zu ziehende Grenze zwischen civilem und strafbarem Unrechte erscheint mir nicht als Veranlassung zur Aufstellung von Antragsverbrechen. Denn durch die für das Antragsverbrechen bestimmte Strafe hat sich das Gesetz dafür entschieden, daß durch die Begehung der fraglichen That strafbares Unrecht begangen werde. Wenn dann auch der Antragsberechtigte den Antrag nicht stellt, so verwandelt sich deswegen doch nicht das gesetzlich als strafbar anerkannte Unrecht in blos civiles Unrecht. Dagegen scheint eine Veranlassung zur Aufstellung der Antragsverbrechen übersehen zu sein, nämlich der, wenn auch aus nahe liegenden Gründen unausgesprochen gebliebene Wunsch der Gesetzgebung, daß bei einzelnen Delicten nur in selteneren Fällen gestraft werden möge. Der Deliquent gewinnt eine Chance dafür, daß er nicht werde bestraft werden. Und hierauf konnte sich die Ansicht stützen, daß ein Gesetz, welches zur Bestrafung einer Handlung den Antrag fordere, das mildere sei gegenüber demjenigen Gesetze, welches die gleiche Handlung ohne den voraufgegangenen Strafantrag verfolgen ließ.

ein Rechtsinstitut aus jenen gesetzgeberischen Veranlassungen entstanden sei.

Ich glaube, daß um zur Klarheit über den Begriff der Antragsverbrechen zu gelangen, es erforderlich ist, von folgendem Satze auszugehen:

> Es existirt überhaupt kein einheitlicher strafrechtlicher Begriff, unter welchem alle Antragsverbrechen subsumirt werden könnten. Die Thatsache, daß einzelne Verbrechen nur in Folge eines Antrages bestraft werden dürfen, ist lediglich ein rein äußerliches Symptom, welches aber auf zwei von einander vollkommen verschiedenen strafrechtlichen Principien beruht.
>
> Demnach wird es zwar möglich sein, zwei Begriffsbestimmuungen der Antragsverbrechen aufzustellen, aber unmöglich ist es, daß eine Begriffsbestimmung jemals genügen könnte.

Für die Begründung dieses Satzes ist es erforderlich, auf die historische Entwickelung des Strafrechts zurückzublicken. Im Sachsenspiegel finden wir I. 2, §. 4, die Vorschrift, daß der Bauermeister alle Ungerichte rügen solle, welche an Hals und Hand gehen, falls dieselben mittelst Klage vor Gericht nicht verfolgt werden. Der Zusatz ist noch gemacht, daß etwas Anderes der Bauermeister nicht rügen dürfe. — Will man den Gedanken, welchen diese Stelle enthält, in moderner Ausdrucksweise wiedergeben, so würde man sagen: Nach dem Sachsenspiegelrecht hat der Staat überhaupt nicht das Recht, principaliter einen strafrechtlichen Anspruch geltend machen zu können. Nur subsidiär steht ihm dies zu, falls die Privatklage nicht erhoben wird, und auch in diesem Falle nur in Betreff solcher Ungerichte, welche an Hals und Hand gehen. Principaliter hat vielmehr nur der Verletzte den ihm entstandenen strafrechtlichen Anspruch geltend zu machen. Bei Ungerichten dagegen, welche nicht an Hals und Hand, sondern nur an Haut und Haar gehen, hat der Staat auch nicht einmal subsidiär einen Strafanspruch geltend zu machen, sondern der Verletzte allein ist es, welcher den ihm entstandenen strafrechtlichen Anspruch gerichtlich geltend zu machen berechtigt ist. Das Gleiche ist auch dann der Fall, wenn es sich überhaupt nicht um ein „Ungericht", sondern lediglich um ein bußwürdiges Vergehen handelt. Das Strafrecht des Sachsenspiegelrechts ist somit ein Privat-Strafrecht; der Verletzte verfolgt mit der peinlichen Klage den ihm entstandenen strafrechtlichen Anspruch, und nur subsidiär, in der oben angegebenen Beschränkung trat es zu Tage, daß auch, durch Begehung der schwersten Verbrechen, das öffentliche Interesse verletzt sei.*)

*) Durch das im Texte Gesagte soll nicht in Abrede gestellt werden, daß man sich zur Zeit des Ssp. des öffentlich-rechtlichen Charakters des Strafrechts bewußt

Vergleichen wir hiemit das Strafrecht der CCC. so hat dasselbe das Privat-Strafrecht keineswegs beseitigt. Freilich, wo in der CCC. von peinlichen Strafen die Rede ist, da ist auch (vergl. Art. VI.) dafür gesorgt, daß der strafrechtliche Anspruch in öffentlichem Interesse geltend gemacht werde. Aber der Gesichtspunkt des Privat-Verbrechens ist da der maßgebende geblieben, wo es sich nicht um peinliche, sondern um bürgerliche Bestrafungen handelt. Und dies war überall der Fall, wo in Folge der Rechtsgewohnheit ein bußwürdiges Delict, oder in Folge der Reception des Römischen Rechts eine Privatstrafe verfolgt wurde. So habe ich beispielsweise keinen Zweifel, daß wenn in Gemäßheit der CCC. Art. 157, 158 das duplum resp. das quadruplum in Folge des heimlichen oder offenen Diebstahls eingeklagt wurde, diese Klage immer nur als die Geltendmachung eines dem Kläger erwachsenen Rechts, und nicht als Klage von Amtswegen zu verfolgen war.

Es bedarf ja nun keines Wortes, um darzuthun, daß der Begriff des Privatverbrechens in der Weise, wie derselbe nach dem Strafrecht der CCC. bekannt war, in der heutigen Zeit nicht mehr existirt. Aber die Frage darf wohl aufgeworfen werden, ob denn der Begriff des Privatverbrechens derartig durch die neuere Rechtsbildung vernichtet worden ist, daß nicht wenigstens in dem geltenden Rechte Consequenzen aus demselben gezogen sind, die in gesetzlichen Vorschriften und Rechtsgrundsätzen zu Tage treten? Und auf diese Frage würde ich nicht Anstand nehmen, die Antwort zu geben, daß der Begriff der Privatverbrechen dem heutigen Rechte noch keineswegs verloren gegangen ist; daß es gesetzliche Vorschriften, daß es Rechtsgrundsätze giebt, die schlechterdings unverständlich sein würden, wenn man sie nicht als Consequenzen des den Privatverbrechen zu Grunde liegenden Principes auffassen dürfte.

Zwar gegenüber dem älterem Rechte wird die Zahl dieser Privatverbrechen nur als eine überaus kleine sich darstellen. Denn wird auch

---

gewesen sei. Denn daß dies der Fall gewesen, zeigt sich für die bußwürdigen Delicte in dem Gewedde, und in dem für die zu Hals und Hand gehenden Ungerichte in der Anerkennung des Satzes, daß man durch Erduldung der Strafe sowohl die Buße wie auch das Gewedde tilge, aus welchem Satze dann unzweifelhaft zu folgern ist, daß auch der öffentlich-rechtliche Charakter der Strafe wohl erkannt ist. Die processualischen Rechtseinrichtungen waren aber, abgesehen von dem in dem Texte angegebenen Ausnahmefall derartig, daß dieses von der öffentlich-rechtlichen Natur der Strafe vorhandene Bewußtsein nicht zu Tage trat. Denn, ob die erkannte öffentlich-rechtliche Natur der Strafe zur praktischen Geltung kommen würde, hing eben davon ab, ob der Verletzte klagen würde. Die subsidiäre Rüge enthält zwar den Keim für die späterhin eintretende Aenderung der processualischen Rechtseinrichtungen; aber mehr als dieses wird man in ihr nicht erkennen mögen.

zur Zeit aus dem öffentlich-rechtlichen Charakter des Strafrechts nicht mehr die Consequenz gezogen, daß man den Staat ausschließlich durch die Begehung des Verbrechens für verletzt erachtet, anerkennt man es vielmehr, daß da, wo eine Privatperson durch eine verbrecherische Handlung beschädigt worden, auch gegen sie in verbrecherischer Weise gehandelt sei; so wird man doch, wie dies ja auch schon im älteren Rechte anerkannt worden ist, den Umstand, daß eine Privatperson durch ein Verbrechen verletzt wurde, nicht für ausreichend erachten, um das Vorhandensein eines Privatverbrechens anzunehmen; sondern man wird, wo durch verbrecherische Verletzung der Privatperson das öffentliche Interesse auch nur mittelbar in Mitleidenschaft gezogen erscheint, für die criminalistische Beurtheilung des Geschehenen wenigstens der Regel nach ausschließlich den öffentlich-rechtlichen Gesichtspunct maßgebend sein lassen.*) Den Begriff der Privatverbrechen wird man dagegen nur auf solche Handlungen beschränken dürfen, von denn sich sagen läßt, daß durch sie die öffentliche Rechtsordnung überall nicht berührt erscheint. Darf aber angenommen werden, daß durch einzelne strafbare Handlungen die öffentliche Rechtsordnung überhaupt nicht verletzt sei, so wird man sich auch der Consequenz nicht verschließen dürfen, daß aus der Begehung solcher Handlungen nicht dem Staate als dem Vertreter der öffentlichen Rechtsordnung, sondern nur der angegriffenen Privatperson ein strafrechtlicher Anspruch erwachsen sei.

Man wird nun vielleicht, im Hinblick auf die Beleidigungen, die leichten Körperverletzungen, das unbefugte Fischen und Krebsen u. s. w. zuzugeben geneigt sein, daß durch diese Handlungen die Rechtsordnung über die Persönlichkeit des Verletzten hinaus nicht in Mitleidenschaft gezogen erscheine, dessenungeachtet aber die Behauptung aufrecht erhalten, daß der Begriff des Privatverbrechens auch für Handlungen dieser Art um deswillen verworfen werden müsse, weil die auf dieselben gesetzte Strafe eine

---

*) Daß auch unter solchen Verhältnissen es möglich ist, die strafrechtliche Verletzung der Privatperson und die strafrechtliche Verletzung der öffentlichen Rechtsordnung auseinander zu halten, zeigt das ältere deutsche Recht, indem es Gewedde und Buße als Folge derjenigen Vergehen, welche nicht zu den Ungerichten gehören, eintreten läßt, und in der Strafe an Leib und Leben sowohl das Moment der Buße wie auch das des Geweddes anerkennt. Auch in dem heute geltenden Recht ist diese Sonderung wenigstens durch zwei Arten von Vorschriften anerkannt, nämlich erstens durch die Zulassung der Forderung einer Buße bei Beleidigungen und Körperverletzungen, und sodann bei denjenigen Vorschriften, welche auf die Einwilligung des Verletzten Rücksicht nehmen (St. G. B. §. 216, 218 Abs. 2). Denn die Strafdifferenz, welche dadurch bedingt wird, ob der Verletzte seine Einwilligung gegeben oder nicht gegeben hat, läßt sich nur daraus erklären, daß die öffentliche Rechtsordnung zwar in beiden Fällen, daß aber die einzelne Person dann nicht als verletzt anzusehen sei, wenn die Verletzung mit ihrem Willen erfolgte.

öffentliche und keine Privatstrafe sei. Doch dürfte dieser Einwand nicht durchschlagend sein. Es ist nämlich festzuhalten, daß mit Bezug auf den heutigen Rechtszustand, nachdem sonstige Privatstrafen, wie Ehrenerklärung, Widerruf u. s. w. überhaupt beseitigt sind, nur noch die Geldstrafe als die einzige Privatstrafe in Betracht kommen könnte. Wenn nun bestimmt wird, daß die Geldstrafe in keinem Falle eine Privatstrafe, sondern immer eine öffentliche Strafe sein solle, so heißt dies dem practischen Resultate nach nichts anderes, als daß der Betrag der Geldstrafe nicht in die Tasche des Verletzten, sondern in die Staatskasse fließen solle. Um diese Anordnung zu rechtfertigen, dazu genügten nahe liegende Motive — (es ist zu vermeiden, daß die Erduldung eines strafbaren Unrechts zum Zwecke eines Vermögensvortheils ausgenutzt werde; es soll die Bestrafung und die in Folge des begangenen Delicts entstandene Entschädigungspflicht auseinander gehalten bleiben; es ist erforderlich, daß im Falle des Unvermögens des Verurtheilten an Stelle der Geldstrafe eine Freiheitsstrafe trete, deren Vollstreckung ja selbstverständlich nur durch die staatlichen Behörden stattfinden kann) — Motive, deren Realisirung zwar die Beseitigung der Privatstrafe, nicht aber das Resultat zur Folge haben konnten, daß auch die Natur des zu bestrafenden Delictes den Charakter eines Privatdelictes verlor. Vielmehr wird man sagen dürfen, daß, abgesehen von dem Wegfall der Privatstrafe, der Charakter des Privatdelicts bestehen geblieben ist. Und dies ergiebt sich daraus, daß bei Delicten dieser Art es nicht nur der Privatwillkühr anheim gegeben ist, ob dieselben verfolgt werden, sondern daß es auch von der Persönlichkeit des Verletzten abhängt, ob die begonnene Verhandlung fortgeführt, oder ob dieselbe abgebrochen, ob die rechtskräftig erkannte Strafe vollstreckt, oder ob sie nicht vollstreckt wird. Die Gesammtheit dieser Erscheinungen ist bei Annahme des öffentlich-rechtlichen Charakters des Delicts unverständlich, während alles dieses selbstverständlich ist, sobald man davon ausgeht, daß das fragliche Delict, abgesehen von dem Ersatz der Privatstrafe durch eine öffentliche Strafe, in jeder Beziehung die Natur eines Privatdelictes beibehalten hat.

Als Folgerung aus dem Begriff des Privatdelictes würde sich aber auch für das processualische Verfahren die Consequenz ergeben, daß nicht die staatliche Behörde die von dem Verletzten verlangte Strafverfolgung übernimmt, sondern daß es dem Verletzten selbst zu überlassen ist, das ihm widerfahrene Unrecht auf dem Wege der Privatklage zu verfolgen. Ist dies der Fall, so würden in Wahrheit die staatlichen Behörden mit Delicten dieser Art absolut nichts weiter zu thun haben, als daß sie auf Verlangen des Privatklägers eine von diesem erstrittene rechtskräftig erkannte Strafe zu vollstrecken hätten. Der „Antrag“ des Verletzten kommt demnach auch gar nicht in Betracht, um die Verfolgung des Delicts, oder um die richterliche Festsetzung der Strafe herbeizuführen — denn es ist doch etwas anderes, ob ich beantrage, daß etwas geschehe, oder ob ich dasjenige, was geschehen soll, selbst thue —, sondern es bleibt der „Antrag“ lediglich darauf beschränkt, daß die rechtskräftig erkannte Strafe vollstreckt werde. Delicte dieser Art würden daher — unter Voraussetzung, daß sie nur auf dem Wege der Privatklage zu verfolgen wären, auch nur „Antragsdelicte in Bezug auf die Strafvollstreckung“, nicht aber „Antragsdelicte in Bezug auf die Strafverfolgung“ sein. Falls jedoch die Strafproceßgesetzgebung bei Delicten dieser Art die Strafverfolgung durch die staatlichen Organe auch nur gestattet, so würde sich allerdings der „Antrag“ auch auf die Strafverfolgung mit beziehen. Der Sache nach aber wird auch in diesem Falle festzuhalten sein, daß die in Folge eines solchen Antrages thätig werdende Staatsanwaltschaft nur dasjenige thut, was der Verletzte auch im Wege der Privatklage hätte durchführen können. Der Staatsanwalt tritt dann eben nur an Stelle der durch das Delict verletzten Privatperson, ohne daß hiedurch weder an der rechtlichen Natur des Delicts, noch auch an der aus der rechtlichen Natur desselben für den Verletzten sich ergebenden Rechten irgend etwas geändert würde. Der Verletzte bleibt daher auch, selbst wenn seine Sache von dem Staatsanwalte geführt würde, die durch diesen vertretene Proceßpartei, der es zusteht, nach ihrem Belieben das Verfahren aufhören, sowie die erkannte Strafe vollstrecken oder nicht vollstrecken zu lassen. Da indessen eine derartige Vertretung einer Privatperson durch den Staatsanwalt mit der Stellung des letzteren nicht wohl vereinbar ist, so wird es geboten erscheinen, aus der Natur des Privatdelicts auch die Consequenz zu ziehen, daß die strafrechtliche Verfolgung derselben ausschließlich auf dem Wege der Privatklage stattzufinden habe.

Dem Vorstehenden entsprechend würde sich folgende Begriffsbestimmung der Antragsdelicte ergeben:

> Antragsdelicte sind solche Delicte, aus deren Begehung lediglich der Person des Verletzten ein strafrechtlicher Anspruch entsteht, und deren Verfolgung durch den Staat nur dann statthaft wird, wenn dieser durch den Verletzten hierzu durch Stellung des Antrags autorisirt worden ist.

Es soll die Frage, welche von den Antragsdelicten des Deutschen Strafgesetzbuches unter die so eben aufgestellte Begriffsbestimmung zu subsumiren sein möchten, weiter unten speciell erörtert werden. Im Allgemeinen wird es auch ohne weitere Beweisführung klar sein, daß nur wenige Antragsdelicte zu dieser Kategorie gehören, während die bei weitem größte Anzahl derselben mit dem Begriffe der Privatverbrechen nichts gemeinsam hat, sich vielmehr durchaus als öffentliche, gegen die allgemeine Rechtsordnung gerichtete, Verbrechen charakterisirt.

Den historischen Ausgangspunkt für diese zweite Kategorie von Antragsverbrechen dürfen wir erst in der Zeit suchen, in welcher das Bewußtsein von der öffentlich-rechtlichen Natur der Verbrechen durch diejenigen Rechtseinrichtungen zu Tage getreten war, welche es dem Staate ermöglichten, nicht blos subsidiär, falls die Klage des Verletzten nicht stattgefunden, sondern als selbstberechtigtes Subject die begangenen Verbrechen zu verfolgen. Da in dem Processe der CCC. der Richter von Amtswegen gegen den Verbrecher einschreiten, und ebenso auch die Obrigkeit durch die von Amtswegen erhobene Klage die Verbrechen verfolgen konnte, so waren damit diejenigen processualischen Einrichtungen getroffen, welche dem Gedanken, daß durch das Verbrechen die öffentliche Rechtsordnung verletzt sei, thatsächlichen Ausdruck verliehen. Wenn nun die CCC. an einzelnen Stellen (Art. 118—120 — Entführung, Nothzucht, Ehebruch — und Art. 165 — „so eyner auss leichtuertigkeyt oder vnuerstandt ettwas heymlich nem von güttern, der er sunst eyn nechster erb ist —“) das Klagen und Strafen von Amtswegen ausschließt, vielmehr die Verfolgung und Bestrafung von der Klage des Verletzten abhängig macht, so dürfen wir in diesen Vorschriften der CCC. den historischen Anknüpfungspunkt für die dem heutigen Rechte angehörenden Antragsverbrechen mit öffentlich-rechtlichem Charakter allerdings anerkennen. Doch ist es vielleicht auch für das Verständniß des heutigen Rechts nicht ganz gleichgültig, darauf hinzuweisen, was im Sinne der CCC. durch diese Vorschriften bewirkt wurde. Der Strafproceß der CCC. kannte doch als Veranlassung des Verfahrens das Einschreiten des Richters von Amtswegen, oder in Folge einer beim Richter erhobenen Klage welche letztere entweder die Klage einer Privatperson oder die Klage, eines Klägers von Amtswegen war. Daß eine dieser Arten, das Verfahren zu veranlassen, vor der anderen den Vorzug gehabt habe, läßt sich nicht nachweisen, ebenso wenig wie irgend etwas dafür angeführt werden kann, daß die CCC. die öffentlich-rechtliche Natur der peinlichen Verbrechen nur dann anerkannt hätte, wenn die Verfolgung derselben von Amtswegen, nicht aber dann, wenn die Verfolgung auf Grund der Anklage der Privatperson stattfand. Auch in diesem Falle handelte es sich im Sinne der CCC. um die Verfolgung eines öffentlich-rechtlichen Verbrechens, wie dies schon daraus sich ergiebt, daß die CCC. solche Verbrechen, in Betreff deren die Veranlassung des Strafverfahrens durch Erhebung der Klage seitens des Privatklägers ausgeschlossen wäre, überhaupt nicht kennt. Auch wird es eines weiteren Beweises dafür nicht bedürfen, daß der Strafproceß der CCC. dann, wenn derselbe durch den Privatkläger veranlaßt wurde, im Wesentlichen kein anderer war, als wenn ein Kläger von Amtswegen, oder wenn das amtliche Einschreiten des Richters das Verfahren veranlaßte.*) Hält man dieses fest, so ergiebt sich, daß jene Vorschrift der CCC., in Folge deren bei einzelnen Verbrechen die Verfolgung von Amtswegen ausgeschlossen wurde, bei weitem nicht die Tragweite hatte, um auf dieselben Rechtsvorschriften und Rechtsgrundsätze stützen zu können, wie dieselben in dem heutigen Rechte auch für die Antragsverbrechen öffentlich-rechtlichen Charakters behauptet werden. Denn nichts weiter wurde durch jene Vorschrift der CCC. bewirkt, als daß bei den bezeichneten Verbrechen nicht jede, sondern nur eine Veranlassungsart des Strafprocesses, nämlich die mittelst der Privatklage, stattfinden solle. Diese Bestimmung bewirkte aber durchaus nicht, daß das betreffende Verbrechen seines öffentlich-rechtlichen Charakters, oder daß der Strafproceß, wenn er einmal seinen Anfang genommen hatte, nicht als ein im öffentlichen Interesse geführter Proceß angesehen worden wäre. Denn ob die Klage seitens der Privatperson wegen Diebstahls, Raub oder Mord, oder ob die Klage wegen eines der heut sogenannten Antragsverbrechen der CCC. erhoben wurde, war ja vollkommen gleichgültig. Und in allen diesen Fällen ergab sich als Folge der seitens der Privatperson erhobenen Klage, daß der Kläger, nachdem er die Klage beim Richter angebracht, aufhörte, dominus litis zu sein, daß vielmehr die Sache von dem Richter ex officio weiter fortgesetzt wurde, daß der Kläger, nachdem er seine Klage erhoben und begründet, abgesehen von Einzelheiten, im Wesentlichen aus dem Proceß ausschied, und in keiner Weise die Stellung einer den Proceß beherrschenden Partei einnahm.**) Wollte man daher die Antragsverbrechen des heutigen Rechts in dem Sinne behandeln, in welchem die CCC. ihre in Art. 118—120, 165 getroffenen Vorschriften behandelt wissen wollte, so würde man zu sagen haben, daß bei den Antragsverbrechen der Antragsberechtigte zwar über den Beginn oder Nicht-Beginn zu entscheiden vermöge, daß ihm aber jede Dispositionsbefugniß über den in Folge seines Antrages begonnenen Proceß abgesprochen werden müsse.

*) Vergl. meine Darstellung des Strafproceßrechts in v. Holtzendorff's Encyklopädie II. Auflage S. 724. f.

**) Die Belagstellen hiefür habe ich in meiner in der vorigen Note angeführten Schrift a. a. O. beigebracht.

Sind nun von den Antragsverbrechen des heutigen deutschen Strafrechts die meisten solche, welche öffentlich-rechtlichen Charakters sind, so wird von diesen Antragsverbrechen auch behauptet werden müssen, was von jedem Verbrechen öffentlich-rechtlichen Charakters zu behaupten ist, daß nämlich der durch Begehung eines solchen Verbrechens entstandene strafrechtliche Anspruch nicht dem Verletzten, sondern dem Staate erworben sei.

Wollte man nun sagen: Zwar ist durch die Begehung des Verbrechens dem Staate ein strafrechtlicher Anspruch entstanden; aber es darf der Staat diesen ihm entstandenen Anspruch nur geltend machen, wenn er hierzu von einer Privatperson die Erlaubniß erhält, so würde dies einem juristischen Undinge sehr nahe stehen. Denn derjenige, welcher das Recht hat, einen Rechtsanspruch zu verfolgen, hat selbst darüber zu entscheiden, ob er denselben verfolgen wolle oder nicht; und keinesweges kann die Entscheidung dieser Frage in die Willkür eines Dritten gestellt werden, weder überhaupt, noch speciell, wo es sich um einen dem Staate zustehenden strafrechtlichen Anspruch handelt, den zu verfolgen der Staat ja nicht blos das Recht, sondern im allgemeinen Interesse auch die Pflicht hat. Daß ein erworbener Rechtsanspruch nicht verfolgt werden solle, das kann immer nur die Folge des Verzichts des Berechtigten, nicht aber die Folge der Willensbestimmung eines Dritten, Nichtberechtigten, sein.

Es wird demnach auch für die richtige Auffassung der ihrem Wesen nach öffentlich-rechtlichen Antragsverbrechen davon auszugehen sein, daß der Staat selbst auf die Geltendmachung des ihm durch die Begehung des Verbrechens entstandenen strafrechtlichen Anspruches verzichten wolle, falls der durch das Verbrechen unmittelbar Verletzte die Nichtverfolgung des Verbrechens als in seinem Interesse liegend erachten sollte. Zweierlei ist dann bei dieser Auffassung zu bemerken:

1. Daß genau genommen seitens des Verletzten nicht der Antrag auf Verfolgung, sondern im Gegentheil der Antrag auf Nicht-Verfolgung zu stellen wäre. Doch würde dies nur eine andere Form für die gleiche Sache sein. Denn geringfügige Interessen des Verletzten werden es nicht sein können, welche den Staat dazu bestimmen, auf den ihm zustehenden strafrechtlichen Anspruch zu verzichten und dadurch die öffentlichen den Privat-Interessen unterzuordnen. Wenn es aber nur die gewichtigsten Privat-Interessen sein dürfen, welche einen derartigen Verzicht des Staates zu rechtfertigen vermöchten, so darf auch seitens des letzteren angenommen werden, daß der Verletzte beim wirklichen Vorhandensein derartiger Interessen präsumtiv die Bestrafung nicht wollen werde, und als Consequenz dieser Annahme würde sich dann ergeben, daß der Antrag auf Nichtverfolgung präsumirt, und diese Präsumtion nur dann als nicht maß-

gebend zu erachten sei, wenn der Verletzte durch eine ausdrückliche Erklärung es zu erkennen giebt, daß diejenigen Interessen, welche durch die Strafverfolgung im Allgemeinen verletzt werden würden, im concreten Falle nicht existiren. Der Strafantrag des Verletzten ist dann auch nicht dahin aufzufassen, daß durch denselben erst der strafrechtliche Anspruch des Staates entstehen könnte, sondern es ist in demselben nur die Erklärung zu erblicken, daß der Verletzte an der Nichtverfolgung kein Interesse habe. Daß diese Erklärung factisch die gleichen Resultate hat, wie der Antrag auf Verfolgung, und daß dieselbe daher auch in der Form dieses Antrages abgegeben werden kann, ergiebt sich daraus, daß beim Fortfall derjenigen Privat-Interessen, welche den Staat zum Verzicht auf die Geltendmachung des ihm entstandenen strafrechtlichen Anspruches veranlassen konnten, der alleinige Grund für einen solchen Verzicht wegfällig geworden ist, und damit der Staat in die Lage kommt, seiner Verpflichtung, die ihm entstandenen strafrechtlichen Ansprüche zu verfolgen, nachkommen zu müssen.

2. Wenn der Staat auf die Geltendmachung des ihm entstandenen strafrechtlichen Anspruches privater Interessen wegen Verzicht leisten zu wollen erklärt, so ist es einleuchtend, daß dies sich nur dann rechtfertigt, wenn das private auf Nichtverfolgung des begangenen Verbrechens gerichtete Interesse nicht nur ein an sich bedeutendes, sondern auch ein derartig hervorragendes ist, daß es gegenüber dem die Verfolgung heischenden Interesse als das gewichtigere sich darstellt. Soll es daher zulässig erscheinen, daß jener Verzicht bezüglich der Verfolgung der dem Staate entstandenen strafrechtlichen Ansprüche ausgesprochen werde, soll es, was ja dasselbe bedeutet, gestattet sein, die Verfolgung von Verbrechen öffentlich-rechtlichen Charakters von dem Antrage des Verletzten abhängig zu machen, so würde hierzu noch keineswegs der Nachweis irgend eines vorhandenen Conflicts zwischen den Privat-Interessen, welche die Nichtverfolgung, und den allgemeinen Interessen, welche die Verfolgung verlangen, für ausreichend zu erachten sein, sondern es müßte auch der Nachweis geführt werden, daß gegenüber den allgemeinen jene Privat-Interessen als die berechtigteren erscheinen. Denn wäre nur die Gleichberechtigung beider mit einander in Conflikt tretenden Interessen dargethan, so würde meiner Ansicht nach nicht daran zu zweifeln sein, daß die allgemeinen Interessen, eben um dieser ihrer Eigenschaft willen, als die maßgebenden angesehen werden müßten.

Legt man nun die vorstehenden Betrachtungen zu Grunde, so ergiebt sich als Begriffsbestimmung der Antragsverbrechen die folgende:

> Antragsverbrechen sind solche Verbrechen, aus deren Begehung dem Staate ein strafrechtlicher Anspruch entsteht, auf dessen Geltendmachung derselbe jedoch

im Interesse der verletzten Privatperson verzichtet, falls nicht durch Stellung des Antrages auf Verfolgung der Grund zu diesem Verzichte fortfällt.

Ob die vorstehenden Begriffsbestimmungen der Antragsverbrechen richtig sind, wird sich ergeben, wenn wir mit denselben die Probe anstellen. Dies geschieht dadurch, daß wir es versuchen, die hauptsächlichsten Controversen, welche innerhalb des Gebietes der Antragsverbrechen entstanden sind, auf der Grundlage jener Begriffsbestimmungen zur Entscheidung zu bringen.

1. Zurücknahme des Strafantrages. Handelt es sich um ein Antragsverbrechen, aus dessen Begehung lediglich dem Verletzten ein Strafanspruch entstanden ist, so ist die Zurücknahme des Strafantrages jederzeit zulässig. Denn der Umstand, daß es ausschließlich der Verletzte ist, dem durch Begehung des Delicts der strafrechtliche Anspruch entstand, kann dadurch nicht beseitigt werden, daß in Folge der Autorisation des Verletzten der Staat die Geltendmachung dieses Anspruches übernommen hat. Die Grenze für die Befugniß der Zurücknahme des Antrages tritt erst mit dem Beginn der Strafvollstreckung ein, da es sich hierbei — wegen der öffentlich-rechtlichen Natur der Strafe — um eine der Privatwillkür entzogene Maßregel handelt. Wenn dagegen in Folge des Strafantrages die Verfolgung eines Verbrechens begonnen hat, aus dessen Begehung dem Staate ein strafrechtlicher Anspruch entstanden ist, so ist, nachdem einmal das Verfahren begonnen hat, die Zurücknahme des Strafantrages überhaupt nicht mehr zulässig. Denn in Fällen dieser Art bedeutet ja der Strafantrag nichts anderes, als die Erklärung, daß für den concreten Fall diejenigen Privatinteressen nicht existiren, um deren willen der Staat auf die Geltendmachung des ihm aus der Begehung eines Verbrechens dieser Art entstehenden Strafanspruches verzichten wollte. Eine derartige Erklärung aber läßt mit dem Fortfall des Grundes zu jenem Verzichte des Staates die Pflicht desselben zur Strafverfolgung entstehen. Das Verfahren, welches in diesem Falle seinen Lauf nimmt, ist lediglich ein im öffentlichen Interesse begonnenes, auf welches der Verletzte, da es sich ja nicht um die Verfolgung eines ihm erwachsenen strafrechtlichen Anspruches handelt, einen weiteren Einfluß nicht zu äußern vermag. Möglich ist es zwar, daß der Verletzte erst, nachdem er den Antrag gestellt hat, sich überzeugt, daß er sich geirrt habe, als er annahm, daß seine Interessen durch die Verfolgung des an ihm begangenen Verbrechens nicht verletzt werden würden. Kommt ihm diese Erkenntniß, ehe noch das eigentliche Strafverfahren begonnen, so wird es ihm zu gestatten sein, den Antrag noch zurückzuziehen; hat dagegen das Verfahren bereits seinen Lauf genommen, so

wird festzuhalten sein, daß ein im öffentlichen Interesse begonnenes Verfahren der Privatwillkür entzogen bleiben müsse. Ob man nun den Beginn des eigentlichen Strafverfahrens mit dem Anfange staatsanwaltlicher Ermittelungen, oder erst mit dem Antrage auf Eröffnung der gerichtlichen Voruntersuchung, oder erst mit Erhebung der Anklage vor dem erkennenden Gerichte als eingetreten annehmen will, das hängt von processualischen Anschauungen ab, die man so oder so entscheiden mag, die aber, wie man sie auch entscheiden mag, auf den Begriff der Antragsverbrechen und auf die Entscheidung der speciell hier besprochenen Controverse einflußlos bleiben.

2. Ist es zulässig zu strafen, wenn die Verfolgung eines Verbrechens stattgefunden, welches zu den Antragsverbrechen nicht gehört, und erst im Laufe des Verfahrens es sich zeigt, daß das verfolgte Verbrechen ein Antragsverbrechen sei? Es darf hier an zwei Erkenntnisse des Preuß. Obertribunal's angeknüpft werden. Das eine vom 10. Mai 1871*) bejaht diese Frage, das andere vom 31. Mai 1872**) verneint dieselbe. Im ersteren Falle handelte es sich um eine Anklage aus St. G. B. §§. 223, 226, und nach dem Ergebniß der mündlichen Verhandlung fiel durch den Spruch der Geschworenen der in §. 226 enthaltene erschwerende Umstand fort, so daß nur noch in Frage blieb, ob aus §. 223 zu strafen sei, obwohl ein Antrag auf Bestrafung nicht gestellt war. Das Obertribunal entschied, daß wegen der Körperverletzung in Gemäßheit des §. 223 zu strafen sei, obwohl ein Antrag auf Bestrafung nicht vorliege, eine Entscheidung, welche, und zwar ebenfalls in Bezug auf St. G. B. §§. 223, 226, durch Erkenntniß vom 15. Dez. 1871 wiederholt wurde. Im letzteren Falle handelte es sich dagegen um eine Anklage aus §. 164 (falsche Anschuldigung), und im Laufe des Verfahrens ergab sich, daß nicht falsche Anschuldigung, sondern verläumderische Beleidigung vorläge. Es erkannte das Ob. Trib. in diesem Falle, daß, da es an dem Antrage fehle, eine Bestrafung nicht auszusprechen sei.

Es ist ja nun an dieser Stelle nicht die Aufgabe, zu untersuchen, ob die Vorschrift des St. G. B. §. 61 zu der einen oder zu der anderen Ansicht führen mußte. Hier handelt es sich nur um die Frage, wie zu entscheiden gewesen wäre, wenn die oben aufgestellten Begriffsbestimmungen der Antragsverbrechen der Entscheidung zu Grunde gelegen hätten. Von diesem Standpunkte aus wird man aber zu sagen haben, daß jede der getroffenen Entscheidungen richtig war. Denn die Injurien, von welchen St. G. B.

*) Goltdammer's Archiv XIX. S. 455 (vergl. auch ebenda S. 802).
**) Goltdammer's Archiv XX. S. 252.

§§. 186, 187 handelt, werden zu denjenigen Antragsdelicten zu zählen sein, aus deren Begehung lediglich der Person des Verletzten ein strafrechtlicher Anspruch entsteht, und deren Verfolgung durch den Staat nur dann statthaft wird, wenn letzterer durch den Verletzten hierzu durch Stellung des Antrages autorisirt ist. Eine derartige Autorisirung des Staats, den dem Verletzten entstandenen strafrechtlichen Anspruch zu verfolgen, lag aber nicht vor, und in Folge dessen war, entsprechend der juristischen Natur dieses Antragsdelictes, jede weitere Verfolgung der Sache ausgeschlossen.*) Ganz anders verhält sich dagegen die Sache, wenn eine Körperverletzung vorliegt, welche zwar entsprechend der thatsächlichen Feststellung nur nach §. 223 zu bestrafen ist, die aber Veranlassung zu einer auf §. 223 und §. 226 gestützten Strafverfolgung gegeben hat Eine solche Körperverletzung läßt sich unmöglich als ein Delict auffassen, aus dessen Begehung nur dem Verletzten ein strafrechtlicher Anspruch entstanden sei. Höchstens also könnte es in Frage kommen, ob es gerechtfertigt ist, auf die Verfolgung des aus solchen Körperverletzungen dem Staate entstandenen strafrechtlichen Anspruches im Interesse des Verletzten zu verzichten. Sollte indessen diese Frage, auf welche weiter unten noch näher einzugehen ist, zu bejahen sein, so müßte doch immer gesagt werden, daß das Privatinteresse um dessentwillen man derartige Körperverletzungen zu Antragsverbrechen machte, unwiederbringlich verloren sei, sobald die Sache bis zum Hauptverfahren gefördert würde; daß vielmehr in einem solchen Falle nur noch das

*) Ich möchte hier ein Bedenken berühren, welches zu nahe liegt, als daß es nicht sollte geltend gemacht werden. Man wird sagen, bei dieser Auffassung ergebe sich der Mißstand, daß der Verletzte sein Antragsrecht in Folge des Ablaufes der Antragsfrist verliere. Es ist indessen darauf hinzuweisen, daß es sich hier lediglich um die Prüfung von Begriffsbestimmungen der Antragsverbrechen handelt, welche bei Entscheidung der legislatorischen Fragen zu Grunde zu legen sind. Uebrigens würde es auch de lege lata mindestens zweifelhaft erscheinen, ob es denn richtig sei, daß in einem Falle, wie derselbe im Texte angeführt ist, der Antragsberechtigte das Recht auf die Stellung des Antrages verlieren würde. §. 61 stellt die dreimonatliche Frist als eine solche hin, innerhalb deren die Verfolgung einer Anzahl von Verbrechen stattfinden müsse. Das Gleiche geschieht auch in §. 67. Wenn es aber in §. 68 heißt, daß die in §. 67 aufgestellten Fristen durch jede Handlung des Richters unterbrochen werden, warum sollte das Gleiche hinsichtlich der in §. 61 aufgestellten Frist nicht angenommen werden? Der Grund, daß von „Verjährung" nur in §. 66 ff. gehandelt werde, erscheint mir hierzu nicht ausreichend. Auch dürfte man vielleicht nicht ohne Grund sagen, daß der „Beginn" des Verfahrens auf Antrag von der „Vorfrage" abhängig sei, ob ein Antragsverbrechen vorliege (§. 69.); wie denn auch unter Bezug auf §. 61 schwerlich angenommen werden kann, daß der Antragsberechtigte davon, daß eine Handlung, deren Verfolgung nur auf Antrag eintritt, gegen ihn begangen sei, früher wissen sollte, als Staatsanwalt und Richter dies erkannt haben.

öffentliche Interesse übrig bleibe, welches für jedes die öffentliche Rechtsordnung verletzende Delict die Bestrafung desselben erheische. Aus der Natur der Sache ergiebt sich mithin auch die Richtigkeit der Entscheidung des preuß. Ob. Trib., daß in Fällen dieser Art die Körperverletzung nach §. 223 zu strafen sei, ohne daß es hierzu der Stellung eines Antrages bedürfe. So richtig mithin meiner Ansicht nach jede einzelne jener beiden scheinbar sich widersprechenden Entscheidungen war, so wenig wird es zulässig sein, für alle Antragsverbrechen den von dem Obertrib. gelegentlich des Erkenntnisses vom 31. Mai 1872 aufgestellten Rechtsgrundsatz:

> „Wenn ohne Antrag wegen eines Officialdelictes die Untersuchung eröffnet ist, die That aber hiernächst als Antragsdelict sich herausstellt, so darf ohne Antrag die Bestrafung nicht eintreten,"

in Anwendung zu bringen, wie es denn auch unrichtig sein würde, für alle Antragsverbrechen den Rechtsgrundsatz aufzustellen:

> „Wenn ohne Antrag wegen eines Officialdelictes die Untersuchung eröffnet ist, die That aber hiernächst als Antragsdelict sich herausstellt, so bedarf es zur Bestrafung des Antrages nicht."

3. Wie verhält es sich, wenn das neue Strafgesetz die Strafverfolgung einer strafbaren Handlung von der Stellung des Antrages abhängig gemacht hat, während dies im älteren Strafgesetz nicht der Fall war, und die während der Geltung des älteren Strafgesetzes begonnene Strafverfolgung in die Zeit sich ausdehnt, in welcher das neue Gesetz Geltung erlangt hat? Die Erkenntnisse des Ob. App. Ger. und des Ob. Trib. vom 15. März, 24. März, 27. April 1871 (vergl. Goltd. Arch. XIX. S. 261, 263, 314 und Oppenhoff Rechtspr. XII. S. 239) behandeln den Fall, daß wegen Vornahme unzüchtiger Handlungen mit Kindern unter 14 Jahren die Strafverfolgung während der Geltung des Preußischen St. G. B. begonnen, und über den 1. Januar 1871 hinaus fortgesetzt worden war. In diesen Fällen wurde entschieden, daß obwohl §. 176 Nr. 3 des St. G. B. für den norddeutschen Bund den Strafantrag verlange, auch ohne das Vorhandensein des Strafantrages zu strafen sei, da nach dem Preußischen St. G. B. die entsprechende Vorschrift des §. 144 Nr. 3 zu den Antragsverbrechen nicht gehört habe. Nach dem, was oben bezüglich der Begriffsbestimmungen der Antragsverbrechen beigebracht worden, wird man nicht umhin können, anzuerkennen, daß diese Entscheidungen der Natur der Sache entsprechen. Denn daß durch die Zuwiderhandlung gegen die Vorschrift des Preußischen St. G. B. §. 144 Nr. 3 resp. des deutschen St. G. B. §. 176 Nr. 3 die öffentliche Rechtsordnung verletzt werde und hieraus dem Staate ein strafrechtlicher Anspruch entstehe, kann ja nicht be-

zweifelt werden. Daß der Staat auf die Geltendmachung dieses ihm entstandenen strafrechtlichen Anspruches im Interesse des Verletzten zu verzichten habe, falls der Antrag nicht gestellt würde, ist erst seit dem 1. Januar 1871 Rechtens geworden, d. h. erst von diesem Tage an war ein Interesse des Verletzten, daß nicht verfolgt werde, gesetzlich anerkannt. War nun aber vor diesem Tage die Verfolgung bereits in Gang gebracht, so war es, und zwar in vollkommen legaler Weise, unmöglich geworden, für diese Sache jenes Interesse des Verletzten nach dem 1. Januar 1871 zur Geltung zu bringen. Anders wäre es freilich, wenn man in dem Antragsrechte ein Dispositionsrecht des Antragsberechtigten über den dem Staate erwachsenen strafrechtlichen Anspruch erblicken wollte. Dies ist aber eine Annahme, deren Unzulässigkeit bereits oben bei der Begriffsbestimmung der Antragsverbrechen dargelegt ist.

In einem anderen Falle (Erk. vom 3. Juli 1872, Goltdammer Arch. XX. S. 379) hatte die Staatsanwaltschaft am 29. April 1870 bei dem Stadtgerichte in Berlin beantragt, die Angeklagte wegen vorsätzlicher Mißhandlung mit tödtlichem Erfolge zur Voruntersuchung zu ziehen, welchem Antrage am darauf folgenden Tage auch entsprochen wurde. Im Jahre 1872 bejahten die Geschworenen die Hauptthat, verneinten aber den tödtlichen Erfolg der Mißhandlung. Die vorsätzliche Körperverletzung war von dem Preuß. St. G. B. §. 187 nicht den Antragsverbrechen zugezählt — wenngleich für einzelne Fälle derselben die Zulässigkeit der Privatklage anerkannt war —, während dieses durch das deutsche St. G. B. §. 223 geschehen ist. Auch in diesem Falle erkannte das Obertribunal in Folge erhobener Nichtigkeitsbeschwerde, daß, obwohl der Antrag auf Bestrafung nicht gestellt worden, dennoch in Gemäßheit des §. 223 des deutschen St. G. B. zu strafen sei. Und aus den vorhin angeführten Gründen wird man auch dieses Erkenntniß als der Natur der Sache entsprechend anzuerkennen haben, freilich unter der Voraussetzung, daß die Mißhandlung unter der Geltung des preuß. Strafgesetzbuches als eine solche sich dargestellt hätte, welche auch abgesehen von dem Tode des Verletzten von Amtswegen zu verfolgen gewesen wäre.

Nehmen wir dagegen an, es wäre vor dem 1. Januar 1871 auf Grund der Vorschriften des Preußischen St. G. B. wegen Ehebruchs das Verfahren eingeleitet worden. Hierzu bedurfte es, wenn die Ehe geschieden war, eines Antrages nicht. Das deutsche St. G. B. läßt aber, auch wenn die Ehe geschieden wurde, die Verfolgung und Bestrafung nur auf Antrag des unschuldigen Theiles zu. Da nun in dem Ehescheidungsprocesse alles Dasjenige zu Tage getreten ist, was nicht bekannt werden zu lassen im Interesse des unschuldigen Theils liegen mag, so wird man in der durch §. 172 aufgestellten Antragsbefugniß den Ausdruck dafür finden dürfen, daß durch den Ehebruch nicht dem Staate, sondern nur dem unschuldigen Theile ein strafrechtlicher Anspruch erwachsen sei. Es wird nun darauf ankommen, ob dem unschuldigen Theile der strafrechtliche Anspruch nur für einen nach dem 1. Januar 1871 begangenen oder auch für einen zwar vor diesem Tage begangenen, aber erst nach diesem Tage im Strafverfahren verfolgten Ehebruche zusteht. Da es nun nicht bezweifelt werden wird, daß ein vor dem 1. Januar 1871 begangener Ehebruch nach diesem Tage nur auf Antrag verfolgt werden kann, so wird man hieraus den Schluß ziehen, daß dem Antragsberechtigten die Dispositionsbefugniß über die Bestrafung vom 1. Januar 1871 überhaupt habe eingeräumt werden sollen. Und dies würde denn dazu führen, daß bei dem Ehebruche, sowie bei den sonstigen Antragsdelicten, welche privatrechtlichen Charakters sind, die Bestrafung nicht eintreten kann, außer wenn der Antrag gestellt ist.

Da es nicht undenkbar ist, daß die in Aussicht genommene Revision des deutschen Strafgesetzbuches die Zahl der Antragsverbrechen verringern könnte, so mag noch darauf hingewiesen werden, welche Wirkung dies auf diejenigen Fälle haben würde, welche vor der Geltung dieses neuen Gesetzes begangen wären. Selbstverständlich ist es ja, daß Strafprocesse, welche sich aus der Zeit des älteren Gesetzes in die des neueren Gesetzes hineinzögen, nur unter der Voraussetzung stattfinden können, daß der Antrag, dessen Stellung in dem älteren Rechte den Beginn des Verfahrens ermöglichte, gestellt würde, und daß somit für die Fortführung des Verfahrens der Umstand, daß das neue Gesetz die Stellung des Antrags nicht fordert, bedeutungslos bleibt. Es könnte daher nur noch in Frage kommen, ob in derartigen Fällen das Recht des Antragsberechtigten, den Antrag zurückzuziehen, noch nach den Vorschriften des älteren Rechtes zu beurtheilen sein würde. Und diese Frage wäre nach den oben entwickelten Grundsätzen zu bejahen für die Antragsverbrechen von privatrechtlichem Charakter, dagegen zu verneinen für diejenigen Verbrechen, welche öffentlich-rechtlichen Characters sind.

Käme es aber in Frage, ob unter der Herrschaft des neueren Gesetzes ein Verbrechen verfolgt werden dürfe, welches jetzt nicht mehr Antragsverbrechen ist, welches aber unter der Herrschaft des älteren Gesetzes, als es noch zu den Antragsverbrechen gehörte, begangen war, so würde diese Frage in folgender Weise zu beantworten sein. Handelt es sich um ein Delict, welches in älterem Rechte als Antragsdelict privatrechtlichen Charakters aufzufassen war, so würde das dem Verletzten durch das ältere Gesetz gewährte Dispositionsrecht über den ihm entstandenen strafrechtlichen

Anspruch so lange dauern, als das ältere Gesetz selbst Geltung hat. Es wird daher auch der durch die Begehung eines solchen Delicts dem Verletzten entstandene strafrechtliche Anspruch durch das neue Gesetz nicht beseitigt werden können. Hieraus ergiebt sich aber, daß wenn ein solches Delict vor Geltung des neuen Gesetzes begangen war, dasselbe, auch nachdem das neue Gesetz Geltung erlangte, nur auf Antrag des Verletzten zu verfolgen sein würde. Handelte es sich dagegen um ein Antragsverbrechen von öffentlich-rechtlichem Charakter, so ist im entgegengesetzten Sinne zu entscheiden. Denn der Strafanspruch ist in diesem Falle dem Staate erwachsen, und wenn die Geltendmachung dieses Anspruches nicht ohne Antrag erfolgt, so geschieht dies, weil angenommen wird, die Interessen des Verletzten, daß nicht verfolgt werde, seien die überwiegenderen gegenüber dem öffentlichen Interesse, welches die Verfolgung und Bestrafung fordern würde. Erklärt nun das neue Gesetz, daß ein Delict öffentlich-rechtlichen Charakters, welches bis dahin Antragsverbrechen gewesen, von der Geltung des neuen Gesetzes an nicht mehr Antragsverbrechen sein solle, so erklärt es damit auch, daß von diesem Zeitpunkte an nicht mehr die Privat-Interessen, welche die Nichtverfolgung, sondern die öffentlichen Interessen, welche die Verfolgung gebieten, die überwiegenden sein sollen. Es wird demgemäß — falls nicht durch Ablauf der durch das ältere Gesetz bestimmten Antragsfrist der Thäter einen Anspruch anf Straflosigkeit erlangt haben sollte — unter der Herrschaft des neuen Gesetzes ein Verbrechen dieser Art ohne voraufgegangenen Antrag zu verfolgen sein, dessen Verfolgung vom älterem Gesetze von der Stellung des Antrages abhängig gemacht war.

II.

Für die Kritik der bestehenden Gesetzgebung und zum Zwecke von Vorschlägen zu einer Aenderung derselben wird es der vorstehenden Darlegung gemäß auf die Beantwortung folgender Fragen ankommen:

1. Welches sind die Antragsverbrechen privatrechtlichen Charakters?
2. Welche allgemeinen Vorschriften sind für dieselben zu treffen?
3. Welche Vorschriften des Verfahrens sind für diese Delicte die geeignetsten?

4. Welche Antragsdelicte öffentlich-rechtlichen Charakters sind als Antragsdelicte gerechtfertigt, und bei welchen ist die Verfolgung ohne voraufgegangenen Antrag zu verlangen?
5. In welcher Weise gestalten sich die allgemeinen Vorschriften für diese Art von Antragsverbrechen?
6. Welche processualische Vorschriften sind in Ansehung dieser Antragsverbrechen zu empfehlen?

---

1. Welches sind die Antragsverbrechen privatrechtlichen Charakters?

Das entscheidende Criterium besteht, wie oben gezeigt, darin, daß aus dem Delict ausschließlich dem Verletzten ein strafrechtlicher Anspruch entsteht, daß von dem Delict die allgemeine Rechtsordnung unberührt bleibt.

Für welche Fälle im Einzelnen dies anzunehmen sei, ist eine Frage, die sich mit Sicherheit nach allgemeinen Grundsätzen ebenso wenig beantworten läßt, wie die Frage, welches die Grenzen zwischen dem civilen und dem criminellen Unrecht seien. Die Gesetzgebung selbst hat diese Frage vielmehr durch positive Bestimmung zu entscheiden, wobei jedoch auf folgende Gesichtspunkte als die maßgebenden hinzuweisen ist.

a. Zu Delicten der fraglichen Art können nur solche gehören, durch deren Begehung eine Privatperson verletzt wurde. Bildet dagegen die öffentlich-rechtliche Eigenschaft einer Person das Angriffsobject, so kann von einem Delicte privatrechtlichen Charakters nicht die Rede sein. Es berührt die allgemeine Rechtsordnung, wenn Jemand in Ausübung seiner staatsbürgerlichen Rechte zu wählen oder zu stimmen verhindert wird; es berührt die öffentliche Rechtsordnung, wenn die amtliche Function eines Beamten in widerrechtlicher Weise angegriffen wird. Die öffentlich-rechtliche Stellung der gesetzgebenden Versammlungen, der Staatsregierungen, des Staatsoberhauptes verbieten es, Angriffe, welche gegen sie gemacht wurden, als Delicte privatrechtlichen Charakters anzusehen, selbst wenn das gleiche Delict, falls es gegen eine Privatperson begangen wäre, den Charakter eines öffentlich-rechtlichen Delicts nicht haben sollte. Für die strafrechtliche und strafprocessualische Behandlung der verschiedenen Arten von Beleidigungen dürfte dieser Gesichtspunkt entscheidend sein.

b. Wenn überhaupt durch einen Angriff gegen eine Privatperson auch das öffentliche Interesse verletzt wird, so kann der Privatperson um deswillen, weil auch ihre Rechte durch den verbrecherischen Angriff mit verletzt wurden, ein Dispositionsrecht über die Strafverfolgung nicht gewährt werden. Denn der Umstand, daß die öffentliche Rechtsordnung verletzt wurde, macht es unmöglich, das betreffende Delict denjenigen zuzuzählen, welche lediglich einen privatrechtlichen Charakter haben. Wenn daher auch aus dem Umstande, daß bei Delicten dieser Art nicht blos die allgemeine Rechtsordnung, sondern auch die Interessen der angegriffenen Person verletzt wurden, gewisse Consequenzen in der Gesetzgebung gezogen sind, wie dieses z. B. bei der vom deutschen St. G. B. zugelassenen Bußforderung der Fall ist, so geben doch Vorschriften dieser Art keineswegs genügende Veranlassung, um den privatrechtlichen Charakter eines Delicts, bei welchem solches geschehen ist, behaupten zu können.

c. Bei der sehr verschiedenartigen Individualität, welche die einzelnen Delicte haben können, ist es möglich, daß von den unter ein und denselben gesetzlichen Thatbestand fallenden Delicten — z. B. die Körperverletzungen des §. 223 — einzelne sich als Delicte von lediglich privatrechtlichem Charakter auffassen lassen, während andere Delicte des gleichen gesetzlichen Thatbestandes diese Auffassung nicht gestatten. Und noch in anderer Hinsicht ergiebt sich hieraus für die gesetzliche Regelung der Antragsdelicte eine bemerkenswerthe Consequenz. Nehmen wir an, daß in dem gesetzlichen Thatbestande des St. G. B. §. 223 Körperverletzungen von lediglich privatrechtlichem Charakter enthalten seien, so werden diese Körperverletzungen aus dem Grunde, weil aus ihrer Begehung nur der Person des Verletzten ein strafrechtlicher Anspruch entsteht, den Antragsverbrechen zuzuzählen sein. Wenn nun aber andere Körperverletzungen des §. 223 Dimensionen annehmen, welche, weit über die Rechtssphäre des Verletzten hinausreichend, die öffentliche Rechtsordnung auf das allererheblichste afficiren, wird man dann auch von diesen sog. „leichten" Körperverletzungen des §. 223 behaupten mögen, daß sie den Antragsverbrechen zugezählt werden müßten? Wollte man diese Frage bejahen, so könnte dies nur aus dem Grunde geschehen, weil das Interesse des Verletzten an der Nichtverfolgung ein größeres sei, als das Interesse der öffentlichen Rechtsordnung an der Verfolgung des durch die Begehung dieser concreten Körperverletzung dem Staate entstandenen strafrechtlichen Anspruches. Ob dieses anzunehmen, ist aber durchaus eine Frage für sich und der Beantwortung derselben wird dadurch in keiner Weise präjudicirt, daß die unbedeutenderen Fälle der unter §. 223 fallenden Körperverletzungen um deswillen den Antragsverbrechen zugezählt werden können, weil durch ihre Begehung ausschließlich dem Verletzten ein strafrechtlicher Anspruch entstanden sein mag. In welcher Weise dieses soeben geltend gemachte Bedenken praktisch zu realisiren sein möchte, darauf wird weiter unter noch eingegangen werden.

Wenden wir uns nunmehr zu der Frage, welches im Einzelnen die Antragsdelicte privatrechtlichen Charakters seien, so wird es unbedenklich sein, als solche zunächst die im deutschen St. G. B. vorkommenden Antragsübertretungen zu bezeichnen. (St. G. B. §. 370 Nr. 4—6.)

Ferner wird, so wie die Gesetzgebung zur Zeit beschaffen ist, auch der Ehebruch (St. G. B. §. 172) diesen Delicten zuzuzählen sein. Denn eine Strafe wegen Ehebruchs darf ja nur eintreten, nachdem die Scheidung wegen Ehebruchs bereits stattgefunden hat. Durch die Thatsache der Scheidung, sowie durch den der Scheidung voraufgegangenen wegen Ehebruches geführten Scheidungsproceß würde nun aber die Thatsache des stattgehabten Ehebruches zur größtmöglichen Publicität gebracht. Die Antragsbefugniß des unschuldigen Theiles kann mithin nicht darauf zurückgeführt werden, daß die Nichtverfolgung des Ehebruches in seinen, des unschuldigen Theiles, Interesse liege; man wird vielmehr in der Vorschrift, daß die Strafverfolgung des Ehebruches nur auf Antrag stattfinden solle, nichts weiter zu erkennen vermögen, als daß es dem unschuldigen Theile anheimgegeben ist, den ihm entstandenen strafrechtlichen Anspruch entweder zu verfolgen oder nicht zu verfolgen.*)

Auch die Beleidigungen sind den Antragsdelicten dieser Art zuzuzählen, jedoch mit Ausschluß der im St. G. B. §. 196 erwähnten, da es sich bei diesen nicht um die Verletzung einer Privatperson, sondern um die Verletzung des öffentlichen Amtes u. s. w. handelt. Und aus dem gleichen Grunde werden auch die Beleidigungen der §§. 103, 104 nicht als Beleidigungen von ausschließlich privatrechtlichem Charakter aufzufassen sein.

Von den reichsgesetzlichen Strafbestimmungen, welche neben dem Strafgesetzbuche Geltung haben, sind hieher zu zählen die Strafbestimmungen in Betreff des Nachdrucks (Gesetz vom 11. Juni 1870. Reichs G. Bl. 1870 S. 339, §§. 18 ff. 27, 28), sowie die Vorschriften des Reichs-Preßgesetzes vom 7. Mai 1874 §§. 10, 11, 19 Nr. 3 und §. 19 Schlußbestimmung (Reichs G. Bl. 1874 S. 65). Denn wenn auch in den angeführten Vorschriften des letzteren Gesetzes außer Privatpersonen auch „öffentliche Behörden" interessirt erscheinen, so handelt es sich doch nicht um einen durch die Presse begangenen Angriff gegen dieselben, sondern vielmehr um den Geschäftsbetrieb der einzelnen Behörden. Wie es diesen anheimgegeben ist, darüber zu befinden, ob eine Bekanntmachung oder eine Erklärung stattzufinden habe, so kann es ihnen auch überlassen bleiben,

---

*) Ob es richtig ist, den Ehebruch überhaupt zu bestrafen, ist eine Frage, die hier nicht weiter zu erörtern ist. Vergleiche meinen Entwurf zu einem Strafgesetzb. (1868) S. 398 ff. und mein Strafrecht in Norddeutschland (1870) S. 85 Note *.

den Strafantrag lediglich nach ihrem Ermessen zu stellen. Daß die Nicht-Aufnahme einer behördlichen Bekanntmachung oder Erklärung in eine periodische Druckschrift (§. 7 des Preßgesetzes) die öffentliche Rechtsordnung über die Interessen der Behörden hinaus verletzen sollte, ist nicht wohl anzunehmen.

Weiter, als vorstehend geschehen, möchte der Kreis der Antragsdelicte privatrechtlichen Charakters nicht auszudehnen sein.

2. Welche allgemeine Vorschriften sind für die Antragsdelicte privatrechtlichen Charakters zu treffen?

a. Wer ist der Antragsberechtigte? Die Vorschrift des St. G. B. §. 65 giebt hierauf die entsprechende Antwort. Fraglich könnte dabei höchstens sein, ob es nicht eine Anomalie sei, daß bevormundete Personen, die nicht zu den Geisteskranken oder Taubstummen gehören, mit Vollendung des 18. Lebensjahres selbständig zum Strafantrage berechtigt sein sollen. Wird man nun auch die Anomalie als vorhanden anerkennen, so rechtfertigt sich dieselbe doch theils daraus, daß das 18. Lebensjahr die strafrechtliche Zurechnungsfähigkeit begründet, und deshalb auch für ausreichend zu erachten ist, um die Ansprüche geltend zu machen, welche aus solchen Handlungen folgen, für welche, wenn sie von dem Verletzten selbst begangen wären, er die volle Verantwortlichkeit zu übernehmen hätte; theils auch daraus, daß statt des noch minderjährigen Verletzten der gesetzliche Vertreter desselben, unabhängig von der eigenen Befugniß des Verletzten, berechtigt ist, den Antrag zu stellen.

Würde das Recht, den Strafantrag zu stellen, vererblich sein? Ich möchte diese Frage dahin beantworten,*) daß es darauf ankommt, ob von der Durchführung des Strafantrages die Geltendmachung eines vermögensrechtlichen Anspruches abhängig sei. Zwar kann die Ehrverletzung, welche der Verstorbene erduldete, nicht auf dessen Erben übergehen, wohl aber der vermögensrechtliche Anspruch, welcher aus dem Einfordern der Buße entsteht. Dazu kommt, daß die Durchführung des Strafantrages die Geltendmachung des aus der strafbaren Handlung entstehenden Entschädigungsanspruches erleichtert. Es kommt eben darauf an, ob der Fall so beschaffen ist, daß durch das gegen den Verstorbenen begangene Delict auch die Rechte des Erben mit verletzt erscheinen. Man denke z. B. an den Nachdruck. Soll der Erbe des Verlegers um deswillen auf die Entschädigungsforderung beschränkt bleiben, und des Rechts, eine Buße zu verlangen (§. 18, Abs. 4) verlustig werden, weil sein Erblasser es unter-

---

*) Für unbedingte Verneinung dieser Frage spricht sich Fuchs aus. Vergleiche den Art. „Antragsdelicte" in v. Holtzendorff's Rechtslexikon 2. Aufl. S. 85.

lassen hat, den noch bei seinen Lebzeiten begangenen Nachdruck zu verfolgen? Noch schlimmer stellt sich freilich die Sache, wenn wir uns die jetzt bestehende Gesetzgebung auch für die Zukunft erhalten denken. Der Grundsatz, daß der Strafantrag unvererblich sei, würde dann zur Folge haben, daß Dienstboten, welche um einen Sterbenden beschäftigt sind, für jegliche an ihrem Dienstherrn vor dessen Hinscheiden begangenen Diebstähle straflos bleiben müßten. Denn, so lange der Bestohlene noch lebt, ist er es, welcher den Antrag zu stellen hat; wird er hieran durch seine Krankheit verhindert, die ja auch die Veranlassung sein kann, daß er von der Thatsache des stattgehabten Diebstahls gar nichts erfährt, so würden die infamsten Diebstähle straflos bleiben müssen, wenn der Strafantrag unvererblich wäre.

b. Bis zu welchem Zeitpunkte kann der Antrag zurückgenommen werden? Das deutsche St. G. B. beantwortet diese Frage durch §. 64, eine Vorschrift, welche für die Antragsdelicte privatrechtlichen Charakters nicht weit genug, und für die Antragsdelicte öffentlich-rechtlichen Charakters viel zu weit geht. Hier kommt es nur darauf an, festzustellen, wie die betreffende Vorschrift für die Antragsdelicte privatrechtlichen Charakters zu normiren sein würde. Dies ergiebt sich aber aus dem, was oben in Betreff der Begriffsbestimmungen der Antragsverbrechen gesagt ist. Da durch die Antragsverbrechen privatrechtlichen Charakters nur der Verletzte einen Strafanspruch erwirbt, da in diesen Fällen lediglich die Vollstreckung der Strafe in der Weise erfolgt, wie dies der Begriff der öffentlichen Strafe mit sich bringt, so folgt hieraus, daß, so lange mit der Strafvollstreckung noch nicht begonnen ist, der Antragsberechtigte in Betreff des ihm entstandenen strafrechtlichen Anspruches die Disposition behalten und demnach auch in der Lage sein muß, den Strafanspruch bis zum Beginne der Strafvollstreckung zurückzuziehen. Dies ist auch in Betreff der Injurien, für den, Fall daß dieselben im Wege der Privatklage verfolgt werden, anerkannt. Dieses processualische Criterium ist aber nicht brauchbar — denn nicht darum handelt es sich in welcher Form des Verfahrens der Anspruch geltend gemacht wird, sondern darum, welches die rechtliche Natur desselben ist. Wäre aber dieses Criterium ein brauchbares, so hat das Gesetz dasselbe nicht richtig verwerthet —; denn wird der Strafanspruch dadurch, daß der Staatsanwalt denselben verfolgt, ein öffentlich-rechtlicher, so müßte die Befugniß, den Strafantrag zurückzuziehen, spätestens dann aufhören, wenn der Staatsanwalt die Anklage erhoben hat; es würde mithin nicht zulässig sein, die Zurücknahme des Strafantrages bis zur Verkündung eines auf Strafe lautenden Erkenntnisses zu gestatten.

Aus den angeführten Gründen wird es daher richtiger sein, für die

Zurücknahme des Strafantrages bei den Antragsdelicten privatrechtlichen Charakters den Beginn der Strafvollstreckung entscheidend sein zu lassen, und demgemäß für die Antragsdelicte dieser Art die Vorschrift dahin zu treffen:

„Bis zum Anfange der Vollstreckung des Urtheils kann der Antrag zurückgenommen werden.

c. Kann der Antrag auf Bestrafung getheilt werden? Die Antwort, welche auf diese Frage St. G. B. §. 63 giebt, paßt vollkommen auf die Antragsdelicte öffentlich-rechtlichen Charakters, aber ganz und gar nicht auf diejenigen, welche privatrechtlichen Charakters sind. Letztere lassen durch die Begehung des Delicts dem Verletzten den Strafanspruch entstehen. Sind nun bei der Begehung des Delicts mehrere Personen betheiligt, so wird dem Verletzten gegen jede dieser Personen ein strafrechtlicher Anspruch entstehen. Jeder dieser strafrechtlichen Ansprüche ist aber nur ein dem Verletzten entstandener. Kann nun der Verletzte nicht gezwungen werden, irgend einen ihm entstandenen Strafanspruch zu verfolgen, so kann er es auch nicht in dem Falle, wenn durch die Begehung eines Delictes ihm mehrere Strafansprüche entstanden sind. Mithin, ob einer, ob alle, ob einige dieser Strafansprüche zu verfolgen sind, hängt von dem Verletzten ab; oder mit anderen Worten:

Bei Antragsdelicten privatrechtlichen Charakters hängt es von dem Antragsberechtigten ab, ob der Strafantrag getheilt wird. Die Theilung des Strafantrages ist bei Antragsdelicten dieser Art an sich zulässig.

d. Wann erlischt das Recht des Strafantrages? Die Antwort, welche St. G. B. §. 61 giebt, sagt, daß nach Ablauf einer Frist von drei Monaten, welche mit dem Tage, an welchem der zum Antrage Berechtigte von der Handlung und von der Person des Thäters Kenntniß gehabt, zu laufen beginnt, das Antragsrecht erlöschen solle. Für Antragsdelicte privatrechtlichen Charakters hat diese Vorschrift die Bedeutung einer Klageverjährung. Ob der Strafantrag auch durch den Tod des Antragsberechtigten erlösche, ist bereits oben, gelegentlich der Frage, ob der Strafantrag vererbe, erörtert worden. Hier bleibt nur noch übrig, zu untersuchen, ob der gestellte Strafantrag nach dem Tode des Antragsberechtigten von dem Erben zurückgenommen werden könne. Die Antwort ergiebt sich aus Folgendem. Ist durch die Begehung des Antragsdelictes dem Verletzten, und nur diesem ein strafrechtlicher Anspruch enstanden, so hört mit der Existenz des Antragsberechtigten auch die Existenz des Strafanspruches auf. Existirt aber kein Strafanspruch, so würde es ein Widerspruch in sich selbst sein, wenn zur Realisirung eines nicht existirenden Anspruches ein gerichtliches Verfahren stattfinden sollte. Man wird deshalb zu sagen haben, daß, insoweit der Strafanspruch nicht vererblich ist, das in Folge des Antrags begonnene Verfahren mit dem Tode des Antragsberechtigten ipso jure aufhören müsse. So weit aber der dem Antragsberechtigten entstandene Anspruch vererblich ist, wird es der Erbe sein, welchem die Disposition über den nunmehr auf ihn übergegangenen Anspruch zusteht. Und ebenso wie der ursprünglich Berechtigte autorisirt war, den Strafanspruch zurückzunehmen, wird dies auch von dem jetzt zur Verfolgung dieses Anspruches Berechtigten zu behaupten sein.

3. Welche Vorschriften des Verfahrens sind für diese Antragsdelicte die entsprechenden? Die Voraussetzung, von welcher auszugehen ist, ist die, daß durch die Begehung des Delictes ausschließlich dem Verletzten, nicht aber dem Staate, ein strafrechtlicher Anspruch entstanden ist. Hieraus folgt dann, daß auch diejenigen Organe, welche dazu berufen sind, den dem Staate entstandenen strafrechtlichen Anspruch zur Geltung zu bringen, von dem Strafverfahren, welches durch Begehung der Antragsdelicte dieser Art hervorgerufen wird, fern zu bleiben haben. Es würde ein Widerspruch in sich selbst sein, einerseits zu behaupten, daß durch ein bestimmtes Delict die öffentliche Rechtsordnung nicht verletzt sei, und andererseits zu verlangen, daß dennoch diejenigen Organe, deren Bestimmung es ist, im öffentlichen Interesse die begangenen Verbrechen zu verfolgen, processualisch thätig werden sollen. Für die strafrechtliche Verfolgung dieser Delicte ist demnach ausschließlich der Weg der Privatklage geboten. Der Verletzte, resp. derjenige, welcher kraft gesetzlicher Vorschrift an seine Stelle zu treten befugt ist, ist der alleinige dominus litis; ihm liegt es ob, die Klage anzustellen, und dieselbe ohne jede Immiscirung der Staatsanwaltschaft bis zur Erstreitung des rechtskräftigen Erkenntnisses zu verfolgen. Die Vorschriften, welche der revidirte Entwurf einer Deutschen Strafproceßordnung im zweiten Abschnitte des fünften Buches (§§. 311 ff.) aufstellt, würden für Delicte dieser Art — nicht aber, wie der Entwurf will, auf alle Beleidigungen (siehe oben), sowie auf alle Körperverletzungen, welche nach Vorschrift des St. G. B. auf Antrag zu verfolgen sind — Anwendung finden. Käme der Fall vor, daß ein Delict, welches prima facie zu den Antragsdelicten der hier besprochenen Art gehört, sich im Laufe des Verfahrens als ein anderes, die öffentliche Rechtsordnung verletzendes Delict herausstellte, — es wird z. B. wegen verleumderischer Beleidigung die Klage erhoben, und im Laufe des Verfahrens ergäbe sich das Vorhandensein einer falschen Anschuldigung —, so würde die Bestimmung des §. 318 des Entwurfes der Deutschen Strafproceßordnung: „Findet das Gericht nach verhandelter Sache, daß die für festgestellt zu erachtenden Thatsachen eine solche strafbare Handlung

darstellen, auf welche das in diesem Abschnitte vorgeschriebene Verfahren keine Anwendung erleidet, so hat es durch einen Beschluß, welcher diese Thatsachen hervorheben muß, die Einstellung des Verfahrens auszusprechen", in Anwendung zu bringen und dadurch das öffentliche Interesse gewahrt sein, falls die Staatsanwaltschaft von einem solchen Beschlusse amtlich in Kenntniß gesetzt würde. Dagegen dürfte es nicht erforderlich sein, daß der Staatsanwaltschaft, wie dies §. 312 verlangt, in Sachen dieser Art der zur Hauptverhandlung bestimmte Termin bekannt gemacht würde. Dies ist vielmehr eine Vorschrift, welche auf Fälle anderer Art, von denen allerdings der Entwurf im zweiten Abschnitt des fünften Buches handelt, nicht aber auf diejenigen Fälle in Anwendung zu bringen ist, von denen hier ausschließlich gehandelt wird.

Wenn nun aber die Antragsdelicte dieser Art ihrer Natur nach die Strafverfolgung seitens des Staatsanwalts ausschließen, so ergiebt sich hieraus als endliches Resultat der vorstehenden Betrachtung, daß die Antragsdelicte dieser Art aus dem Kreise der eigentlichen Antragsdelicte überhaupt ausscheiden. Denn unter Antragsdelicten im eigentlichen Sinne des Wortes wird man richtiger doch nicht diejenigen zu verstehen haben, bei welchen zum Zweck der processualischen Verfolgung die Staatsanwaltschaft nicht mitzuwirken hat; sondern man wird im Gegentheil unter den Antragsdelicten im eigentlichen Sinne des Wortes solche zu verstehen haben, deren Verfolgung gerade auf Betrieb der Staatsanwaltschaft stattfindet, die also nicht auf dem Wege der Privat-, sondern auf dem Wege der öffentlichen Klage verfolgt werden, und die sich von anderen, in vollkommen gleicher Weise zu verfolgenden, Delicten nur dadurch unterscheiden, daß der Staatsanwalt zur Erhebung der Klage, resp. zur Beantragung der Voruntersuchung durch den Antragsberechtigten autorisirt sein muß. Den Charakter der „Antragsdelicte" bewahren sich denn auch, wie dies schon oben angedeutet wurde, jene nur auf dem Wege der Privatklage zu verfolgenden Delicte nur dadurch, daß auch bei ihnen ein Antrag erforderlich ist, nämlich der Antrag, daß das von dem Privatkläger gegen den Angeklagten erstrittene rechtskräftige Erkenntniß durch die hierzu bestimmten öffentlichen Organe vollstreckt werde. Der Gegensatz, der sich hieraus ergiebt, bezeichnet sich durch die Worte: Antragsdelicte in Bezug auf die Strafverfolgung und Antragsdelicte in Bezug auf die Strafvollstreckung.

4. Welche Antragsdelicte öffentlich-rechtlichen Charakters sind als Antragsdelicte gerechtfertigt, und bei welchen ist dieses nicht der Fall? Für die Beantwortung dieser Frage ist doch, wie oben gezeigt, davon auszugehen, daß es sich hier nicht um Delicte handelt, durch

deren Begehung lediglich ein Privatinteresse als verletzt erachtet werden kann; daß vielmehr die hier der Betrachtung zu unterziehenden Delicte derartig beschaffen sind, daß durch ihre Begehung die öffentliche Rechtsordnung verletzt wird, so daß sich der Verzicht auf die Verfolgung derselben nur dadurch erklärt, daß das Interesse des Verletzten an der Nichtverfolgung gegenüber dem Interesse des Staats an der Verfolgung als das höhere und berechtigtere anerkannt wird.

Es ist nun nicht zu verkennen, daß die Grenze dafür, ob das Eine oder das Andere der Fall sei, sich mitunter schwer mag ziehen lassen. Und da es Aufgabe dieser Zeilen ist, Abänderungen der bestehenden Gesetzgebung in Vorschlag zu bringen, so wird es gerechtfertigt sein, wenn ich auf die Erörterung solcher Fälle mich beschränke, in Betreff deren die Vorschrift, daß nur nach voraufgegangenem Antrag verfolgt werden dürfe, mir unhaltbar zu sein scheint.

Dies ist vor Allem der Fall in Betreff der vorsätzlichen Körperverletzungen. Bereits in meinem (1868 erschienenen) Entwurf zu einem Strafgesetzbuche für den norddeutschen Bund habe ich (S. 461 — 468) die Frage, ob die Verfolgung vorsätzlicher Körperverletzungen von dem Antrage des Verletzten abhängig gemacht werden könne, einer ausführlichen Prüfung unterzogen, und gelangte auf Grund derselben dazu, diese Frage zu verneinen. Der erste, sog. Friedberg'sche Entwurf hatte sich ebenfalls dafür entschieden, daß zur Verfolgung und Bestrafung vorsätzlicher Körperverletzungen der Antrag des Verletzten nicht erforderlich sei. Anderer Ansicht war die technische Commission, welcher der erste Entwurf zur Begutachtung vorgelegt wurde. Aus ihren Berathungen ging die in den späteren Stadien der Gesetzgebung nur noch unwesentlich modificirte Vorschrift hervor, daß die Verfolgung der vorsätzlichen „leichten Körperverletzungen" — worunter auch schon die Commission alle diejenigen Körperverletzungen verstand, die nicht mindestens unter die jetzt geltende Bestimmung des St. G. B. §. 224 fallen — nur auf Antrag stattzufinden habe. Die Motive rechtfertigen diesen Beschluß der technischen Commission durch folgende Worte:

> „Der Entwurf hat die Verfolgung aller derjenigen Körperverletzungen, welche nicht objektiv einen schweren Charakter haben und deshalb nur nach §. 218 (jetzt §. 223) zu ahnden sind, von dem Antrage des Verletzten abhängig gemacht.
>
> Selbst bei der Körperverletzung von Verwandten aufsteigender Linie ist eine Ausnahme nicht gemacht. So sehr nämlich auch das öffentliche Interesse bei der Ahndung solcher Vergehen betheiligt ist, so mußte die Rücksichtnahme auf dasselbe dennoch zurücktreten,

weil erfahrungsmäßig mit der Verfolgung von Amtswegen ein Eingriff in Familienverhältnisse verbunden ist, welcher vielfach zu den erheblichsten Mißständen und fast ausnahmslos zu Begnadigungsanträgen Seitens der Verletzten Veranlassung giebt." *)

Daß eine derartige Motivirung gänzlich ungenügend ist, bedarf keiner weiteren Darlegung. Zunächst scheint aus dem zweiten Absatze hervorzugehen, daß man angenommen habe, das öffentliche Interesse sei zwar bei der Körperverletzung von Verwandten aufsteigender Linie betheiligt, nicht aber bei Körperverletzungen, die gegen Nicht-Verwandte, speciell nicht gegen Ascendenten begangen seien. Und das würde eine vollkommen unrichtige Anschauung sein. Denn die Körperverletzungen, von denen §. 223 des St. G. B. handelt, sind ja keineswegs blos „leichte" Körperverletzungen in dem Sinne, wie der gewöhnliche Sprachgebrauch dieses bezeichnet. Denn derjenige, der den Bruch einer Rippe, eines Armes oder eines Beines, möglicher Weise beider Arme und Beine davon getragen, der erduldete im Sinne des Gesetzes nur eine eichte Körperverletzung, mochte das Krankenlager ein auch noch so langwieriges, mochten die Folgen solcher Verletzungen auch noch so nachtheilige sein, falls sie nur nicht unter den Begriff des Siechthums fallen. Und man sollte doch meinen, daß das öffentliche Interesse in nicht geringem Maße dann in Mitleidenschaft gezogen wird, wenn Jemand in derartiger Weise durch eine im Sinne des Gesetzes leichte Körperverletzung an seiner Gesundheit geschädigt wird. Wenn aber der gefürchtete Eingriff in Familienverhältnisse, ohne welchen allerdings Körperverletzungen gegen Ascendenten nicht wohl verfolgt werden können — was übrigens wohl selbstverständlich ist, und nicht erst als etwas „Erfahrungsmäßiges" von den Motiven constatirt zu werden brauchte —, für ausreichend erachtet werden sollte, um einen Verzicht auf die Verfolgung solcher Körperverletzungen zu rechtfertigen, warum beschränkte man sich dann nicht darauf, — in ähnlicher Weise, wie dies beim Diebstahl und beim Betrug geschehen —, den Antrag nur dann als Erforderniß der Strafverfolgung aufzustellen, wenn Körperverletzungen von Descendenten gegen Ascendenten begangen wurden?

Daß der Reichstag nicht daran denken würde, das Erforderniß des Antrags wieder zu beseitigen, war bei der Neigung desselben, die Zahl der Antragsverbrechen noch über das Mögliche hinaus zu extendiren, mit Sicherheit vorauszusehen. Das aber dürfte meiner Ansicht nach ganz unbestreitbar sein, daß die jetzt in höherem Maße als bisher bestehende

---

*) Vielleicht ist es nicht überflüssig, zu bemerken, daß etwas Weiteres, als das im Texte Mitgetheilte, von den Motiven nicht angeführt wird.

Unsicherheit des Lebens und der Gesundheit der Staatsangehörigen zum nicht geringen Theil seinen Grund hat in den verkehrten Vorschriften des Deutschen Strafgesetzbuches.

Es erscheint nicht überflüssig, daran zu erinnern, wie noch in jüngster Zeit in der Presse die Klagen darüber laut wurden, daß die Unsicherheit vorzugsweise in den größeren Städten so sehr überhand nähme. Behauptet wurde, daß die Gerichte nicht ihre Schuldigkeit thäten und das Gesetz nicht mit der erforderlichen Strenge handhabten. Ob dieser Vorwurf ein begründeter war, mag durchaus dahin gestellt bleiben. Die Frage, um die es sich hier handelt, ist lediglich die, ob denn das Gesetz seine Schuldigkeit thue, und diese Frage muß ich auf das Bestimmteste verneinen. Sehen wir doch zu, wodurch denn bei dem jetzt bestehenden gesetzlichen Zustande Strolche von Profession gehindert werden sollten, wehrlose Menschen auf offener Straße zu überfallen und zu schädigen. Daß man dabei etwas riskire, ist wohl klar; es fragt sich aber doch nur, ob das, was wirklich dabei riskirt wird, erheblich genug ist, um auch nur einigermaßen wirksam sein zu können. Das Risiko, welches derjenige, der eine Körperverletzung beabsichtigt, zu laufen hat, besteht allerdings in einer Geld- oder Gefängnißstrafe (Maximum 3 Jahre), d. h. wenn der Verletzte es für rathsam erachten sollte, den Strafantrag zu stellen. Es liegt nun aber sehr nahe, daß der Verletzte sehr häufig es nicht für rathsam halten wird, dieses zu thun. Zunächst schon deswegen nicht, weil ihm dieses in den meisten Fällen — namentlich wo die Vermögensverhältnisse des Thäters die Zahlung einer Buße nicht in Aussicht stellen — gar nichts helfen kann; und, um blos dem Interesse der öffentlichen Ordnung zu nützen, dazu verstehen sich die Wenigsten; das mag der Staatsanwalt thun, der dazu da ist. Dazu kommt aber noch die nahe liegende Erwägung, daß durch die Stellung des Strafantrages jener Strolch zwar auf etliche Zeit unschädlich gemacht werden kann, daß er aber nach dieser, in keinem Falle sehr langen Zeit, wiederum auf freiem Fuße sich befinden, und dem Verletzten, nunmehr demjenigen, der allein es veranlaßt hat, daß er so und so lange Zeit hat sitzen müssen, von Neuem begegnen kann. War bei der ersten Begegnung der Verletzte ein willkommenes Object, um an ihm seinen Muth zu kühlen, so ist derselbe bei der zweiten Begegnung der persönliche Feind, der den entlassenen Sträfling in's Unglück gebracht hat. Und erklärlich möchte es sein, wenn der Verletzte es vorzieht, lieber stillschweigend zu erdulden, was er doch erdulden muß, als den Chancen einer derartigen zweiten Begegnung sich auszusetzen. Würde aber auch der Antrag auf Bestrafung gestellt, so weiß es ja der Thäter, daß in Folge eines Beschlusses des Reichstages, der Verletzte den gestellten Strafantrag noch bis zur Verkündigung eines auf Strafe lautenden Erkenntnisses zurücknehmen kann. Genug Veranlassung, um seinen Gegner theils persönlich, theils durch Freunde und Angehörige zu bestürmen, von dieser ihm durch §. 64 des St. G. B. eingeräumten Befugniß Gebrauch zu machen. Widersteht dann der Verletzte auch dieser Versuchung, — und oft genug unterliegt er derselben —, so stellen sich doch wenigstens die Chancen für Befriedigung der Rache als überaus günstige dar. Denn der Bestrafte kann nunmehr folgendermaßen argumentiren: Wenn ich einen Gegner todtschlage, was riskire ich dabei? Klagt man mich wegen Körperverletzung mit tödtlichem Erfolge an, so bleibt mir die Chance, daß die Geschworenen, wie ja schon so oft geschehen, in der stattgehabten Verletzung die Todesursache nicht erkennen, und da sich nicht annehmen läßt, daß der von mir zum Tode Getroffene vor seinem Hinscheiden noch den Strafantrag wegen der Körperverletzung stellen werde, so habe ich alle Wahrscheinlichkeit für mich, freigesprochen zu werden. Aber, selbst wenn dieser Fall nicht einträte, wenn man mich der Körperverletzung mit tödtlichem Erfolge schuldig erklärte, so würde mein Vertheidiger schon dafür sorgen, daß die Geschworenen „mildernde Umstände" annehmen; ich war ja doch, aus dem Gefängniß entlassen, in großer Noth; das Elend von Frau und Kindern, denen ich, ihr Ernährer, monatelang entzogen gewesen war, hatte mich verwirrt gemacht, etwas getrunken werde ich wahrscheinlich wohl auch haben; genug auf die Annahme mildernder Umstände dürfte zu rechnen sein, und dann kann ich ja möglicherweise mit drei Monaten Gefängniß abkommen (§. 228). Und, wenn auch das nicht, in's Zuchthaus brauche ich deshalb noch lange nicht; denn §. 226 läßt ja auch dann, wenn keine mildernden Umstände zugebilligt werden, noch die Gefängnißstrafe zu. Will man mich aber wegen Mordes anklagen, so schreckt mich das ganz und gar nicht. Dazu muß ich ja die Tödtung mit Ueberlegung ausgeführt haben, und daß ich das gethan haben könne, das nimmt keine Geschwornenbank an, wenn ich nur, ehe ich den Menschen todtschlage, einen Streit mit ihm anfange, oder auch nur der Sache ein derartiges Ansehen gebe, daß scheinbar erst das Begegnen die Veranlassung gewesen ist zu dem, was ich that. Verneinen die Geschworenen aber nur die „Ueberlegung", dann bin ich schon gut daran; dann brauche ich gar nicht von dem Getödteten zum Zorn gereizt zu sein; denn — und dies beruht ja auf einem Beschlusse des Reichstages — beim Todtschlage können ja mildernde Umstände ganz ad libitum angenommen werden, und auf die sechs Monate Gefängniß soll es mir nicht ankommen.

Man wird mir einwenden, daß die Chancen, die in der vorbezeichneten Weise das St. G. B. dem Verbrecher gewährt, doch nicht immer sich bewahrheiteten! Darauf kommt es aber auch nicht an; es ist vielmehr, um den Entschluß zu verbrecherischen Handlungen zu erleichtern, vollkommen ausreichend, daß derartige Chancen überhaupt existiren. Ist es doch eine bekannte Thatsache, daß die Verbrecher darauf rechnen, dem Strafgesetze überhaupt zu entgehen, und daß die Mißachtung gegen das Gesetz nur gefördert werden kann, wenn selbst die Rücksichtnahme auf dasselbe dem Verbrecher keine besonders gefährliche Perspective eröffnet. — Man wird sagen, der Verbrecher stelle Erwägungen, wie die vorhin angeführten, überhaupt nicht an! Möglich, selbst wahrscheinlich, daß dies in einer so detaillirten Weise nicht geschehen mag. Das aber ist unbestreitbar, daß innerhalb der Verbrecherwelt die Schwächen des Strafgesetzes, wenn auch nicht juristisch erkannt, so doch mit sicherstem Instinkt sehr schnell durchempfunden werden. Eine Gesetzgebung aber, welche jedem, der einen Mord plant, die Chance gewährt,*) mit sechs Monaten Gefängniß abzukommen, eine Gesetzgebung, die bei vorsätzlicher Körperverletzung mit tödtlichem Erfolge bis auf drei Monate Gefängniß, die bei vorsätzlichen Körperverletzungen, welche Verstümmelungen und dauerndes Siechthum zur Folge haben, bis auf Einen Monat Gefängniß herabgeht; eine Gesetzgebung, welche durch das Antragserforderniß bei den übrigen vorsätzlichen Körperverletzungen die Bestrafung derselben überhaupt in Frage gestellt hat; eine solche Gesetzgebung — mag sich dieselbe immerhin von Rücksichten der Humanität haben verleiten lassen — entbehrt dem Resultate nach den Ernst, der vorhanden sein muß, wenn Leben und Gesundheit der Staatsangehörigen in ausreichender Weise geschützt sein sollen. So lange aber eine solche Gesetzgebung existirt, darf man sich nicht wundern, wenn die Angriffe auf Leben und Gesundheit sich derartig häufen, daß diese höchsten irdischen Güter des Menschen gewissermaßen à discrétion der Verbrecherwelt zu stehen scheinen.

Die erste Aenderung, die wir, soweit der Gegenstand der vorliegenden Arbeit reicht, zu beanspruchen haben, ist die, daß die vorsätzlichen Körperverletzungen (St. G. B. §. 223) aus der Zahl der Antragsverbrechen gänzlich ausgeschieden werden.

Das freilich soll ja nicht in Abrede gestellt werden, daß unter den Körperverletzungen des §. 223 auch solche mit enthalten sind, deren Wirkung über das Interesse der verletzten Privatperson nicht hinausreicht, und in

---

*) Glücklicherweise ist es dem Deutschen St. G. B. erspart geblieben, auch beim „Morde" die Gefängnißstrafe — natürlich bei Annahme mildernder Umstände —, aufgenommen zu sehen. Doch mag daran erinnert werden, daß ein dies bezweckender Antrag im Reichstage gestellt und auch befürwortet worden ist. Stenogr. Berichte 1870 Theil II S. 656 ff. namentlich S. 660.)

Betreff deren es füglich dem Verletzten überlassen werden kann, ob er die Strafverfolgung derselben herbeiführen wolle. Hieraus folgt doch aber keineswegs der Satz, daß nun keine dieser Körperverletzungen außer in Folge des Antrages des Verletzten verfolgt werden dürfe. Vielmehr ist das Einzige, was hieraus zu folgern ist, nur das, daß Körperverletzungen, welche das öffentliche Interesse nicht berühren, durch die Staatsanwaltschaft nicht verfolgt werden, und daß die Verletzten, falls sie der Staatsanwaltschaft die Verfolgung derartiger Körperverletzungen zumuthen sollten, von dieser auf den Weg der Privatklage zu verweisen sind. Denn, fiele die Antragsberechtigung bei den leichten Körperverletzungen fort, so würde doch hiervon keineswegs die Folge sein, daß alle leichten Körperverletzungen, die gleichviel unter welchen Verhältnissen begangen würden, nunmehr Seitens der Staatsanwaltschaft verfolgt werden müßten; sondern die Folge würde nur die sein, daß die Staatsanwaltschaft in die Lage käme, Körperverletzungen, die im öffentlichen Interesse verfolgt werden müssen, auch verfolgen zu dürfen; und daß die Staatsanwaltschaft in diese Lage gebracht werde, das gerade ist es, was im öffentlichen Interesse gefordert werden muß.

Wie zu diesem Zwecke die processualischen Vorschriften zu fassen sind, darauf wird weiter unten noch eingegangen werden.

Außer bei den Körperverletzungen würde die Antrags-Befugniß auch in den Fällen der §§. 247 und 263, insoweit sich dieselben auf Diebstähle, Unterschlagungen und Betrügereien beziehen, welche von Personen, die sich in Lohn oder Kost des Verletzten befinden, zu beseitigen sein.

Diese Erweiterungen der Antragsverbrechen, gegenüber den Bestimmungen des Preußischen Strafgesetzbuches, sind nicht durch die Entwürfe zum Strafgesetzbuche vorgeschlagen, sondern erfolgten erst im Reichstage gelegentlich der zweiten Lesung. Die praktischen Erfahrungen, die man seit Bestehen des Deutschen Strafgesetzbuches mit §. 247 gemacht hat, haben denn schon jetzt dazu geführt, daß für die bevorstehende Revision des Strafgesetzbuches auch diese Bestimmung als eine der Abänderung bedürftige bezeichnet worden ist. Und gewiß mit vollem Recht. Das Verhältniß, in welchem Personen, die in Lohn oder Kost sich befinden, zu ihren Dienst- und Arbeitsgebern stehen, begründet ein besonderes Treuverhältniß. Dieser Gesichtspunkt war es denn auch, welcher das Preußische Strafgesetzbuch (§. 217 Nr. 4) dazu bestimmt hatte, Diebstähle, welche Personen, die gegen Lohn oder Kost dienen, gegen ihre Herrschaft oder gegen einen Dritten verübten, welcher sich in der Wohnung der Herrschaft befand, mit einer schwereren Strafe zu bedrohen. Der erste Entwurf (§. 217) hatte diesen Qualificationsgrund des Diebstahls beibehalten, der revidirte Entwurf denselben aufgegeben, und die Motive bemerkten hierzu:

> „Die Bestimmungen des §. 217 des Preußischen Strafgesetzbuches sind nicht wieder aufgenommen. Dieselben haben zu vielfachen Streitfragen Anlaß gegeben, ohne daß andererseits sie durch ein praktisches Bedürfniß gerechtfertigt sind. Das in §. 237 (— jetzt §. 242 —) des Entwurfs vorgeschlagene Strafmaß reicht völlig hin, um in den in §. 217 des Gesetzbuches aufgeführten Fällen, sofern hier die Verschuldung des Diebes als eine schwerere sich darstellt, eine völlig angemessene Strafe erkennen zu können."

Daß mithin die Verletzung jenes Treuverhältnisses nach wie vor bei der Bestrafung des Diebstahls, wenn auch nur bei der Strafzumessung, nicht außer Acht bleiben solle, war die Ansicht, die dem revidirten Entwurfe zu Grunde lag. Welches nun die Motive gewesen sind, aus denen der Diebstahl, die Unterschlagung, der Betrug gegen solche Personen, in deren Lohn oder Kost sich der Thäter befindet, nur auf Antrag gestraft werden solle, erhellt aus den Materialien der Strafgesetzgebung nicht.*) Angenommen darf wohl werden, daß die Rücksichtnahme auf das Familienleben, auf die Interna der Häuslichkeit, das bestimmende Moment abgegeben habe. Dieser Grund ist aber nicht als ein zureichender zu erachten. Denn für die heute bestehenden Verhältnisse ist es der wahren Sachlage nicht entsprechend, wenn man von der Voraussetzung ausgeht, daß Personen, welche gegen Lohn oder Kost Dienste leisten, die sich „in Lohn oder Kost befinden", als Familienangehörige des Arbeitgebers anzusehen sind. Man mag Anderes wünschen, man mag die vorhandenen Verhältnisse beklagen, das ändert aber nichts an dem wirklich Bestehenden. Und dieses läßt sich nicht wohl anders als in der Weise auffassen, daß das Verhältniß dessen, der gegen Lohn oder Kost dient, zu dem, in dessen Lohn oder Kost er sich befindet, im Wesentlichen nichts weiter ist, als ein contraktliches Verhältniß. Ja man wird nicht fehlgehen, wenn man behauptet, daß derartige Verhältnisse selbst da, wo der Inhalt derselben noch etwas Weiteres als ein blos contraktlicher sein mag, doch ihre Entwicklung dahin nehmen, ausschließlich contraktliche Verhältnisse zu werden. Hieran wird auch durch die Erwägung nichts geändert, daß man die moralischen Verpflichtungen der Arbeitsgeber gegen die Arbeiter durch bloße Erfüllung der contraktlichen Verpflichtungen nicht für erschöpft ansehen dürfe. Denn dieser Gesichtspunkt umfaßt viel mehr

*) Die betreffende Aenderung ist in der Commission des Reichstages vorgenommen (vergl. Drucksachen Nr. 85) und hat im Plenum zu keinen Erörterungen Veranlassung gegeben.

als diejenigen Verhältnisse, von denen das Deutsche St. G. B. §. 247 handelt, wie denn überhaupt Betrachtungen dieser Art für die Aufgaben der Strafgesetzgebung durchaus resultatlos sein würden. Höchstens darf gesagt werden, daß die Deutsche Strafgesetzgebung, soweit sie es überhaupt vermochte, auf das Verhältniß zwischen Arbeitgebern und Arbeitnehmern einzuwirken, der gedeihlichen Entwicklung desselben eher hinderlich als förderlich geworden ist. Der Dienstbote, der Fabrikarbeiter, der Geselle, der Lehrling, sie alle wissen, daß sie straflos stehlen, unterschlagen, betrügen dürfen, falls nur nicht der Arbeitgeber selbst ihre Bestrafung beantragt und den Strafantrag bis zur Verkündung eines auf Strafe lautenden Erkenntnisses aufrecht erhält. Und der Arbeitgeber, der davon Kenntniß erlangt, daß Veruntreuungen gegen ihn begangen sind, wird in vielen Fällen es vorziehen, die Ermittlungen zur Feststellung der Thäterschaft zu unterlassen, da, selbst wenn dieselben zum Ziele führten, eine Bestrafung doch erst dadurch möglich würde, daß er selbst die Strafverfolgung dieses Thäters beantragt. Ein solches Verhältniß erzeugt Mißtrauen zwischen Arbeitgebern und Arbeitnehmern, keineswegs aber kann es dazu beitragen, derartige Zustände herbeizuführen, von denen der Reichstag ausgegangen zu sein scheint, wenn er Personen, die gegen Lohn oder Kost dienen, den Kindern, Mündeln u. s. w. gleichstellt.*)

Richtig ist es ja, daß unter den hier besprochenen Verhältnissen Diebstähle u. s. w. vorkommen, an deren Verfolgung dem öffentlichen Interesse nichts gelegen ist. Das ist aber vor der Geltung des Deutschen Strafgesetzes ebenso der Fall gewesen, und bevor man sich dazu entschloß, die hier in Betracht gezogene Vorschrift des §. 247 zu treffen, wäre es doch erforderlich gewesen, den Nachweis dafür beizubringen, entweder, daß während der Geltung des Preußischen Strafgesetzbuches die Staatsanwaltschaft genöthigt gewesen sei, derartige, die häusliche Sphäre nicht überschreitenden, Diebstähle so häufig zu verfolgen, daß darunter die Staatsanwaltschaft durch Ueberhäufung ihres Geschäftsbetriebes zu leiden gehabt; oder daß die Integrität des Familienlebens dadurch geschädigt sei, daß die Staatsanwaltschaft auch wider Willen des Verletzten derartige Diebstähle verfolgte, und daß diese Benachtheiligung des Familienlebens höher zu veranschlagen sei, als die Benachtheiligung der öffentlichen Rechtsordnung, welche aus der Nichtverfolgung und Nichtbestrafung der von Dienstboten gegen ihre Herrschaften u. s. w. begangenen Diebstähle, Unterschlagungen, Betrügereien sich ergeben würde. Hierfür scheint der Beweis aber nicht einmal

*) Ueber die Schlußbestimmung des §. 247 wird weiter unten noch gehandelt werden.

angetreten zu sein; und noch weniger wird man behaupten wollen, daß er geführt sei. Sehen wir aber zu, was durch die Aenderung der Gesetzgebung bewirkt wurde, so zeigt sich Folgendes: Diebstähle u. s. w. von Hausgesinde, Arbeiter u. s. w. sind begangen worden, und werden begangen. Waren solche Diebstähle der Art, daß sie über die Sphäre der Häuslichkeit nicht hinausreichten, so erfuhr die Staatsanwaltschaft entweder überhaupt nichts davon, oder war dies dennoch der Fall, so nur in Folge einer Anzeige des Verletzten. Die Bestrafung konnte also factisch ohne den Willen des Bestohlenen in derartigen Fällen nicht wohl eintreten, und die Interessen der Häuslichkeit liefen in solchen Fällen nicht Gefahr, durch staatsanwaltliche Eingriffe beeinträchtigt zu werden. Nahmen dagegen derartige Diebstähle u. s. w. einen solchen Charakter an, daß durch deren Begehung die öffentliche Rechtsordnung verletzt erschien, sei es daß der Gegenstand des Verbrechens ein erheblicher, sei es daß die Ausführung des Verbrechens die Begehung desselben zur allgemeinen Kenntniß brachte, so war allerdings die Staatsanwaltschaft in der Lage, sofort einschreiten zu können; und hierdurch wurde das öffentliche Interesse gewahrt, und die Familien-Interessen in keiner Weise geschädigt. Denn konnte letzteres überhaupt geschehen, so doch ganz gewiß nicht dadurch, daß der diebische Dienstbote bestraft wurde, sondern nur dadurch, daß die Thatsache, es seien in dieser oder jener Häuslichkeit Diebstähle, Betrügereien u. s. w. vorgekommen, zur allgemeinen Kenntniß gelangten.

Und wie steht die Sache heute? Dasjenige, was der Staatsanwalt früher factisch nicht verfolgen konnte, ohne daß ihm die Anzeige von dem Geschehenen geworden war, das darf er auch heute nicht verfolgen, falls ihm nicht unter dem Namen des Antrages die Anzeige gemacht wird. Während aber früher der Staatsanwalt, wenn er auf die ihm gewordene Anzeige hin die Verfolgung begonnen hatte, auch sicher sein durfte, daß er im Stande sein werde, die Sache durchzuführen, so weiß er jetzt, daß alle seine Mühe vergeblich sein wird, sobald es dem Antragsteller aus irgend welchen, wenn auch noch so nichtigen Gründen gefallen sollte, seinen Antrag vor Verkündigung des Strafurtheils zurückzuziehen. In denjenigen Fällen aber, in denen früher der Staatsanwalt wegen der Publicität der Sache ohne Weiteres einzuschreiten hatte, da darf er dies nicht ohne den Strafantrag des Verletzten, und darf es nur so lange, als der Verletzte den Strafantrag nicht zurückgezogen hat. Und daß dem so ist, darin kann nur die erheblichste Schädigung der Rechtsordnung erblickt werden; aus dieser Vorschrift haben sich Zustände entwickelt, deren Nachtheile durch keinerlei Vortheile irgend welcher Art neutralisirt werden.

Der Umstand aber, daß unter den hier besprochenen Diebstählen u. s. w.

sich auch solche finden, welche die Sphäre der Privat-Interessen nicht überschreiten mögen, kann nur die Folge haben, daß seitens der Gesetzgebung der Staatsanwaltschaft die Berechtigung gewährt wird, in Fällen dieser Art nicht zu verfolgen, oder, wenn hierzu seitens des Verletzten die Aufforderung an sie erginge, denselben auf den Weg der Privatklage zu verweisen.

5. Welche allgemeine Vorschriften sind in Betreff der Antragsdelicte öffentlich-rechtlichen Charakters zu treffen?

a. Wer ist der Antragsberechtigte? Die Antwort auf diese Frage giebt in ausreichender Weise die Vorschrift des §. 65. Doch führt das Princip, nach welchem die Antragsdelicte öffentlich-rechtlichen Charakters überhaupt zu beurtheilen sind, zu einzelnen Consequenzen, die von den Sätzen, welche für die Antragsdelicte privatrechtlichen Charakters aufzustellen waren, erheblich abweichen.

Zunächst möchte die Frage entstehen, ob es bei Antragsverbrechen dieser Art der ausdrücklichen Stellung des Antrags zum Zwecke der Strafverfolgung bedürfe, oder ob nicht auch andere Handlungen des Verletzten dem Antrage auf Strafverfolgung gleich zu stellen seien? Erwägt man nun, daß bei Antragsverbrechen dieser Art der Staat auf die Verfolgung des ihm entstandenen strafrechtlichen Anspruches um deswillen verzichtet, weil er das Interesse des Verletzten an der Nichtverfolgung für berücksichtigenswerther erachtet, als die Realisirung des ihm entstandenen Rechtes der Strafverfolgung, so wird diese Rücksichtsnahme auf die Interessen des Verletzten doch nur so lange Platz greifen dürfen, als dieser selbst nichts dazu thut, auf anderem Wege das ihm gewordene Unrecht zur öffentlichen Kenntniß zu bringen. Man wird daher zur Aufstellung des Satzes berechtigt sein, daß, wenn der Staat auf die Verfolgung des ihm entstandenen strafrechtlichen Anspruches verzichtet, damit die an dem Verletzten begangene That nicht zur allgemeinen Kenntniß gelange, auch der Verletzte nichts thun dürfe, was zu diesem Resultate führt, und daß, wenn der Verletzte derartiges dennoch thut, auch das Recht des Staates zur Verfolgung des ihm entstandenen strafrechtlichen Anspruches zu realisiren sei. Wenn daher der Verletzte zwar nicht den Strafantrag stellen, wohl aber den Entschädigungsanspruch gerichtlich geltend machen sollte, so würde hieraus, da die Geltendmachung des Entschädigungsanspruches für den Verletzten die gleichen Nachtheile mit sich bringt, wie die seitens des Staates eingeleitete Strafverfolgung, auch der Staat berechtigt sein, ohne Stellung des Strafantrages die Strafverfolgung eintreten zu lassen.

Davon, daß der Strafantrag vererblich sein möchte, kann natürlich bei den Antragsdelicten öffentlich-rechtlichen Charakters nicht die Rede sein.

Denn einen Strafanspruch, welchen der Staat erworben, und auf dessen Verfolgung er im Interesse des Verletzten verzichtet, kann der Verletzte, dem ja dieser Strafanspruch gar nicht erworben ist, unmöglich auf seinen Rechtsnachfolger übertragen. Aber eine ganz andere Frage ist es, ob nicht dem Tod des Antragsberechtigten die Folge beizulegen sei, daß der Staat, auch ohne daß der Antrag gestellt wurde, die Strafverfolgung eintreten lassen könne. So viel ist klar, daß, wenn der Staat auf die Verfolgung des ihm entstandenen strafrechtlichen Anspruches im Interesse des Verletzten verzichtet, dieses Interesse mit der Existenz des Verletzten ebenfalls erlöschen muß. Käme dieses mithin allein in Betracht, so würde auch nicht abzusehen sein, was denn den Staat veranlassen sollte, nach erfolgtem Tode des Verletzten den ihm entstandenen strafrechtlichen Anspruch zur Geltung zu bringen? Und nach der bestehenden Gesetzgebung könnte es auch scheinen, daß §. 65 ausschließlich die Interessen des Verletzten im Auge gehabt habe. Denn so viel steht zwar fest, daß, wenn beispielsweise die Genothzüchtigte die Strafverfolgung nicht will, im Falle der Majorennität der Verletzten Niemand die Strafverfolgung erzwingen kann. Aber ebenso steht es auch fest, daß die Verletzte, wenn sie nur das 18. Lebensjahr vollendet hat, und die Strafverfolgung will, keine Familien-Interessen sie rechtlich daran hindern könnten, die Strafverfolgung, zur Schande ihrer Familie ebenso wie zu ihrer eigenen, durchzusetzen. Im Hinblick auf die Vorschrift des §. 65 dürfte man daher sagen, daß, da der Staat nur im Interesse des Verletzten auf die Geltendmachung des ihm entstandenen strafrechtlichen Anspruches verzichtet, der Tod des Antragsberechtigten ihm jeden Grund zu jenem Verzichte entziehe, und daß daher die Strafverfolgung auch ohne Antrag stattzufinden habe. Doch glaube ich, daß die Beschränkung des Verzichts auf Strafverfolgung lediglich im Interesse des Verletzten nicht überall richtig ist. Und so möchte ich denn an dieser Stelle mehr eine Anregung geltend machen, als eine Entscheidung treffen.

b. Bis zu welchem Zeitpunkte kann der Strafantrag zurückgenommen werden? Principiell wird zu sagen sein, daß bei Antragsdelicten öffentlich-rechtlicher Natur der einmal gestellte Antrag überhaupt nicht mehr zurückgenommen werden darf. Denn die Zurücknahme des Strafantrages ist die Consequenz davon, daß dem Antragsberechtigten ein strafrechtlicher Anspruch entstanden ist, und diese Voraussetzung trifft ja in Fällen der vorliegenden Art nicht zu. Hier ist vielmehr davon auszugehen, daß durch die Stellung des Antrages die Erklärung abgegeben wird, daß diejenigen Verhältnisse, bei deren Vorhandensein der Staat auf den ihm entstandenen strafrechtlichen Anspruch verzichten zu wollen erklärt hat, in dem concreten Falle nicht vorliegen. Die Zurücknahme des Antrages hat demnach nur die Bedeutung eines Widerrufs jener Erklärung. Und mit Rücksicht darauf, daß unmittelbar nach Begehung der That der Antragsberechtigte im höheren Maße die Folgen des begangenen Verbrechens, als die Folgen, welche der Verlauf des Strafverfahrens für ihn haben wird, zu würdigen vermag, wird es zulässig erscheinen, ihm zu gestatten, dasjenige, was er in der unmittelbaren, durch die That veranlaßten Erregung gethan hat, zu widerrufen, d. h. mit anderen Worten den Antrag zurückzuziehen. Diese dem Antragsberechtigten aus Billigkeitsgründen einzuräumende Befugniß findet aber ihre naturgemäße Grenze an der Stelle, wo der Staat die processualische Verfolgung des ihm entstandenen strafrechtlichen Anspruches begonnen hat. Nach dem jetzt bestehenden, ebenso nach dem durch den Entwurf einer Strafproceßordnung in Aussicht genommenen Verfahren ist aber der Beginn des eigentlichen Strafverfahrens nicht erst dann anzunehmen, wenn nach stattgehabter Voruntersuchung die Anklage bei dem erkennenden Strafgerichte erhoben wird, sondern es ist der Anfang des Strafverfahrens bereits in dem Antrage des Staatsanwalts, daß eine gerichtliche Voruntersuchung stattfinde, zu erblicken. Und hierin würde auch die sachgemäße Grenze für die Zurückziehung des Strafantrages zu finden sein.

c. Kann der Antrag auf Bestrafung getheilt werden? Diese Frage ist für die Antragsdelicte öffentlich-rechtlichen Charakters unbedingt zu verneinen, und zwar ausnahmslos zu verneinen. Die Ausnahmen, welche das Deutsche St. G. B von der in §. 63 aufgestellten Regel in den §§. 247 Abs. 3 und 263 Abs. 4 gemacht hat, würden sich meiner Ansicht nach auch dann rechtfertigen, wenn die durch jene Vorschriften gewährte Antragsbefugniß in der Weise, wie dies oben in Vorschlag gebracht, beschränkt werden sollte. Denn mag das Verhältniß des Vaters zum Kinde u. s. w. es in genügender Weise motiviren, daß ein von dem Kinde gegen den Vater begangenes Delict durch letzteren verziehen werden kann, so hat dieser Gesichtspunkt die Grenze seiner Berechtigung darin, daß überhaupt Alles, was geschehen ist, auf diejenigen persönlichen Verhältnisse beschränkt bleibt, von denen §. 247, §. 263 handeln. Es ist aber etwas vollkommen Verschiedenes, ob das Kind für sich allein seine Eltern bestiehlt oder betrügt, oder ob das Kind mit anderen Personen sich verbündet, um die gleichen Verbrechen gegen die Eltern zu begehen. Richtig ist es daher, wenn das Gesetz gegen diejenigen Personen, welche „nicht in einem der vorbezeichneten persönlichen Verhältnisse stehen", die Strafverfolgung verlangt, auch ohne daß ein Strafantrag gestellt wird. Wenn aber demgemäß verfahren wird, so ist es unmöglich, das Interesse, welches der Verletzte daran hat, daß überhaupt nicht procedirt werde, zu wahren. Es bliebe also nur die Befugniß des Verletzten übrig, durch Nichtstellung des Strafantrages die Bestrafung von dem Kinde u. s. w. abzuwenden. Und das, glaube ich, ist unzulässig. Soll eine Handlung wegen des persönlichen Verhältnisses, in welchem der Thäter zu dem Verletzten steht, als straflos gelten, so mag das Gesetz dieses bestimmen, wie dieses ja auch durch §. 247 Abs. 2*) geschehen ist. Aber die Entscheidung darüber, ob bei dem Vorhandensein gewisser persönlicher Verhältnisse die Bestrafung stattfinden solle, in das Ermessen des Verletzten zu legen, widerstreitet dem Rechtsgefühl. Für das, was geschehen, ist der Sohn als Thäter, Anstifter, Gehülfe ebenso strafrechtlich verantwortlich, wie die übrigen Betheiligten; ja es kann der Sohn sehr wohl durch seine Kenntniß der häuslichen Gelegenheiten als der hauptsächlichst Schuldige sich darstellen. Und dennoch soll er allein straflos bleiben, weil sein Vater ihm verziehen, während die übrigen Complicen die Strafe zu erdulden haben? Und gesetzt, es wären bei dem Diebstahle u. s. w. nicht ein Kind, sondern mehrere derselben in ganz gleicher Weise betheiligt gewesen, soll es dann auch dem Vater gestattet sein, dem einen und vielleicht dem schuldigsten Kinde zu verzeihen, während er die Bestrafung der übrigen beantragt? Nach der Vorschrift des §. 247 scheint dies nicht unzulässig zu sein.

d. Wann erlischt das Recht des Strafantrages? Es könnte sich fragen, ob die dreimonatliche Frist des Strafantrages für Antragsdelicte öffentlich-rechtlichen Charakters zu rechtfertigen sei. Für die Verneinung würde geltend zu machen sein, daß bei Antragsdelicten privatrechtlichen Characters jene Frist als eine Frist sich darstellt, innerhalb deren die Klageverjährung für den Antragsberechtigten eintritt. Da nun bei den Antragsdelicten öffentlich-rechtlichen Characters dem Verletzten überhaupt kein strafrechtlicher Anspruch entsteht, so kann auch für Fälle dieser Art die dreimonatliche Frist des §. 61 unter dem Gesichtspuncte der Klageverjährung nicht aufgefaßt werden. Erwägt man weiter, daß dem Thäter daraus, daß das von ihm begangene Verbrechen nur auf Antrag verfolgt werden soll, keine Rechte entstehen, daß vielmehr der Verzicht des Staates auf die Geltendmachung des ihm entstandenen strafrechtlichen Anspruches nur daraus sich erklärt, daß die Interessen des Verletzten an der Nichtverfolgung gegenüber dem Interesse, welches der Staat an der Verfolgung hat, für die

---

*) Auffallend ist es, daß, wenn der Vater den Sohn bestiehlt, dies straflos ist, daß dagegen der Sohn die Bestrafung des Vaters beantragen kann, wenn letzterer ihn betrogen hat. Nahm man in §. 263 die Analogie von §. 247 Abs. 1 auf, so hätte man nicht unterlassen sollen, auch die Analogie von §. 247 Abs. 2 für §. 263 anzuerkennen

bedeutenderen erachtet werden; erwägt man ferner, daß die Interessen, welche der Verletzte an der Nichtverfolgung hat, nach Ablauf der dreimonatlichen Frist sich durchaus ändern können, dergestalt, daß zu einer späteren Zeit der Verletzte durchaus keinen Grund mehr hat, die Nichtverfolgung zu wünschen; so wird man aus diesem Allem zu dem Resultate gelangen, daß die Möglichkeit, den Strafantrag zu stellen, bis zum Ablauf der für das begangene Delict gesetzlich bestimmten Verjährungsfrist zulässig sein müsse. Erwägt man jedoch andererseits, daß die Verjährung der Strafverfolgung nur für die Fälle anzunehmen ist, in denen wegen Nichtkenntniß des Verbrechens oder des Thäters die Verfolgung factisch nicht möglich ist, so wird man die Gesichtspuncte der Verjährung auf solche Fälle nicht übertragen mögen, bei denen die Geltendmachung der Antragsbefugniß davon abhängig gemacht ist, daß der Verletzte über Thäter und That Kenntniß erlangt hat. Man wird vielmehr davon auszugehen haben, daß der Staat auf die Verfolgung des aus der Begehung gewisser Verbrechen ihm entstehenden Strafanspruchs verzichten wolle, falls ihm nicht durch den Strafantrag Gewißheit darüber geworden, daß die Interessen des Verletzten auf Nichtverfolgung in dem vorliegenden Falle nicht vorhanden seien. Ob nun diese Bedingung eintreten, oder ob die Verhältnisse sich derartig gestalten werden, daß statt des in Aussicht genommenen Verzichts die Strafverfolgung einzutreten habe, darüber darf im Interesse der Strafverfolgung selbst nicht zu lange Zeit hindurch Ungewißheit bestehen bleiben. Und so ist denn, wenn auch in anderer Weise motivirt als bei den Antragsdelicten privatrechtlichen Charakters, die in §. 61 bestimmte Frist zur Stellung des Antrages auch für die Antragsdelicte öffentlich-rechtlichen Charakters zu rechtfertigen.

Der Verlust der Antragsbefugniß ist aber in Betreff der Antragsdelicte öffentlich-rechtlichen Charakters dann anzunehmen, wenn die Strafverfolgung seitens des Staates in legitimer Weise erfolgte, ohne daß der Antrag gestellt wurde. Und dies ist allemal dann der Fall, wenn durch richterlichen Beschluß die Verfolgung der begangenen That bestimmt worden ist, ohne daß hierfür die Stellung des Antrages für erforderlich erachtet worden wäre. Ergiebt dann das weitere Verfahren, daß ein Delict vorliege, welches nur auf Antrag verfolgt werden soll, so ist dieser Umstand nunmehr für das weitere Verfahren bedeutungslos. Denn immer handelt es sich ja bei Delicten dieser Art nur darum, daß nicht durch die Verfolgung die Interessen, welche der Verletzte an der Nichtverfolgung hat, geschädigt werden. Hat aber die Verfolgung begonnen, so sind dadurch diese Interessen unwiderbringlich verloren, und es bleibt, wie schon oben darauf hingewiesen wurde, allein das Interesse der öffentlichen Ordnung übrig, das Interesse des Staates, daß das begangene Delict verfolgt werde.

6. Sind in Betreff der Antragsverbrechen öffentlich-rechtlichen Charakters besondere Vorschriften in Betreff des Verfahrens zu empfehlen? Diese Frage ist unbedingt zu verneinen! Ist erst in Folge des gestellten Antrags das strafprocessualische Verfahren in Gang gebracht, so gestaltet sich dasselbe unabhängig davon, daß ein Antrag gestellt wurde, ganz in derselben Weise, wie sich jedes andere Strafverfahren gestaltet, in welchem ein dem Staate entstandener strafrechtlicher Anspruch verfolgt wird.

Auch hinsichtlich der Zulässigkeit der subsidiären Privatklage ist der Umstand, daß es sich um die Verfolgung eines Antragsdelictes öffentlich-rechtlichen Charakters handelt, vollkommen gleichgültig.

Beschränkt die Gesetzgebung die subsidiäre Privatklage auf die Fälle der Antragsdelicte öffentlich-rechtlichen Charakters, so würde der Antragsberechtigte, indem er das gegen ihn begangene Verbrechen im Wege der Privatklage verfolgt, immer nur im öffentlichen Interesse denjenigen strafrechtlichen Anspruch verfolgen, welcher durch die Begehung des Verbrechens dem Staate erwachsen ist; sein Recht würde er dadurch ebenso sehr und ebenso wenig verfolgen, wie es der Fall sein würde, wenn der Verstümmelte, der Beraubte, wenn die Hinterbliebenen eines Ermordeten, mittelst der subsidiären Privatklage eines dieser Verbrechen verfolgten.

Stellen wir schließlich die durch die voraufgehende Darstellung begründeten Thesen zusammen, so sind es folgende:

I. Die Gesetzgebung hat diejenigen Delicte zu bezeichnen, bei denen ausschließlich das Verfahren mittelst der Privatklage stattfindet. Zu diesen Delicten würden zu zählen sein: Die Antrags-Uebertretungen (St. G. B. §. 370 Nr. 4—6), der Ehebruch, die Beleidigungen — mit Ausschluß der §§. 196, 103, 104 —, der Nachdruck, (Gesetz vom 11. Juni 1870 §§. 18 ff. 27, 28.), sowie die Vorschriften des Preßgesetzes von 7. Mai 1874 §§. 10, 11, 19.

Die Vollstreckung des auf dem Wege der Privatklage erstrittenen rechtskräftigen Erkenntnisses findet nur auf Antrag statt.

II. Bei Vergehen, deren gesetzlicher Thatbestand auch solche Fälle mit umfaßt, durch deren Begehung lediglich das Interesse des Verletzten, nicht aber das der öffentlichen Rechtsordnung verletzt wird, (leichte Körperverletzungen, Diebstähle, Betrug, Vermögensbeschädigung), ist die Staatsanwaltschaft anzuweisen, die Verfolgung ihrerseits nur dann eintreten zu lassen, wenn sie das öffentliche Interesse für verletzt erachtet, anderenfalls aber den die Bestrafung beantragenden Verletzten auf die Privatklage zu verweisen.

Die Vollstreckung des mittelst der Privatklage erstrittenen rechtskräftigen Erkenntnisses findet auch in diesem Falle nur auf Antrag statt.

III. Die Zahl der Delicte öffentlich-rechtlichen Charakters, welche nur auf Antrag verfolgt werden dürfen, ist möglichst einzuschränken; namentlich sind aus dem Kreise derselben auszuschließen: die Körperverletzungen, St. G. B. §. 223, sowie der Diebstahl, die Unterschlagung und der Betrug gegen solche Personen, in deren Lohn oder Kost sich der Thäter befindet. (St. G. B. §§. 247, 263).

Bei den Antragsdelicten dieser Art darf der Antrag, nachdem die Einleitung der Voruntersuchung beschlossen, oder falls eine solche nicht stattgefunden hat, die Anklage erhoben ist, nicht mehr zurückgezogen werden.

Auch bedarf es in solchen Fällen des Antrages nicht, wenn in Folge richterlichen Beschlusses das Verfahren wegen eines Nicht-Antragsdelicts eröffnet wurde, und erst im Laufe des Verfahrens es sich herausstellen sollte, daß nur ein solches Delict vorliegt, welches zu den Antragsdelicten öffentlich-rechtlichen Charakters gehört.

XIII.

Gutachten des Herrn Obertribunalsraths Dr. Struckmann zu Berlin

über die Frage:

Soll die väterliche Gewalt, insbesondere als Grund der Beschränkung der Handlungsfähigkeit, kraft des Gesetzes mit der Großjährigkeit des Hauskindes erlöschen?

Die väterliche Gewalt (patria potestas) war, wie auch schon der Name andeutet, bei den Römern bekanntlich ein Institut, welches ursprünglich auf der einen Seite nur Rechte, auf der anderen nur Pflichten erzeugte, und auch im Laufe der Zeit, als die Schärfe des Princips sich abstumpfte, das Maß der Rechte auf Seiten des Vaters durchaus überwiegen ließ. Sie beruhte auf dem Gedanken der Einheit der (agnatischen) Familie, deren Haupt der Vater war; diesem Haupte waren die Kinder in ähnlicher Weise unterworfen, wie die Sclaven dem Herrn; seine Herrschaft reichte ursprünglich bis zu dem Rechte, über Leben und Freiheit der Kinder zu verfügen.

Ein consequenter Ausfluß dieses Wesens der väterlichen Gewalt war es, daß auch die Beendigung derselben allein, oder in späterer Zeit wenigstens fast allein, von dem Willen des Vaters abhing, daß insbesondere die Kinder keinerlei Einfluß darauf hatten. Die einzige Beendigungsart war — abgesehen von der gleichfalls ausschließlich von dem Willen des Vaters abhängenden datio in adoptionem plenam, welche an die Stelle der väterlichen Gewalt des natürlichen Vaters die des Adoptivvaters setzte — ursprünglich die Emancipation, ein formeller gerichtlicher (später auch landesherrlicher Akt, dessen Vornahme ausschließlich in dem Belieben des Vaters lag und von den Kindern nicht erzwungen werden konnte. In der späteren Kaiserzeit traten freilich als Aufhebungsgründe die Verkuppelung der Tochter und die Eingehung einer blutschänderischen Ehe seitens des Vaters, so wie die Erlangung gewisser Aemter, insbesondere des Episcopats, seitens der Söhne hinzu; allein diese selten vorkommenden Ausnahmefälle, von welchen die beiden ersten zudem nur Strafbestimmungen sind und einen Einfluß des Willens der Kinder auf die Beendigung der väterlichen Gewalt nicht documentiren, vermochten doch das Princip nicht zu erschüttern, daß die väterliche Gewalt eine lebenslängliche, nur mit dem Willen des Vaters früher zu beendigende sei.

Ganz anders ist die Auffassung des älteren deutschen Rechts. Dieses kennt keine väterliche Gewalt, keine einseitige Herrschaft des Vaters über die Kinder, sondern nur ein Mundium, ein Schutzverhältniß, eine natürliche Vormundschaft des Vaters über die Kinder mit gegenseitigen Rechten und Pflichten. (Kraut: Vormundschaft II. S. 586 ff. 618 ff.) Eine Folge davon ist, daß auch die Dauer dieses Verhältnisses keine lebenslängliche war, und die Beendiguug nicht von dem einseitigen Belieben des Vaters abhing. Zwar herrschen darüber verschiedene Ansichten, ob nach dem ursprünglichen Princip des deutschen Rechts solches in einzelnen Rechtsbüchern und älteren Particularrechten (vergl. z. B. Schwabenspiegel I. 59: „Ein vater soll sinen sun von im scheiden als er fünf und zwanzig jar alt wirt mit als vil guotes als er geleisten was — und tuat ers nicht gerne, er behabet ez im mit rechte an"; altes Mühlhauser Rechtsbuch bei Förstemann S. 34: „Ein iclich man sal zu rechti sini ekint virste di wili su nicht zuetigh jar alt sien,") deutlich ausgedrückt ist, daß die väterliche Vormundschaft ohne Weiteres mit der erreichten Mündigkeit ihr Ende erreichte, oder ob die Abtheilung oder die Anlegung eines besonderen Haushalts hinzukommen mußte (vergl. hierüber Kraut a. a. O. II. S. 591 ff 646 n. 5); allein darüber, daß die Beendigung jedenfalls eintrat, wenn das Kind nach erreichter Volljährigkeit einen selbständigen Haushalt begründete, besteht keinerlei Zweifel.

Diese selbständigere Stellung der Kinder dem Vater gegenüber war aber so fest in dem Bewußtsein des deutschen Volks begründet, daß zur Zeit der Reception des römischen Rechts die römisch-rechtliche Lehre von der väterlichen Gewalt selbst in der abgeschwächten des Justinianischen

Rechts sich nirgends in Deutschland unbedingten Eingang hat verschaffen können, daß sie vielmehr nur in sehr modificirter Weise Theil des gemeinen Rechts geworden ist. Insbesondere hat in Bezug auf die Beendigung der väterlichen Gewalt das deutsch-rechtliche Princip entschieden die Oberhand behalten, und es ist unbestritten als ein Satz des heutigen gemeinen Rechts anzusehen, daß die väterliche Gewalt bei Söhnen durch Anlegung eines besonderen Haushalts, bei Töchtern durch ihre Verheirathung beendigt wird.

Weiter in dieser Hinsicht sind neuere Gesetzgebungen gegangen. Das Oesterr. Gesetzbuch bestimmt in §. 172:

> „Die väterliche Gewalt hört mit der Großjährigkeit des Kindes sogleich auf, wofern nicht aus gerechter Ursache die Fortdauer derselben auf Ansuchen des Vaters von dem Gerichte verwilliget und öffentlich bekannt gemacht worden ist;"

und der code civil sagt in Art. 372 ganz unbedingt:

L'enfant reste sous l'autorité (de ses père et mère) jusqu'à sa majorité ou son emancipation.

Aehnliche Bestimmungen enthalten das Niederländ. Gesetzbuch Art 354 (welches hierin dem stets in den Niederlanden geltenden Rechte gefolgt ist; vergl. Voet comm. ad Pand. Lib. I. tit. 7 §. 15; Kraut a. a. O. II. S. 646 n. 5), das Züricher bürgerliche Gesetzbuch §. 275 c. und den Entwurf eines bürgerlichen Gesetzbuchs für das Großherzogthum Hessen I. 3 Art. 44.

Auf der anderen Seite hat nicht blos das Preuß. Allg. Landrecht in Th. II. Tit. 2 §§. 210 ff, sondern in neuester Zeit auch das bürg. Gesetzbuch für das Königreich Sachsen in Art. 1832 den gemeinrechtlichen Grundsatz beibehalten, daß die väterliche Gewalt nicht schon mit der Großjährigkeit des Kindes, sondern bei Söhnen erst mit der Gründung eines besonderen Haushalts, bei Töchtern mit deren Verheirathung ihr Ende erreiche, während von einer Rückkehr zu den römisch-rechtlichen Principien bei keiner der legislatorischen Arbeiten die Rede gewesen ist.

Dieser kurze historische Ueberblick dürfte schon genügen, um außer Zweifel zu stellen, daß bei einer gesetzgeberischen Regelung der hier behandelten Frage — abgesehen von untergeordneten Modificationen, auf die ich später mit wenigen Worten zurückkommen werde — nur die Wahl bleibt zwischen einer Beibehaltung des gegenwärtig noch im bei weitem größten Theile Deutschlands geltenden gemeinrechtlichen Grundsatzes, und zwischen der Aufhebung der väterlichen Gewalt durch den Eintritt der Großjährigkeit, daß dagegen eine Wiederaufnahme der Principien des römischen Rechts dem Rechtsbewußtsein des gesammten deutschen Volks auf das entschiedenste widerstreiten würde und daher gar nicht in Frage kommen kann. Unter jenen beiden Alternativen aber trage ich kein Bedenken, der letzteren unbedingt den Vorzug zu geben.

Die väterliche Gewalt in ihrem deutsch-rechtlichen Sinne, wie sie in das gemeine Recht und in die neueren Gesetzgebungen übergegangen ist, und allein dem modernen Rechtsbewußtsein entspricht, trägt, wie schon im Eingange dieses Gutachtens hervorgehoben wurde, nicht so wohl den Charakter einer Herrschaft des Vaters über die Kinder, als denjenigen der Vormundschaft an sich. Der Vater ist der natürliche, geborene Vormund seiner Kinder. Aus dieser Stellung erwachsen ihm Rechte gegenüber den letzteren; aber diese Rechte werden beschränkt durch den Zweck der Vormundschaft, welche darin besteht, den Kindern Schutz zu gewähren und ihre beschränkte Handlungs- und Dispositionsfähigkeit zu ergänzen. Des Schutzes aber bedürfen die Kinder nur, so lange sie minderjährig sind. Die staatliche Gesetzgebung geht davon aus, daß mit dem Eintritt der Großjährigkeit Jemand befähigt sei, sich selbst zu schützen und seine Angelegenheiten selbst zu verwalten, und hat nach eben diesem Gesichtspunkte den Zeitpunkt der Großjährigkeit bestimmt. In dieser Beziehung nun einen Unterschied zu machen zwischen Personen, welche einen Vater haben, und solchen, welche desselben entbehren, liegt vom Standpunkte des Kindes aus keinenfalls ein innerer Grund vor; die Einen werden durchschnittlich nicht minder befähigt sein, ihre Geschäfte selbst wahrzunehmen, als die Anderen, und es fordert daher auch die Consequenz, sie in Bezug auf die Handlungsfähigkeit nicht ungünstiger zu stellen.

Ungeachtet dieser unleugbaren Consequenz aber haben sehr beachtenswerthe Stimmen (vgl. z. B. Bornemann: Preußisches Civilrecht Bd. 5 S. 303) sich gegen die Beendigung der väterlichen Gewalt durch die Großjährigkeit aus Rücksicht auf die besondere Stellung des Kindes zum Vater erklärt. Sie sagen, das Verhältniß des Mündels zum Vormunde sei ein anderes als das des Kindes zum Vater. So lange der Sohn in dem väterlichen Hause bleibe oder in Ansehung seiner Bedürfnisse von dem Vater ganz abhängig sei, könne es auf das wechselseitige Verhältniß nur nachtheilig einwirken und stehe mit der Natur desselben im Widerspruch, wenn der Sohn dem Vater ganz selbständig gegenüber gestellt werde.

Das Gewicht dieser Gründe ist nicht zu verkennen. Es kann namentlich nicht geleugnet werden, daß daraus, daß ein noch im väterlichen Hause gebliebener und von dem Vater in wirthschaftlicher Beziehung abhängiger Sohn dem Vater rechtlich völlig selbständig gegenüber steht, leicht Streitigkeiten entstehen können, die bei so nahen verwandtschaftlichen Verhältnissen, wie das des Vaters zum Sohne, ganz besonders zu verhüten sind. Allein auf der anderen Seite sind folgende Umstände zu berücksichtigen, die auch vom practischen Standpunkte aus der entgegenstehenden Ansicht das Wort reden und das Gewicht jener Gründe meines Erachtens erheblich abschwächen:

1) Der Staat hat ein Interesse daran, daß derjenige, welchen er als Großjährigen für fähig ansieht, selbständig zu handeln, dieser Selbständigkeit auch sich erfreuen könne. Denn das Selbstbewußtsein des jungen Mannes wird dadurch gehoben, seine Thatkraft angespornt, ohne daß darunter die moralische Autorität des Vaters zu leiden und eine Außerachtlassung der nothwendigen Pietätsrücksichten einzutreten braucht.

2) Eben darin, daß der Sohn nicht in Folge der Großjährigkeit von der väterlichen Gewalt befreit wird, liegt oft das Hinderniß, daß er nicht in der Lage ist, sich auch wirthschaftlich von seinem Vater unabhängig zu stellen und das väterliche Haus zu verlassen. Zu den Rechten der väterlichen Gewalt gehört insbesondere der Nießbrauch an den bona adventitia, namentlich materna, der Kinder. Hört die väterliche Gewalt mit dem Eintritt der Großjährigkeit auf, so fällt von diesem Zeitpunkte an auch das Nießbrauchsrecht des Vaters weg, und mit Hülfe der zu ihrer freien Verfügung stehenden Adventitien werden die Kinder häufig im Stande sein, einen eigenen Haushalt zu gründen, wozu sie, lediglich auf ihre eigene Arbeitskraft angewiesen, vielleicht noch lange nicht in der Lage gewesen sein würden. Die Aufhebung der väterlichen Gewalt in Folge der Großjährigkeit trägt also selbst ein Correctiv in sich, daß die Fälle, in denen großjährige Söhne ungeachtet ihrer wirthschaftlichen Abhängigkeit vom Vater demselben rechtlich selbständig gegenüberstehen, sich mindern werden.

3) Nicht mindere Streitigkeiten, als zwischen dem Vater und dem in seinem Hause verbliebenen selbständigen Sohne zu befürchten sind, entstehen gegenwärtig da, wo zur Aufhebung der väterlichen Gewalt bei Söhnen die Gründung eines besonderen Haushalts erforderlich ist, über die Frage, ob diesem Erfordernisse genügt worden sei. Der Begriff des besonderen Haushalts ist der Natur der Sache nach ein sehr unbestimmter, kaum definirbarer. Die reichhaltige Rechtsprechung in den Gebieten des gemeinen Rechts über diesen Gegenstand (vgl. die zahlreichen diesen Punkt betreffenden Erkenntnisse in Seuffert's Archiv und bei Kraut a. a. O. II. S. 647 ff.) liefert den besten Beleg über die vielen Zweifel, welche sich in dieser Beziehung erhoben haben, und daß das Preuß. Allg. Landrecht ungeachtet der Casuistik, womit es diese Materie in den §§. 212 und 213 a. a. O. behandelt hat, nicht im Stande gewesen ist, neue zahlreiche Controversen zu verhüten, ist der beste Beweis dafür, welche Schwierigkeiten eine Legaldefinition dieses Begriffs bietet. Allen diesen Schwierigkeiten entgeht man selbstverständlich, wenn man die väterliche Gewalt in Folge des Eintritts der Großjährigkeit endigen läßt.

4) Es liegt im dringenden Interesse des Verkehrs, jeden rechtlichen Unterschied zwischen Großjährigen, die unter väterlicher Gewalt stehen und solchen, die nicht darunter stehen, aufzuheben. Es ist schon eine große, aber allerdings nicht zu vermeidende Belästigung für Jemanden, der mit einem jungen Manne sicher contrahiren will, daß er sich vergewissern muß, ob derselbe bereits großjährig sei. Noch lästiger aber ist es, wenn er außerdem darüber Nachforschungen anzustellen hat, ob derselbe noch einen Vater besitzt und eventuell noch in dessen Gewalt sich befindet, Umstände, welche zudem äußerlich weit weniger hervortreten, als die Großjährigkeit.

Darnach glaube ich mit vollem Rechte behaupten zu dürfen, daß überwiegende principielle und practische Gründe für die Aufhebung der väterlichen Gewalt in Folge der Großjährigkeit sprechen. Außerdem aber scheint mir diese Lösung am meisten mit dem Rechtsbewußtsein des deutschen Volkes, welches gerade im Gebiete des Familienrechts besondere Beachtung verdient, zu harmoniren. Es würde mich von meiner Aufgabe zu weit entfernen, wenn ich hier untersuchen wollte, ob, wie gewichtige Antoritäten (Kraut a. a. O. II. S. 597 und 628, Bluntschli: Deutsches Privatrecht §. 222 Nr. 2 und Verhandlungen des zweiten Deutschen Juristentages II. S. 173, Heimsöth ebendaselbst S. 170) behaupten, schon nach den Grundsätzen des altdeutschen Rechts die väterliche Vormundschaft mit der Großjährigkeit des Kindes ohne Weiteres ihr Ende erreichte; jedenfalls dürfte die gegenwärtig bei uns im Volke herrschende Anschauung — und auf diese kommt es allein an — diese Richtung eingeschlagen haben. Dafür liefert der Umstand einen Beweis, daß seit dem Anfang dieses Jahrhunderts sämmtliche diese Frage behandelnden Gesetze und Entwürfe — mit alleiniger Ausnahme des sächsischen bürgerlichen Gesetzbuchs — dieselbe in dem hier befürworteten Sinne beantwortet, daß ferner die Schriftsteller, welche sich mit dieser Frage beschäftigen, Theoretiker wie Praktiker, in ganz überwiegender Mehrheit sich in diesem Sinne geäußert haben (Zimmermann im Archiv für civilistische Praxi 50. S. 186, Kraut a. a. O. S. 646 n. 6, Stölzel in seinem lichtvollen Aufsatze über das Recht der väterlichen Gewalt in Preußen im Justizministerialblatt von 1874 S. 182 ff.), daß endlich der deutsche Juristentag bereits im Jahre 1861 sich, nachdem hervorragende Mitglieder (Heimsoeth, Molitor, Bluntschli), ohne erheblichen Widerspruch zu finden, sich in diesem Sinne ausgesprochen hatten, fast einstimmig den Beschluß gefaßt hat:

> „Es ist wünschenswerth, daß über die Handlungsfähigkeit großjähriger Personen unter väterlicher Gewalt die Bestimmung getroffen werde, daß dieselben wegen ihrer Großjährigkeit aus der väterlichen Gewalt heraustreten."

Mit dieser principiellen Bejahung würde es übrigens wohl vereinbar sein, einzelne Modificationen eintreten zu lassen, um etwaige Schärfen des Princips zu mildern. In dieser Beziehung sind bisher hauptsächlich zwei Bestimmungen zur Sprache gekommen. Die erste findet sich in der bereits oben mitgetheilten Stelle des Oester. Gesetzbuchs und geht dahin, daß die väterliche Gewalt mit der Großjährigkeit nicht aufhöre, wenn aus gerechter Ursache die Fortdauer derselben auf Ansuchen des Vaters von dem Gerichte verwilliget und öffentlich bekannt gemacht worden sei. Der hier zu Grunde liegende Gedanke, daß es ein Mittel geben müsse, einen Großjährigen, welcher wegen Verschwendung oder aus ähnlichen Ursachen voraussichtlich nicht im Stande sein werde, seine Geschäfte selbst gehörig zu führen, noch ferner unter väterlicher Gewalt zu behalten, ist ohne Zweifel ein durchaus richtiger. Aber, wie schon Bluntschli bei den Verhandlungen des II. Deutschen Juristentags (II. S. 173) treffend bemerkt hat, liegt keine Veranlassung vor, dieserhalb in Bezug auf die väterliche Gewalt eine besondere Bestimmung zu treffen, da der Grund, weshalb eine Vormundschaft in diesem Falle neu einzuführen sei oder fortdauern müsse, mit der väterlichen Gewalt nicht zusammenhänge, sondern nur die individuelle Unfähigkeit sei, die bei einem Großjährigen, der keinen Vater mehr habe, eben so gut vorhanden sein könne. Vielmehr muß zur Abhülfe in derartigen Fällen die Gesetzgebung Mittel ergreifen, welche auf Großjährige, die bisher unter väterlicher Gewalt, und solche, die unter eigentlicher Vormundschaft standen, gleichmäßig Anwendung finden.

Zweitens hat Stölzel in dem obenerwähnten Aufsatze die Modification in Vorschlag gebracht, daß, wenn das Kind auch nach eingetretener Großjährigkeit gemeinsamen Hausstand mit dem Vater führe, die bisherigen Verhältnisse als fortwirkend betrachtet werden sollen, so daß Alimentation des Kindes und Nutzung des Vaters an dessen unfreiem Vermögen sich aufrechnen, während dem großjährigen Kinde, wenn es aus dem Vaterhause ausscheide, das Recht auf Begehr der Abschichtung gewährt werden solle. Auch diese Modification glaube ich nicht empfehlen zu können. Zwar hat es, wie nicht zu verkennen, auf den ersten Blick etwas Unnatürliches, ein Kind, welches im väterlichen Hause bleibt, vom 22. Jahre an dem Vater auf Rechnung und Gegenrechnung gegenüberzustellen. Auch tritt dem Vorschlage nicht, wie dem gemeinrechtlichen Grundsatze, das Bedenken entgegen, daß der Vater die Gründung des eigenen Haushalts hindern kann, weil es dem Kinde nach erreichter Großjährigkeit unbedingt freistehen soll, die Abschichtung zu verlangen, sobald es nur das väterliche Haus verläßt. Allein auf der anderen Seite erscheint es sehr bedenklich, die Handlungsfähigkeit eines Menschen von einer namentlich bei den heutigen wirthschaftlichen

Verhältnissen oft unklaren und zweifelhaften Thatsache abhängig zu machen. Denn, ob ein Kind aus dem väterlichen Hause geschieden ist, kann im einzelnen Falle — man denke z. B. an Söhne, die in einer Fabrik arbeiten, oder ein sie nicht vollständig ernährendes Amt bekleiden, aber bei dem Vater Wohnung oder Wohnung und Kost haben — oft begründeten Zweifeln unterliegen, und die hierüber ausbrechenden Streitigkeiten können einen eben so gehässigen Charakter annehmen, wie Streitigkeiten eines Vaters mit seinem Sohne über die gegenseitigen Rechte und Verbindlichkeiten, welche nach eingetretener Großjährigkeit in Folge des Zusammenlebens im väterlichen Hause entstanden sind. Zudem darf man wohl annehmen, daß in den meisten Fällen, in welchen die Kinder auch nach dem Eintritt der Großjährigkeit mit dem Vater zusammenleben, eine Vermögensauseinandersetzung und genaue Berechnung der gegenseitigen Rechte und Verbindlichkeiten von keiner Seite wird verlangt werden, das bisherige Verhältniß somit thatsächlich unverändert bleibt. Endlich ist es für Dritte, welche mit einem großjährig gewordenen Hauskinde contrahiren, oft schwierig, zu erkennen oder in Erfahrung zu bringen, ob dasselbe aus dem väterlichen Hause geschieden ist oder nicht.

Unter diesen Umständen dürfte es den Vorzug verdienen, das Princip rein aufrechtzuerhalten und nicht zur Verhütung von Schwierigkeiten, die allerdings bei strikter Durchführung desselben hier und da eintreten können, zu modificiren. Ich glaube daher, die von der verehrlichen ständigen Deputation des Juristentages zur Begutachtung an mich gerichtete Frage einfach *bejahen* zu müssen.

XIV.

Gutachten des Herrn Professor Dr. Paul v. Roth in München

über die Gesetzgebungsfrage:

Ist es ausführbar, das eheliche Güterrecht durch ein einheitliches Gesetz in ganz Deutschland zu codificiren?

Schon seit einem Jahrhundert hat die Frage, wie das eheliche Güterrecht zu gestalten sei, der Gesetzgebung die größten Schwierigkeiten bereitet. Man hat verschiedene Versuche der Ausgleichung gemacht; jetzt aber ist die Nothwendigkeit der Entscheidung nahe gelegt, da die einheitliche Gestaltung unseres Rechtes bevorsteht. Die Entscheidung ist zwar jetzt, wo eingehende historische Untersuchungen über die Entwicklung des Rechtsinstituts vorliegen, welche die Unrichtigkeit der früheren Anschauungen zweifellos gemacht haben, nicht mehr so schwierig als vor 50 Jahren, wo man in Theorie und Praxis die jetzt als Irrthümer erkannten Auffassungen als unbestreitbare Wahrheiten ausgab, allein sie bietet immer noch große materielle Schwierigkeiten, deren Ursachen in den historischen Verhältnissen zu suchen sind. Die statistischen Zusammenstellungen, die Schröder neuerdings in dieser Zeitschrift gegeben hat (Verh. 1874 I. 29) haben uns zuerst über die realen Verhältnisse Aufschluß ertheilt, und ergeben die Irrthümlichkeit der Auffassung, die bisher so allgemein war, daß sie fast als gemeine Meinung bezeichnet werden konnte, wonach nämlich die Güterordnung der

Gütereinheit, sowie sie nach der historischen Entwicklung als die ursprüngliche zu bezeichnen sein sollte, so auch noch jetzt als das leitende Institut hingestellt wurde, für welches überall die Präsumtion spreche. Nicht einmal für die Länder des sächsischen Rechts selbst ist dies richtig; denn nach der erwähnten Zusammenstellung finden sich zum Beispiel:

	Gütereinheit.	Gütergemeinschaft.
In den alten Provinzen Preußens	6,253,000 E.	8,182,000 E,
" " " " Hannover	208,000 E.	206,000 E.
" " " " Holstein	120,000 E.	520,000 E.
	6,591,000 E.	8,908,000 E.

Nach der Gruppirung, die Schröder gewählt hat, haben die drei Güterordnungen ungefähr die gleiche räumliche Ausdehnung. Er stellt nämlich die Mobiliargemeinschaft des französischen Rechts zur Errungenschaftsgemeinschaft, sowie das Dotalrecht zur Verwaltungsgemeinschaft, und erhält dann folgendes Resultat:

Errungenschaft und Mobiliargemeinschaft	13,629,000 Einwohner.
Allgemeine Gütergemeinschaft	13,615,000 Einwohner.
Verwaltungsgemeinschaft	13,766,000 Einwohner.

Allein wie ich unten noch ausführen werde, scheint mir die Mobiliargemeinschaft des französischen Rechts größere Verwandtschaft mit der allgemeinen als mit der partikulären Gütergemeinschaft des deutschen Rechts zu haben, und dürfte also, wenn sie nicht für sich gestellt werden soll, der ersteren beizuzählen sein. Ebenso muß aber auch das Dotalrecht von der Verwaltungsgemeinschaft getrennt werden, wonach sich folgende Gruppirung ergiebt:

Allgemeine Gütergemeinschaft u. Mobiliargemeinschaft	20,617,000 E.
Errungenschaftsgemeinschaft	6,627,000 E.
Verwaltungsgemeinschaft	12,870,000 E.
Dotalrecht	890,000 E.

Die Schwierigkeit der Entscheidung liegt aber nicht nur in der ungleichen räumlichen Ausdehnung der Rechtsgebiete, sie ist ebenso durch ihre Zerrissenheit gegeben. Nur die Rechtsgebiete des französischen Rechts, des sächsischen Rechts, der Gütergemeinschaft in Ost- und Westpreußen, Posen und Westfalen, und der Errungenschaftsgemeinschaft in Württemberg und Altbayern sind in sich abgerundet und von größerem Umfang; in den meisten anderen Ländern fehlt es innerhalb des einzelnen Landes an Einheit. In Bayern sind allgemeine- und Mobiliargemeinschaft (Pfalz), Errungenschaftsgemeinschaft und Dotalrecht vertreten, und es finden sich hier 15 Statuten der Errungenschaftsgemeinschaft und 21 Statuten der allgemeinen Gütergemeinschaft. In Hessen-Nassau gilt neben der allgemeinen die Errungenschaftsgemeinschaft, in Darmstadt Errungenschaftsgemeinschaft, Mobiliargemeinschaft und allgemeine Gütergemeinschaft, in Schleswig-Holstein allgemeine und Errungenschaftsgemeinschaft, Verwaltungsgemeinschaft und Dotalrecht. In Hannover, Schleswig-Holstein und Mecklenburg ist die Güterordnung der Städte noch eine andere als die des platten Landes, ja es finden sich noch Fälle, wo das eheliche Güterrecht nach den Standesverhältnissen sich regelt (Bayr. Civilrecht §. 30, 39, §. 31 4, Kurhessisches Privatrecht §. 105, 15). Daß dieser Zustand dringend der Abhilfe bedürfe, ist Niemand zweifelhaft, und es sind daher schon seit langer Zeit Versuche der Umgestaltung im Gange, bei denen aber keineswegs eine einheitliche Richtung hervortritt. Weder die Gesetzgebung noch die Theorie ist bis jetzt zu einem übereinstimmenden Resultat gelangt. Fast unverändert nahm die österreichische Gesetzgebung das römische Dotalrecht an. Gerade den entgegengesetzten Weg schlug die französische Gesetzgebung ein, indem sie als leitende Güterordnung die Gütergemeinschaft der Coutumes aufstellte. Die Preußische Gesetzgebung endlich bestimmte sich nach langem Schwanken, nachdem die Annahme der Güterordnung der allgemeinen Gütergemeinschaft nicht ohne Aussicht gewesen war, für die sächsische Form des ehelichen Güterrechts, die jetzt Gütereinheit oder Verwaltungsgemeinschaft genannt wird.

Wie in der Wahl des Systems, so scheiden sich die drei Gesetzgebungen auch in der Stellung, welche sie dem gewählten System anweisen. Mit dem Dotalrecht hat die österreichische Gesetzgebung den Grundsatz der Ausschließlichkeit des gesetzlichen Güterrechts angenommen. Das österreichische Recht beseitigt nicht nur alle partikularrechtliche und gewohnheitsrechtliche Bildung, sondern verbietet auch, wie das römische Recht, die willkürliche Abänderung des gesetzlichen Güterrechts; die allgemeine Gütergemeinschaft, welche nach österreichischem Recht vertragsmäßig bestimmt werden kann, hat nur die Bedeutung und Wirkung eines Erbvertrages (A. B. G. B. Art. 1234; Wächter, Württ. P. R. I. 730; Sammlung von Entscheidungen des O. G. H. in Bayern III. Nr. 17) Nicht soweit geht das französische Recht. Zwar hat auch dieses alle Partikularrechte beseitigt, aber es läßt der vertragsmäßigen Festsetzung einen weiteren Spielraum, als das österreichische Recht, indem es den Interessenten gestattet, vor Eingehung der Ehe durch Ehevertrag dem gesetzlichen ein anderes Güterrecht zu substituiren. Das französische Recht mit seiner beschränkten Vertragsbefugniß bildet den Uebergang von der Ausschließung vertragsmäßiger Festsetzung im römisch-österreichischen Recht zu der unbeschränkten Vertragsbefugniß des deutschen Rechts, welche letztere in der Preußischen Gesetzgebung Anerkennung gefunden hat.

Diese hat neben der Güterordnung der Gütereinheit, die als Regel aufgestellt ist, die in den Provinzialrechten begründeten, davon abweichenden Güterordnungen fortbestehen lassen, und vorbehaltlich der besonderen gesetzlichen Feststellung der Provinzialgesetze auch für diese die leitenden Principien fixirt. Die drei großen Landesgesetzgebungen der neuern Zeit verfolgen also drei verschiedene Richtungen. Während die österreichische Gesetzgebung die vertragsmäßige Regelung des ehelichen Güterrechts ausschließt, die französische sie beschränkt, hat die Preußische Gesetzgebung den Grundsatz des deutschen Rechts, daß der vertragsmäßigen Regelung des ehelichen Güterrechts keine anderen Schranken gezogen seien, als die für jede vertragsmäßige Festsetzung bestehen, angenommen, und stimmt in dieser Hinsicht mit dem jetzt geltenden gemeinen Deutschen Recht überein. Auch das Sächsische B. G. B. §. 1691 ff. hat diesen Grundsatz angenommen.

Wie die Gesetzgebungen so haben auch die wissenschaftlichen Untersuchungen der letzteren Zeit ganz verschiedene Resultate zu Tag gefördert. Ueberwiegend geht die Ansicht dahin, daß das System des Preußischen Landrechts anzunehmen also eine einheitliche Güterordnung für das ganze Rechtsgebiet gesetzlich zu bestimmen und unter Aufrechterhaltung der Vertragsfreiheit eine subsidiäre Regelung der anderen Güterordnungen durchzuführen sei, — eine Methode, die auch in der französischen Gesetzgebung befolgt ist. Welche Güterordnung aber als die leitende anzunehmen sei, darüber sind diese Untersuchungen eben so wenig zu einer Uebereinstimmung gekommen, wie die Gesetzgebungen.

Zwar die Einführung des Dotalrechts als gesetzliches Güterrecht ist meines Wissens von Niemand bevorwortet, dagegen hat jede der drei anderen Güterordnungen ihre Vertheidiger gefunden: die meisten die Güterordnung der Gütereinheit, und es ist dies ganz natürlich; denn für sie spricht nicht nur die Autorität der im 17. und 18. Jahrhundert im höchsten Ansehen stehenden sächsischen Jurisprudenz und der Vorgang des Preußischen Landrechts, sondern auch der Umstand, daß die von Eichhorn aufgestellte Meinung, die Güterordnung der Gütereinheit sei die gemeinrechtliche Güterordnung des Mittelalters, die nur durch locale Bildung hauptsächlich in den Städten zur Gütergemeinschaft ausgebildet worden sei, bis in die letzte Zeit fast allgemein geglaubt wurde. Diese Fabel, wie sie Schröder in diesen Verhandlungen I. 32 mit Recht nennt, hat aber gar keine positive Grundlage, und kann gar nicht mehr in Betracht kommen. Von den Vertheidigern (Rathmann, Beaulieu, Euler u. A.) wurden aber auch positive Gründe angeführt, welche für die Einführung dieser Güterordnung sprechen sollten, deren Erwägung unten folgen wird. Ebenso hat sich neuerdings Binding für Einführung der partikulären Gütergemeinschaft, und Gosen (in der Allgemeinen Zeitung) für die allgemeine Gütergemeinschaft ausgesprochen. Ich habe mich schon früher (in Hauser Zeitschrift für Reichsrecht I.), sowie neuerdings Schröder in diesen Blättern I. 29 dahin erklärt, daß die Bildung von drei Gruppen der allgemeinen und partikulären Gütergemeinschaft und der Gütereinheit am meisten zu empfehlen sei, und glaube bei wiederholter Erwägung auf dieser Ansicht bestehen zu müssen. Meine Gründe sind folgende:

I.

Ich habe oben bereits hervorgehoben, daß die Meinung, welche einen Vorzug der Gütereinheit auf die historische Entwicklung begründen will, sich nicht rechtfertigen läßt. Die Untersuchungen von Euler, Sandhaas und Schröder haben als unzweifelhaftes Resultat ergeben, daß die allgemeine und partikuläre Gütergemeinschaft, die, wie oben gezeigt, für zwei Drittheile des Rechtsgebiets jetzt das gesetzliche Güterrecht bilden, sich aus den Stammesrechten des Mittelalters entwickelt haben. Die Gütereinheit war nicht gemeines Recht des Mittelalters, sondern das Recht der ostfälischen Sachsen, also nicht einmal für ganz Sachsen geltend, während die anderen Stammesrechte, Westfalen, Franken, Schwaben und Bayern ein Güterrecht (der gesammten Hand mit Verfangenschaft) hatten, aus dem sich im Laufe der Zeit die allgemeine und partikuläre Gütergemeinschaft ausgebildet haben.

So wenig sich aus der historischen Entwicklung ein Argument gegen die Gütergemeinschaft entnehmen läßt, eben so wenig liegt in dem Institut selbst für den Gesetzgeber eine Veranlassung, gegen dasselbe einzuschreiten. Wäre dies der Fall, so würde es auch nicht zulässig sein, dasselbe, wie doch vorgeschlagen wird, der vertragsmäßigen Festsetzung zuzuweisen. In der That sind aber auch die Einwendungen, die gegen diese beiden Güterordnungen vorgebracht wurden, nicht begründet. Bezüglich der partikulären Gütergemeinschaft kann ich mich auf dasjenige beziehen, was in dem Gutachten von Euler weiter ausgeführt ist; aber das Gleiche gilt von der allgemeinen Gütergemeinschaft. Die Einwendungen, welche gegen diese Güterordnung erhoben werden, beziehen sich größtentheils auf Gestaltungen, welche dem Institut ursprünglich fremd sind, und welche zu beseitigen, Aufgabe der Gesetzgebung sein wird. Die ausschließliche Dispositionsbefugniß des Ehemannes über das gesammte Vermögen z. B., die sich in manchen Statuten findet (Bayr. Civilrecht §. 61, 17), entspricht den ursprünglichen Verhältnissen des Instituts nicht, das ja aus der gesammten Hand d. h. aus der Nothwendigkeit der Einwilligung beider Eheleute bei Veräußerung von Immobilien hervorgegangen ist. Ich wüßte nicht, was gegen eine Gestaltung der allgemeinen Gütergemeinschaft, wie sie z. B. in dem Preußischen Landrecht codificirt ist, vom Standpunkt der Gesetzgebung aus einzuwenden wäre. Der Gesetzgeber wird daher kaum in der Lage sein, über den größeren oder geringeren Werth der einzelnen Güterordnungen sich zu entscheiden; er wird vielmehr zu prüfen haben, ob sich dasjenige, was als der entscheidende Differenzpunkt dieser Güterordnungen anzusehen ist, mit einiger Aussicht auf Erfolg wird beseitigen lassen.

Der Schwerpunkt der Abweichungen der bei uns geltenden Güterordnungen ruht in den Bestimmungen über die Tragung der ehelichen Lasten. Nach Dotalrecht und der Güterordnung der Gütereinheit liegen diese ausschließlich auf dem Mann. Das sächsische Recht stimmt darin mit dem römischen Recht überein, und unterscheidet sich nur darin, daß die Ehefrau nach dem ersteren nur in der dos einen Beitrag dazu leistet, während nach dem letzteren als Ersatz dafür dem Ehemann die Nutznießung ihres Vermögens zusteht. Dagegen haftet die Ehefrau mit ihrem Vermögen weder für die Lasten der Ehe, noch für die Schulden des Ehemannes. Sie hat nach römischem Recht ihr ganzes Vermögen mit Ausnahme der dos zur freiesten Disposition, während sie nach sächsischem Recht allerdings über ihr Vermögen nicht disponiren kann, aber auch nicht in die Lage kommt, mit dem Grundstock desselben für die Lasten der Ehe oder die Schulden des Ehemannes aufkommen zu müssen. Bei der Güterordnung der Gütergemeinschaft dagegen liegen die Lasten der Ehe auf beiden Eheleuten. Es gilt dies ebenso für die partikuläre, wie für die allgemeine Gütergemeinschaft. Bei der letzteren liegen die Lasten der Ehe an sich auf dem gemeinsamen Vermögen, und dieses kann daher auch für die Schulden des Ehemannes als Vertreter der Gemeinschaft in Anspruch genommen werden. Außerdem haften die Ehegatten solidarisch für die Eheschulden, so daß auch die Ehefrau für die durch das gemeinsame Vermögen nicht gedeckten persönlich in Anspruch genommen werden kann, wogegen ihr in den Statuten verschieden bestimmte Schutzmittel eingeräumt sind (Bayr. Civilrecht §. 61, 53). Man muß im Princip das gleiche auch für die partikuläre Gütergemeinschaft (Errungenschafts-Gemeinschaft) behaupten. Dies ist freilich bestritten, indem ein Theil der Statuten und Schriftsteller bei dieser nur das gemeinsame Vermögen für die Eheschulden haften läßt, eine Haftung des Sonderguts der Frau aber für die einseitig von dem Ehemann contrahirten Eheschulden nicht anerkennt (Bayerisches und Preußisches Landrecht; Bayerisches Civilrecht §. 58, 121; Seuffert Archiv IV. 60), während anderseits sowohl gemeinrechtlich als nach einem Theil der Statuten Haftung der Ehefrau mit ihrem Sondervermögen für die einseitig von dem Ehemann contrahirten Eheschulden angenommen wird

(s. die Citate in meinem Bayr. Civilrecht §. 58, 115 ff; Reyscher Württemb. P. R. §. 564, 10), wobei freilich der Umfang der Haftung in den einzelnen Rechten verschieden bestimmt ist. Ich halte die letztere Auffassung für die der Natur des Instituts entsprechende. In diesem Princip liegt der Uebergang zu der allgemeinen Gütergemeinschaft, mit welcher die Errungenschaftsgemeinschaft zu einem Institut zu vereinigen nicht so schwer sein dürfte, während ein solcher Vereinigungspunkt für die Gütereinheit fehlt. Der gleiche Grundsatz gilt bekanntlich für die Mobiliargemeinschaft des französischen Rechts, da die Frau, welche auf die Gemeinschaft nicht verzichtet, den Gläubigern der Gemeinschaft zur Hälfte haftet (Zachariä Franz. C.-R. §. 520), welche Haftung sie nur durch Errichtung eines Inventars beschränken kann (C. c. Art. 1483.) Die Mobiliargemeinschaft des französischen Rechts hat aber viel mehr Berührungspunkte mit unserer allgemeinen als mit unserer partikulären Gütergemeinschaft, weil der Umfang der Gemeinschaft ein weiterer ist als bei letzterer, und weil das Sondergut sich nicht aus ganzen Vermögenskategorien, sondern nur aus bestimmten einzelnen Objecten constituirt. Während bei der Errungenschaftsgemeinschaft das Sondergut aus dem ganzen eingebrachten und während der Ehe lukrativ erworbenen Vermögen jedes Ehegatten besteht, ist es beider Mobiliargemeinschaft auf solche Immobilien beschränkt, die der Ehegatte in die Ehe bringt oder während derselben lukrativ erwirbt. Mobilien fallen darunter nur in Folge besonderer Verfügung (Einhandsgüter). Die Mobiliargemeinschaft des französischen Rechts hat daher größere Aehnlichkeit mit unserer allgemeinen Gütergemeinschaft, bei welcher ja auch einzelne Objecte als Sondergüter constituirt werden können (Bayr. C. R. §. 61, 3), als mit der Errungenschaftsgemeinschaft, und darf vom gesetzgeberischen Standpunkt aus der ersteren beigezählt werden.

In dieser Verhaftung des Frauengutes für die Lasten der Ehe und damit auch für die Eheschulden liegt der Kernpunkt der Verschiedenheit unserer Güterordnungen. Wollte man hier eine Ausgleichung versuchen, so wäre der natürliche Weg der, daß die Einrichtungen der Mehrheit für die Minderheit maßgebend erklärt würden. Nicht die Gütereinheit müßte auf das zweimal größere Rechtsgebiet der Gütergemeinschaft, sondern die Gütergemeinschaft auf das kleinere Rechtsgebiet der Gütereinheit ausgedehnt werden. Aber ich sehe auch dazu keine Veranlassung. Die Frage, ob das Frauengut haften soll oder nicht, also ob Gütergemeinschaft oder nicht, ist nicht eine Sache legislatorischer Erwägung, sondern entscheidet sich nur nach Sitte und Uebung. Die allgemeine Einführung der Gütergemeinschaft würde in dem Rechtsgebiet der Gütereinheit ebenso unbequem gefunden werden und abstoßen, als die Einführung der Gütereinheit in dem Rechtsgebiet der Gütergemeinschaft Anstoß erregen würde. Berechtigt ist das Verlangen, daß größere zusammenhängende Rechtsgebiete geschaffen und in diesen die kleinen theilweise zufälligen Abweichungen der einzelnen Güterordnungen beseitigt werden. Diesem berechtigten Verlangen aber ist genug geschehen, wenn man die bestehenden Güterordnungen in drei größeren Gruppen codificirt. Denn obwohl eine Vereinigung der allgemeinen und partikulären Gütergemeinschaft zu einem Rechtsinstitut keine erheblichen Schwierigkeiten darbieten würde, so halte ich es doch für gerathen, beide noch getrennt zu lassen.

II.

Es dürfte sich um so mehr empfehlen diesen Weg einzuschlagen, als sich materiell ein anderes Resultat doch kaum wird erzielen lassen.

Daß die Gesetzgebung die Vertragsfreiheit nicht weiter beschränken darf, als dies bisher nach gemeinem deutschem und nach Preußischem Recht der Fall gewesen ist, steht außer Zweifel, und bedarf hier keiner weiteren Erörterung. Erfahrungsmäßig bleibt, soweit die Vertragsbefugniß nicht ausgeschlossen ist, ein großer Theil der Bevölkerung bei der hergebrachten Güterordnung, wie sich denn gerade im ehelichen Güterrecht die alte Sitte und Ueberlieferung am längsten lebendig erhält. Noch im Anfang dieses Jahrhunderts findet sich im bayerischen Schwaben in den Heirathsverträgen die Dosbestellung des Mannes, die seit dem 11. Jahrhundert im Bayerischen Recht ausgebildet ist (Bayr. Civilrecht §. 54, 30). Die Gutsanheirathung des Bayerischen Rechts, welche noch jetzt für die Eheverträge in den altbayerischen Provinzen die Regel bildet (Bayr. Civilrecht §. 54, 8) ist nichts als die Tendenz, die früher geltende Gütergemeinschaft gegenüber der durch die Gesetzgebung schon seit dem 16. Jahrhundert eingeführten partikulären Gütergemeinschaft aufrecht zu erhalten. Die gleiche Erscheinung zeigt sich in Württemberg, wo sich, nachdem mit dem Württembergischen Landrecht im Jahre 1807 die Errungenschaftsgemeinschaft als gesetzliche Güterordnung eingeführt worden war, die allgemeine Gütergemeinschaft noch im Jahre 1836 in den meisten Orten, in denen sie früher als gesetzliches Güterrecht gegolten, erhalten hatte (Entwurf eines Gesetzes über die eheliche Gütergemeinschaft 1840 S. 64 Beil. A.), und wo sie auch jetzt noch in vielen dieser Orte vertragsmäßig aufrecht erhalten wird. Voraussichtlich würde dies in noch größerem Umfang eintreten, wenn man in den Gegenden, in welchen bisher Gütergemeinschaft galt, die Verwaltungsgemeinschaft als gesetzliches Güterrecht einführen wollte, und umgekehrt würde in dem Rechtsgebiet der Verwaltungsgemeinschaft die Gütergemeinschaft, wenn man diese als gesetzliche Güterordnung aufstellen wollte, ziemlich allgemein durch Vertrag ausgeschlossen werden.

III.

Mein Vorschlag geht nicht dahin, den gegenwärtigen Rechtszustand zu belassen, sondern für jede der drei Güterordnungen ein größeres zusammenhängendes Rechtsgebiet zu bilden, und in diesen die Enclaven der anderen Güterordnungen der gesetzlichen Güterordnung des betreffenden Rechtsgebietes zu adoptiren. Die Gestaltung würde etwa folgende werden:

I. Allgemeine Gütergemeinschaft: Baden, Elsaß-Lothringen, Pfalz (Bayern), Oberfranken, Mittelfranken und Unterfranken (Würzburg) in Bayern mit den fuldischen Theilen von Hessen-Nassau, Rheinhessen, Rheinprovinz, Westfalen, Lippe, Oldenburg, Bremen, Hannover l. d. Weser, Schleswig-Holstein, Hamburg, Lauenburg, Mecklenburg, Pommern, West- und Ostpreußen, Posen.

II. Partikuläre Gütergemeinschaft: Oberpfalz, Niederbayern, Oberbayern, Schwaben und Unterfranken (Mainz) in Bayern, Hohenzollern, Württemberg, H.-Darmstadt (ohne Rheinhessen), Hessen-Nassau, Waldeck.

III. Verwaltungsgemeinschaft: Königreich Sachsen, Sächsische Herzogthümer, Braunschweig, Hannover r. d. Weser, Schwarzburg, Anhalt, Preußische Provinz Sachsen, Brandenburg, Schlesien.

Es wäre für das Gebiet I. die allgemeine Gütergemeinschaft, für das Gebiet II. die partikuläre Gütergemeinschaft und für das Gebiet III. die Verwaltungsgemeinschaft zu codificiren, alle partikularrechtlichen Gestaltungen und alle Enclaven zu beseitigen, und in jedem Rechtsgebiet die Güterordnungen der beiden andern Rechtsgebiete als subsidiär für die Eheverträge zu erklären, also das Princip des Preußischen Landrechts anzuwenden. Die mit jeder Neugestaltung verbundene Unbequemlichkeit würde dadurch zwar nicht ganz ausgeschlossen, aber sie würde doch sehr reducirt; und dabei wäre dem nächsten Bedürfniß genügt, das nicht eine völlig einheitliche Gestaltung, sondern nur Beseitigung der Zerissenheit der Gebiete fordert. Die Enclaven aber würden sich dem neuen Rechtszustand leichter fügen, da er ihnen, als in benachbarten Orten in Uebung, nicht fremd ist.

XV.

Gutachten des Geh. Justiz- und Appellations-Raths Dr. Alfred Agricola zu Eisenach

über die Gesetzesfrage:

Ist es wünschenswerth und ausführbar, das eheliche Güterrecht für ganz Deutschland durch ein einheitliches Gesetz zu codificiren und auf welcher Grundlage?

Die Frage hat vielleicht nur die Bedeutung:

ob das eheliche Güterrecht für ganz Deutschland einheitlich zu ordnen ist?

Es wird aber zu ihrer allseitigeren und erschöpfenderen Beantwortung dienen, wenn man sich strenger an die gewählte Formulirung hält, und danach die gestellte Frage in die Doppelfrage zerfallen läßt:

I. Ist es wünschenswerth, das eheliche Güterrecht für ganz Deutschland durch ein einheitliches Gesetz zu codificiren, d. h. also durch ein Reichsgesetz im Gegensatz zu der Alternative, daß die Codification der Partikulargesetzgebung überlassen und vorbehalten wird?

und im Bejahungsfalle:

II. Auf welcher Grundlage ist die Codification ausführbar, — insonderheit ist sie auf einheitlicher Grundlage ausführbar?

I.

Nachdem nunmehr beschlossene Sache ist, überhaupt zu codificiren, und zwar von Reichswegen zu codificiren, wird die erste Frage unbedenklich zu bejahen sein. Nach jenem Beschlusse ist es müßig, auf den principiellen Zweifel über „den Beruf unserer Zeit für Gesetzgebung" zurückzukommen. Diesen Beruf aber vorausgesetzt, nimmt ihn auch das eheliche Güterrecht in Anspruch. Das Bedürfniß nach gesetzlicher Fixirung ist in einem Theile von Deutschland grade vorwiegend bei dieser Rechtspartie vorhanden, und nichts Besonderes steht seiner Befriedigung entgegen. Wiederum kann diese Befriedigung, nachdem das Reich einmal die Codification des Privatrechts in die Hand genommen hat, nur von diesem ausgehen.

Im Gebiete der Verwaltungsgemeinschaft, worunter ich hier mit Schröder begreifen will, was man seither Gütereinheit und System des maritalischen Nießbrauchs zu nennen pflegte, wird ein Bedürfniß zur Codification allerdings kaum nachweisbar sein. Ebenso innere und sachliche als zufällige Gründe haben hier schon zu mehr oder weniger umfassenden Legislationen geführt. In den Preußischen Provinzen Sachsen, Schlesien, und der Hauptsache nach auch in der Mark Brandenburg, im Königreich Sachsen und im Großherzogthum Oldenburg, ist der einschlägige Rechtsstoff vollständig, im Herzogthum Altenburg (1837) fragmentarisch codificirt, in den übrigen Ländern Sächsischen Rechts, wie in den Holstein'schen, Anhalt'schen und Thüring'schen Landen, ist theils wenigstens das Güterrecht von Todeswegen gesetzlich normirt, theils überhebt die Einheitlichkeit und principielle Consequenz gerade dieses Systems in der Regel tiefgreifender Zweifel bei der Anwendung. Anderes sollte man auf dem Boden des römischen Dotalrechtes erwarten, welches, abgesehen von seiner Diaspora, seinen Sitz hauptsächlich in der Provinz Hannover, in Mecklenburg und im Baierschen Schwaben hat. Indessen wüßte ich nicht zu sagen, daß gerade hier sich das Bedürfniß nach gesetzlicher Regulirung laut gemacht hätte. Zwar hat es gerade hier an legislativer Nachhülfe in neuerer Zeit fast ganz gefehlt, obwohl es deren bei dem Gegensatz zwischen Deutschen Grundanschauungen und römischer Formalisirung anscheinend besonders bedurft hätte. Dieser Conflict besteht in thesi bekanntlich noch heute; in der Praxis sind jedoch die durch ihn herbeigeführten Härten und Unsicherheiten meist gehoben worden, indem man sich gewöhnlich erlaubte, dem Dotalsystem stillschweigend das auch in seiner eigentlichen Heimath schon romanisirte System der Verwaltungsgemeinschaft unterzuschieben. Immerhin bleiben im Einzelnen noch mancherlei Conflicte, deren Ausgleichung durch ein Gesetz zwar nicht gerade als eine Nothwendigkeit erscheint, gewiß aber als Wohlthat empfunden werden würde. Diesem Gebiet steht nach den Schätzungen Schröders (in seinem werthvollen Gutachten) in ungefähr doppelter Größe das Gebiet der Gütergemeinschaft gegenüber. Hier ist das Bedürfniß nach gesetzlicher Feststellung der ehelichen Güterverhältnisse zwar auch kein allgemeines, immerhin aber doch ein verbreitetes, und hier ist es an vielen Orten geradezu ein brennendes zu nennen. Auch hier hat ja die Legislation seit länger denn einem Jahrhundert gearbeitet. Vor Allem ist dies vom Code zu sagen, welcher sogar dermalen auch in Deutschland den weitesten Bereich mit einheitlicher Güterordnung beherrscht (über 7 Millionen). Ihm zunächst steht die Allg. Güter-Gemeinschaft des Allg. Preuß. Landrechts mit einem Gebiet von gegen 7 Millionen (die Provinzen Ost- und Westpreußen, Posen, Westfalen, kleine Theile von Pommern), wo aber die Einheitlichkeit zwar kaum durch das Ostpreußische Provinzialrecht von 1801 (Zusatz 96 §. 18 — 22), wohl aber sehr wesentlich durch das die Güterverhältnisse in Westfalen einer durchgreifenden Regulirung unterziehende Gesetz vom 16. April 1860 beeinträchtigt wird. Sieht man von diesen und einigen Codificationen schon älteren Datums, wie von dem alle Localrechte und selbst die subsidiären Rechte vorbehaltenden Codex Maximilianeus (gegen 2 Millionen Seelen) und der auf den engstem Raume beschränkten Lippe-Detmold'schen Verordnung über Allg. Güter-Gemeinschaft d. d. 27. März 1786 ab: so fehlt es zwar auch auf diesem Gebiet nicht an gesetzlichen Bestimmungen, welche eine oder die andere Partie unseres Stoffs fixiren sollen, und namentlich in Concurs- und Prioritätsordnungen ihren Platz gefunden haben. — Aber im Ganzen hat die Gesetzgebung hier völlig geruht, so daß noch immer die älteren Landesordnungen und Landrechte, Bauer- und Stadtordnungen und Statuten aus dem 17. bis 18. Jahrhundert, hie und da noch ältere, maßgebend sind. Daß hier die Gesetzgebung nicht länger zögern darf, lehrt ein Blick auf die dermaligen Rechtszustände in jenen Gebieten. Am grellsten tritt es in Bayern hervor. Hier ist seit Anfang dieses Jahrhunderts nichts über die ersten Stadien der Legislation hinausgekommen; ja der letzte Entwurf zu einem Gesetzbuch (1858, 1862) umfaßte das Familienrecht noch nicht einmal mit. Man wollte nicht mit einzelnen Ordnungen der im Plane liegenden allgemeinen Codification vorgreifen, (Roth über Unification und Codification aus Hauser Zeitschrift Band I. p. 6. und überhaupt sein Bayersches Civilrecht I. p. 3 ff. 21 ff. und §. 56, 57, 60, 66), nicht entfernt war aber etwa das Gefühl der Befriedigung die Ursache der Unthätigkeit. Etwas weiter war man allerdings in Württemberg vorgeschritten, nämlich, nachdem seit 1818 die Stände wiederholte Anträge gestellt, zum Entwurf eines Gesetzes über die eheliche Gütergemeinschaft (1840). Er war zu wenig durchgreifend, um zu befriedigen, und blieb liegen (cf. Wächter, Handbuch des Württemberg'schen Privatrechts p. 966 ff.). In den Thüringischen Fürstenthümern geschah nichts zur Entwicklung des Instituts. Schwarzburg-Sondershausen hob 1829, Sachsen-Weimar 1833 sogar jede Gütergemeinschaft auf, soweit sie statutarisch bestand. Von den freien Städten war es nur Lübeck, welches einen wichtigen Schritt that. Durch ein neues Intestaterbgesetz vom 10. Februar 1862 *) unterzog es das eheliche Güterrecht von Todeswegen einer tiefgreifenden Umbildung, die auch auf das Güterrecht unter Lebenden bedeutend zurückwirkte. Die andern freien Städte begnügten sich mit einzelnen gesetzlichen Nachhülfen, wie z. B. Frankfurt a. M. ein das Schuldenwesen der Ehegatten betreffendes Gesetz erließ. **) In den Mecklenburg'schen Städten gilt noch das unveränderte Lüb'sche Recht. Auch die in Preußen gerade um des Familienrechts willen mit großem Eifer betriebene Codification der Provinzialrechte kam nur in zwei Provinzen zum Abschluß, in einer dritten speciell die Codification des ehelichen Güterrechts. In der Provinz Pommern gelten noch heute neben einem in den verschiedenen Landestheilen sehr ungleichartig entwickelten Lüb'schen Rechte die Bauernordnungen von 1616 und 1764, sowie einige ältere Statutarrechte. ***) Der Entwurf einer ehelichen Güterordnung für den Bezirk des Justizsenats Ehrenbreitstein (1837) ist bis auf unsere Tage liegen geblieben. Seit 1863 wieder aufgenommen und umgeschaffen †) ist er 1867 im Hinblick darauf vom Abgeordnetenhaus abgelehnt worden, daß unläugbar ein gleiches legislatorisches Bedürfniß in den neu erworbenen Provinzen Nassau, Frankfurt, Kurhessen (vom Großherzogthum gilt völlig dasselbe) bestehe und ein gemeinsames Vorgehen räthlich erscheinen lasse. Rücksichten andrer Art scheinen ganz neuerdings (Oct. 1874) den Hannoverschen Provinziallandtag veranlaßt zu haben, den die ehelichen Güterrechte der Landdrostei Osnabrück betreffenden Gesetzentwurf einstimmig

---

*) Ueber dieses interessante Gesetz vergl. die lesenswerthe Schrift von Plitt, das Lübeck'sche Erbrecht (1870), die ein mehr als locales Interesse bietet. — Uebrigens griff auch die Concursordnung vom 17. September 1862 in unsere Materie ein.

**) Vergleiche darüber Binding's Lehre von der Haft der Eheleute nach Frankfurter Recht 1871. Dazu Euler über Fränkisches eheliches Güterrecht aus den Mittheilungen des Vereins für die Geschichte von Frankfurt (1871).

***) Vgl. v. Wilmowski Lübisches Recht in Pommern p. 6—11. Er nimmt auf die Praxis in Neuvorpommern wenig Rücksicht.

†) Einen Inhaltsauszug und Kritik giebt Euler in seinen Mittheilungen über eheliches Güterrecht im Archiv für Frankfurts Geschichte N. F. IV p. 42 flg. — ein Aufsatz, welcher überhaupt viele bedeutsame Winke über Fragen der vorliegenden Art enthält.

abzulehnen. Wenn wir endlich hinzunehmen, daß die Zustände in Schleswig-Holstein nicht unähnlich sein können denen, welche im Großherzogthum Oldenburg vor dem Gesetz vom 24. April 1873 herrschten, nur daß ein größerer Spielraum gegeben ist, auf dem sich so mannigfaltige Rechte tummeln können, so wird man, nach den von Runde und Beaulieu-Marconnay über die früheren Oldenburger Verhältnisse gegebenen, auch durch die Motive zum Gesetz von 1873 bestätigten Schilderungen an dem Bedürfniß auch dieser Provinz nicht zweifeln wollen.

Nach diesem Allen harrt einer gesetzlichen Fixirung des ehelichen Güterrechts und zwar dergestalt, daß es sich zum Theil in einem wahren Nothstand befindet, etwa der dritte Theil des gesammten Reichsgebiets, wobei ich lediglich die Beschaffenheit, Zugänglichkeit und den Geltungsbereich der Rechtsquellen in's Auge gefaßt, das hiedurch erzeugte Bedürfniß aber wesentlich bewährt und bestätigt gefunden habe dnrch die immer erneuten Versuche, dem Uebel im Wege der Codification abzuhelfen. Das Bedürfniß kann nun freilich auch auf innern, gewiß nicht minder zureichenden Gründen beruhen. Recht und Rechtsbewußtsein können im Laufe der Zeit aus einander gerathen sein, — oder das alte Recht ist den neuen factischen Verhältnissen nicht mehr gewachsen und dergleichen. Solche innere Wandelungen fordern die Legislation heraus, mag das bestehende Recht formell und technisch noch so vollendet sein, ja je vollendeter, um so mehr! Liegen Symptome solcher Erscheinungen vor? Ich glaube, daß diese Frage endgültig beanwortet werden kann aus dem Kreise heraus, in welchem das zu beurtheilende Recht in lebendiger Geltung steht, und finde mit Roth und Euler, daß die zur Feststellung des Thatbestands in dieser Richtung vielfach unentbehrliche Enquête nach dem Muster der dem Westfälischen Provinzialgesetz von 1860 vorausgegangenen sich möglichst an die Erfahrung und das Urtheil der Betheiligten selbst zu wenden habe. Nur so wird sicher zu constatiren sein, ob Incongruenzen der obengedachten Art bestehen. Doch giebt es für deren Bestand auch ein im Allgemeinen zutreffendes äußeres Symptom. Ich meine das Ueberwuchern der Ehestiftungen nach einer bestimmten Richtung hin. An solchen Erscheinungen fehlt es auch dermalen in Deutschland nicht ganz. Als man in Württemberg 1806 die dort in zahlreichen Statuten geltende Allg. G. Gem. durch die particuläre gesetzlich verdrängt hatte, wurde sie vertragsmäßig in demselben Umfang aufrecht erhalten (Roth, Unification 2c. p. 10). Dasselbe geschieht bis auf den heutigen Tag, seitdem man im Jahre 1833 in den mit Sachsen-Weimar vereinigten, früher Fuldaischen Gebietstheilen, das Sächsische System gesetzlich eingeführt hat. Bekanntlich bildet auch im Bereich des Code die verdingte Ehe die Regel. Wenn nun richtig ist, was Binding in seinem Gutachten über unsere Frage (Archiv f. civil. Praxis 1873 56. Bd. S. 115) „nach zuverlässiger Auskunft“ glaubt bezeugen zu können, daß in der Preußischen Rheinprovinz, in Rheinhessen und der Pfalz durch die Vermögenderen fast immer der Mobiliargemeinschaft vertragsmäßig die reine Errungenschaftsgemeinschaft substituirt wird, so weist auch dies auf einen Widerspruch im Volksbewußtsein gegen das bestehende Recht hin. Derartige Erscheinungen werden auch sonst noch hie und da zu constatiren sein, und ihre Constatirung wird eine wesentliche Vorarbeit für unsere Gesetzgebungsfrage bilden. Im Ganzen aber läßt sich doch wohl annehmen, daß Ehestiftungen in Deutschland zur Zeit überhaupt eine verhältnißmäßig seltene Ausnahme bilden, und wird daraus umgekehrt die Folgerung zu ziehen sein, daß sich im Ganzen das Volksbewußtsein mit dem am Orte bestehenden Rechte im Einklang befindet, wie ich denn auch nicht wüßte, daß sich im Volke sonstwie eine energische Reaction gegen die materiellen Grundlagen der betreffenden Rechte laut gemacht hätte.

Fasse ich das Resultat des Gesagten zusammen, und sehe vorläufig ganz ab von den Motiven, welche auf der angestrebten formalen und materialen Rechtseinheit im gesammten Deutschland beruhen, so ergiebt sich, daß:

1. in etwa einem Drittheil des Deutschen Reichsgebiets eine unläugbare Nöthigung vorliegt, sobald als möglich die Codification des ehelichen Güterrechts in die Hand zu nehmen, eine Nöthigung, welche jedoch nicht sowohl auf dem materiellen Gehalt als auf der formalen Beschaffenheit der Rechtsquellen, wozu jedoch namentlich auch die Zersplitterung ihrer Geltungsbereiche, die gänzlich principlosen Differenzen in der Ausführung der einheitlichen Grundgedanken und der Mangel jeder juristischen Technik zu rechnen ist, beruht;

2. daß auf den Gebieten des römischen Dotalrechts, in dem noch nicht überall ausgeglichenen Gegensatz des römischen und Deutschen Systems, wenn auch keine Nöthigung, doch immerhin ein Impuls zu gesetzgeberischer Thätigkeit liegt;

3. daß dagegen, was den materiellen Gehalt betrifft, sich vielleicht mit einigen Ausnahmen für beschränktere Gebietstheile kaum so erhebliche Mißstände entdecken lassen, daß die Gesetzgebung sich zum Eingreifen gezwungen sehen könnte.

Dies als richtig vorausgesetzt, tritt die Zweifelsfrage an uns heran: wenn der Schaden partiell ist, weßhalb soll man das Heilmittel nicht auf die kranken Theile beschränken? Dieser Zweifel wäre vor nicht langer Zeit noch ein völlig berechtigter gewesen, er ist aber nicht mehr berechtigt, seitdem die Codification des Privatrechts überhaupt beschlossene Sache ist, obwohl selbstverständlich damit noch nichts darüber beschlossen worden ist, ob die Codification sich auf all' und jede Partie des Civilrechts erstrecken solle, ob das Gesetz nicht hier und da etwa blos subsidiäres Recht zu schaffen habe, ob nicht eine Suspension einzelner Theile des Gesetzes einzutreten habe und dergleichen mehr. Nicht formell, wohl aber materiell sind jene Möglichkeiten jetzt verschlossen. Es ist aber gut, wenn man sich bewußt bleibt, daß diese eben so sehr auf der Entwicklung der politischen als der Privatrechts-Zustände beruhende Thatsache nicht blos die Voraussetzung, sondern auch den eigentlichen Grund eines „einheitlichen Gesetzes" über das eheliche Güterrecht in Deutschland bildet.

Jener Beschluß hat nur den Sinn, und kann keinen andern haben, als den, daß ein einziger Rechtsorganismus geschaffen wird für ganz Deutschland. Glieder an diesem Organismus sollen also die Rechte der einzelnen Lande werden. Damit ist freilich nicht gesagt, daß sie alle uniform werden müßten, wohl aber liegt darin, daß in allen ein und dasselbe Herzblut pulsiren und ein und derselbe Geist wehen soll. Darum kann jede auch nur einen Theil des Deutschen Rechtsgebiets betreffende gesetzgeberische Thätigkeit nur in Fühlung mit der Ordnung der Sache in andern Theilen und nur im Hinblick auf das gesammte Rechtssystem etwas Gedeihliches schaffen. Dies kann aber nur die Reichs-, nicht die Landesgesetzgebung der einzelnen Staaten leisten. Das liegt in der Natur der Sache! Nur wenn die Factoren der Gesetzgebung sich völlig in die Anschauungen und Grundgedanken, die das System überhaupt beherrschen, einzuleben und einzutauchen vermögen, dergestalt daß sie aus ihnen heraus denken und schaffen, ist jene Leistung möglich. Wer möchte aber das all' den Factoren der Particulargesetzgebungen zutrauen oder zumuthen. Aber selbst angenommen, daß sie befähigt wären, so würden sie es doch natürlich nur sein, wenn die übrigen Partien des Systems abgeschlossen und fertig ihnen vorlägen. Das setzt aber wieder voraus, daß die Autoren des Reichsgesetzes im Stande wären, ihr Werk zum Abschluß zu bringen, ohne noch Gewißheit darüber zu haben, welcherlei Ordnungen die für das eheliche Güterrecht leer gelassene Stelle einnehmen werden. Sie würden also genöthigt sein, einen Rumpf zu schaffen, der passen soll, mag ein Anderer nachher diesen oder jenen oder auch mehrere Köpfe aufsetzen, wie ihm gerade beliebt. Das Ergebniß würde — wie in dem Kinderspiele — die Carricatur sein, nimmermehr würde aber ein gesunder Organismus erwachsen können.

Das Princip des Organischen führt aber noch weiter. Es wird auch von der wesentlichsten Bedeutung für die Gebiete, deren Rechtszustände, sowohl was die Quellen als was deren Inhalt betrifft, zur Zeit vollständig befriedigen. Kraft der organischen Natur des Rechts erhält jede Partie desselben ihre volle Bedeutung, ihren ganzen Sinn erst durch die Umgebung, in der sie steht. Dasselbe Güterrechtssystem gewinnt z. B. einen mehr oder weniger alterirten Gehalt, je nachdem es vom Preußischen, Französischen oder Gemeinen Recht umgeben ist, und sich zu dem einen oder andern gliedlich verhält. So ist es denn unvermeidlich, daß die bestehenden Güterordnungen, selbst wenn man sie buchstäblich beibehalten würde, eine andre Färbung erhalten, wenn man sie als Glieder in den neu zu schaffenden Rechtsorganismus einreiht. So unscheinbar auch solche Aenderungen sein mögen, so groß kann ihre Tragweite für die mehr in der Peripherie liegenden Consequenzen werden; ja je leiser die Verschiebung ist, desto schwerere Zweifel werden bei der Anwendung hervortreten, und je innerlicher und tiefer die das System im Ganzen treffende Umwandlung liegt, desto weniger ist der Gesetzgeber berechtigt, ihren Vollzug lediglich dem Richter oder der Wissenschaft oder dem Volke selbst zu überlassen. Vielmehr muß er diese Arbeit selbst übernehmen, nur er ist noch Herr des Stoffs, nur er im Stande, die Einheit des Werks zu schaffen und zu garantiren.

Nicht blos also, wo die Vornahme der Codification an sich unerläßlich ist, sondern auch da, wo man vom Standpunkte der Particulargesetzgebung aus sie entbehren könnte, muß, wie die Dinge einmal liegen, die Reichsgesetzgebung die Codification des ehelichen Güterrechts zusammen mit der aller übrigen Rechtspartien in die Hand nehmen. Auch schon frühere Gesetzgebungen haben vor ähnlichen Fragen gestanden, und die behutsameren unter ihnen haben die Wirkungen des organischen Zusammenhangs gar wohl in Betracht gezogen. Freilich hat der Codex Maximilianeus die Statutarischen Rechte bestehen lassen, er hat sie aber auch in ihrer bisherigen Umgebung und darum in ihrem vollen bisherigen Sinne stehen lassen, indem er auch die bestehenden subsidiären Rechte, durch eigene Zuthat wenig alterirt, bestehen ließ. Das Letztere hat das Allg. Preuß. Landrecht nicht gethan (cf. die Beschränkung bei v. Wilmowski a. a. O. S. 26 ff.). Aber es ist sich der Gefahr auch bewußt gewesen, und hat einen eigenthümlichen Weg eingeschlagen, um ihr zu entgehen. Es hat sein Familienrecht im organischen Zusammenhang mit dem ganzen System entworfen, ihm jedoch nur die Geltung eines subsidiären Rechts verliehen und dabei in Aussicht genommen, daß im Hinblick darauf und auf den Gesammtinhalt des Gesetzbuchs eine allmählige gruppenweise Codification der Provinzial- und Statutarrechte eintrete, und dadurch die organische Einheit des ganzen Systems gewahrt werde. Man wird die Umsicht und Richtigkeit der Motive anerkennen, und doch Bedenken finden müssen, dieselben Wege einzuschlagen. Rücksichtlich des vom Bayerischen Gesetzbuch beschrittenen bedarf dies keiner weitern Andeutung. Was aber das Verfahren des Preußischen Landrechts betrifft, so wird man sich wohl durch seinen Vorgang nicht zur Nachfolge angeeifert fühlen. Gerade die die Gütergemeinschaft betreffenden Abschnitte, um die es sich dabei eigentlich allein handelt, haben an einer Abstraction zu leiden, welche diese Partie als wenig gelungen erscheinen läßt (cf. Förster, Theorie und Praxis III. §. 207 p. 502), die aber unvermeidlich bleiben wird, wo man Bestimmungen von mehr theoretischer und principieller Bedeutung als zu unmittelbarer concreter Anwendung schaffen soll. Und die Aussicht auf die Codification der Provinzialrechte ist doch auch eine zu sanguinische gewesen. Der Erfolg war, daß man bis auf wenige Ausnahmen entweder die alten Statutarrechte fortschleppte, oder sie schließlich doch durch die Bestimmungen des A. L. R. völlig absorbiren ließ. Besteht aber eine solche Gefahr, so so ist es wohl gerathener, den Schritt sogleich und planmäßig zu thun und zwar um so mehr, als die Sachlage dermalen die Existenz weit verbreiteter in sich geschlossener Codificationen in den einzelnen Ländern eine wesentlich andere ist als die, welche das Allg. Preuß. Landrecht vorfand. Damit ist der Ausweg des letzteren vollends schwer zu vereinen. Mit und gleich ihm verbreitet sich aber auch wohl von selbst die weitere Verfolgung des von Roth angeregten Gedankens einer gruppenweisen Codification der ehelichen Güterrechte, — eines Gedankens, welcher in der Voraussetzung, daß die Inangriffnahme eines Deutschen Civilgesetzbuchs nicht in nächster Nähe zu erwarken stehe, gefaßt und ausgesprochen wurde, — nachdem aber diese Voraussetzung ausgefallen, wohl auf keinem andern, als auf dem vom Allg. Preuß. Landrecht eingeschlagenen Wege ausführbar sein würde, und daher von seinem Urheber selbst schwerlich noch festgehalten wird.

Meine Antwort auf den ersten Theil der gestellten Frage geht dahin: es ist wünschenswerth, ja unerläßlich, das eheliche Güterrecht für ganz Deutschland durch ein einheitliches Gesetz zu codificiren, d. h. die Codification von Reichswegen in die Hand zu nehmen und sie nicht der Particulargesetzgebung zu überlassen. Es ist dies wünschenswerth, nicht weil eine Umgestaltung der bestehenden Rechte ihrem Inhalte nach dies erheischte, sondern gerade umgekehrt: obwohl es in der Hauptsache an einer solchen Nöthigung fehlt, um deswillen, weil die organische Einheit des zu schaffenden Rechts die Identität der gesetzgebenden Factoren für alle Glieder desselben Rechtsorganismus erheischt, auch das eheliche Güterrecht aber einer Reproduction bedarf, in etwa einem Drittheil des Reichsgebiets wegen der dermaligen Beschaffenheit seiner Rechtsquellen, in ganz Deutschland wegen der Einverleibung der bestehenden Güterrechte in den nun zu schaffenden Rechtsorganismus.

Mit diesem Resultat ist der Weg zur Beantwortung auch der zweiten und Hauptfrage wesentlich geebnet.

II.

Ist die Codification auf einheitlicher Grundlage ausführbar und auf welcher?

Wenigstens auf dem Gebiete des Civilrechts soll man sich doch der alten Wahrheit bewußt bleiben, daß die Gesetzgebung, zumal die Codification, auf Findung, nicht auf Erfindung des Rechts beruht. Finden läßt sich aber nur, was da ist. So scheint sich die Frage, ob eine Codification des ehelichen Güterrechts für ganz Deutschland ausführbar sei? in die andere umzusetzen, ob es ein solches bereits giebt? Dies hieße jedoch, die Rechtsfindung des Gesetzgebers mit der des Richters verwechseln. Von ihr kann nicht die Rede sein, in dem Sinne, daß nur nach dem bereits fertig ausgestalteten und bereits zur objectiven Norm gewordenen Rechte geforscht und solches dann vielleicht neu gemodelt und geformt, aufgeschrieben und sanctionirt würde —, wie dies z. B. vielfach im Mittelalter die Tendenz war bei Abfassung von Statuten. Nein! der Gesetzgeber sucht nach dem Recht, unbekümmert darum, ob es sich durch Uebung oder staatliche Sanction bereits objectivirt hat, oder nicht. Nicht blos dem gewordenen, sondern auch dem werdenden Rechte spürt er nach, und maßgebend ist für ihn nur das Eine, daß es lebendig ist und lebendig zu bleiben verheißt im Gewissen des Volks, nach dem Stande der ganzen religiösen und ethischen, socialen und culturlichen Entwicklung desselben. Darum erscheint ihm das gegenwärtige Recht nur als der einzelne Moment in einer Entwicklungsreihe, die in die Zukunft hinüberreicht, aber in der Vergangenheit Wurzeln hat. Die augenblickliche Erscheinung ist ihm relativ gleichgültig, interessant nur der Rechtsstoff selbst, der noch Leben und Frische genug hat, mit dem Volke in seine Zukunft überzugehen. An diesen gegebenen, nicht gemachten, Rechtsstoff bleibt er gebunden, ihn hat er zu suchen, ihn kann er nicht selbst schaffen; aber an ihm festhaltend darf und muß er sich frei bewegen, um ihn, von seinen Ausgestaltungen entkleidet, von dem Abgestorbenen und im Absterben Begriffenen befreit, in dem bereits Abgeschlossenen fixirt, in dem noch Werdenden nach der eingeborenen Richtung gefördert, vielleicht selbst unter Anticipation späterer Phasen gezeitigt und gereift, geistig zu reproduciren und künstlerisch zu gestalten. Das, dünkt mich, ist die Rechtsfindung des Gesetzgebers.*)

---

*) Die Verschiedenheit meiner Stellung zu der obigen Principienfrage ist wohl der eigentliche Grund, warum mein Gutachten zu einem entgegengesetzten Resultat ge-

In diesem Sinne will also die Frage beantwortet sein, ob der Gesetzgeber ein einheitliches eheliches Güterrecht vorfindet, das er zur Grundlage seiner Codification nehmen kann und also auch nehmen muß? Eine Bejahung dieser Frage wäre bei unsern bekannten Rechtszuständen in dieser Partie nur in zwei Fällen möglich. Entweder: die zur Zeit in Deutschland geltenden ehelichen Güterrechte sind nur ihrer äußern Erscheinung nach und in ihren Einzelbestimmungen different, ihren wesentlichen Grundlagen, ihrem Keime und ihrer geschichtlichen Entwicklung nach aber eins, oder doch wenigstens so nahe verwandt, daß es möglich ist, sie zu einer höheren Einheit und zu einem wahrhaft einheitlichen Organismus zu vereinigen — oder: die Einheit besteht nicht, aber der Zug des Rechtsbewußtseins zu ihr hat sich durch eine stetig convergirende Entwicklung der ursprünglich geschiedenen Anschauungen, durch einen unermüdlichen und unbesieglichen Drang nach Ausgleichung und Unification, als mächtig genug manifestirt, um die gewohnten particulären Rechtsanschauungen durch universalere ersetzbar, oder sie wenigstens ihnen zu Liebe opfernswerth erscheinen zu lassen. In dem einen wie in dem andern Fall wird der Gesetzgeber von einheitlicher Grundlage ausgehen dürfen, ohne fürchten zu müssen, willkürlich in das Heiligthum des Volksgewissens einzugreifen. Nicht das Vergangene und nicht das Vergängliche gilt es ja zu fixiren, sondern nur das Wesentliche und Bleibende, und darum kann es nicht verwehrt sein, das erst noch werdende Recht als gewordenes zu anticipiren, das Ziel der eingeschlagenen Entwicklung intuitiv aus dem Anfang zu erkennen und mehr oder weniger vorauszunehmen.

Liegt einer oder der andere dieser beiden Fälle vor? Die Erörterung dieser beiden Punkte entscheidet über die Hauptfrage. Ich behandle den letzten Punkt zuerst. Die Nachweisung auf diesem könnte des Eingehens auf den ersten ganz überheben.

Ich läugne, daß sich zur Zeit in der Rechtsentwicklung des gesammten Deutschen Volks ein Zug nachweisen läßt, der auf Identificirung des ehelichen Güterrechts in ganz Deutschland so mächtig und gewaltsam hindrängte, daß deren Herbeiführung im Wege der Legislation geboten erscheinen könnte, wenn sie nicht jetzt schon dem Wesen und Keime nach als existent angesehen werden dürfte.

Durch die neuere Geschichtsforschung, zumal durch das umfassende und

---

langt als das von Binding und von Beaulieu. Dagegen spricht, wie mich dünkt, aus den Gutachten von Roth und Schröder eine mit der meinigen übereinstimmende Grundanschauung.

abschließende Werk von Schröder*) liegt uns der Gang der Entwicklung des ehelichen Güterrechts in deutlichen Umrissen vor Augen. Danach ist es von einem einheitlichen System, von der Verwaltungsgemeinschaft, ausgegangen. Aber schon in den Volksrechten zeigen sich die Ansätze zu einer weit auseinderlaufenden Entwicklung. Schon frühzeitig zweigte sich die Errungenschaftsgemeinschaft ab, die im weitern Verfolg sich in mehrern Stammesrechten zur allgemeinen Gütergemeinschaft erweiterte. Aber diese drei großen Gruppen, seit dem Eindringen des römischen Rechts durch eine vierte nicht blos vermehrt, sondern ihrerseits mannigfach zersetzt sind, zerflossen im Lauf der Jahrhunderte in weitere Gruppen, und diese in fast unzählige Einzelgestaltungen. Diese Erscheinung, zumal das bunte Gemenge, in dem die meisten dieser Rechte liegen, beruhte freilich zum Theil auf Gründen, die heutzutage nicht mehr bestehen, — auf den staatlich-politischen Zuständen, auf der geringen Cohäsion der einzelnen Theile des Volks, auf dem Princip der Personalität der Rechte, auf der eigenthümlichen Art der Rechtsbildung, auf den Wanderungen der Rechte, — nicht zu verkennen ist aber, daß sie wenigstens, was die Hauptgruppen betrifft, auch im Zusammenhang steht einerseits mit der Individualität der einzelnen Stämme, und andrerseits mit den Eigenthümlichkeiten einzelner Landschaften, einzelner Stände, einzelner localer Sitten und Gebräuche. War doch das gesetzliche eheliche Güterecht in vielen Partien nur „der Niederschlag" immer wiederkehrender Dispositionen der Ehegatten selbst, diese Dispositionen aber der unmittelbare und unverfälschte Ausdruck dessen, was die Betheiligten unter den Augen und der Controlle ihrer Genossen und Mitbürger für recht und billig achteten. Was aber auch der Grund sein mochte, die Signatur der ganzen Entwicklung war der Individualismus; von einer convergirenden Richtung derselben war auch nicht eine Spur zu entdecken. Eine solche ist erst in diesem Jahrhundert hervorgetreten. Die Anregung gab die Preußische Codification. So ernstlich man bemüht war, den Provinzen ihre angestammten Familienrechte zu bewahren, so wenig war man doch gemeint, das bunte Gewirre sich im Ganzen wie im Detail widersprechender Local- und Statutarrechte zu verewigen. Ihre einheitliche Zusammenfassung wurde überall angestrebt, und theils durch Schaffung selbständiger Provinzialrechte (Ostpreußen 1801, Westfalen 1860), theils durch provinzielle Reception der landrechtlichen Systeme des maritalischen Nießbrauchs (Sachsen 1814, Schlesien 1845, Mark Brandenburg durch die Praxis**), oder der Allg.

*) Einen kurzen Ueberblick giebt desselben Verfassers Aufsatz in der historischen Zeitschrift Bd. 31 p 289—311.

**) Scholz, Provinzialrecht der Kurmark Bd. II. Abth. 2 p. 18, 19. (Vergl. auch das Gesetz vom 22. Mai 1874.)

Gütergemeinschaft (Posen 1816, Westpreußen 1844) theils endlich in der Rheinprovinz durch den Code zum größten Theil erreicht. Auch sonst auf dem linken Rheinufer, wie auch in Baden (1809), wirkte der letztere unificirend. Dasselbe Streben in Württemberg: 1807 wurden alle Statuten und Localrechte der neuen Gebietstheile zu Gunsten des Württemberg'schen Landrechts radical aufgehoben und damit das Errungenschafts-System, dieses letztere über das ganze Königreich hin, generalisirt. Der Entwurf von 1840 bewegt sich in derselben Richtung. Auch in kleineren Staaten, wie in Weimar, finden wir dieselbe Tendenz, und am Energischesten hat sie sich neuerdings einer besonders lästig fallenden Zersplitterung gegenüber in Oldenburg zur Geltung gebracht. Dagegen fand die Codification im Königreich Sachsen ein durch die Generalverordnung vom 24. Mai 1814 und das Erbfolgemandat von 1829 bereits unificirtes Recht vor. Nimmt man hinzu, daß nach dem oben über den Stand der Legislationen und Legislationsversuche Bemerkten auch anderwärts fast überall dieselbe Tendenz vorgewaltet hat, wiewohl bis jetzt ohne gleichen Erfolg, so wird man das, was ich eben als einen Zug und Drang des Rechtsbewußtseins bezeichnete, welcher die einzuschlagende Bahn vorzeichnet, gewiß signalisirt finden.

Weiter als auf eine gruppenweise Ausgleichung bereits innerlich identischer oder nahe verwandter Theile ist diese Bewegung jedoch nicht gegangen, wenn auch hie und da (z. B. in Schlesien, wo 64 verschiedene Particularrechte unificirt wurden) gegensätzliche Bildungen durch die Wucht ihrer Umgebungen absorbirt worden sind. Identitäten aber von dem Umfang, wie sie der Code oder das Oesterreichische Civilgesetzbuch geschaffen hat, haben bisher ganz außerhalb der Zielpunkte der Deutschen Bestrebungen gelegen, und doch wären legislatorische Vorgänge dieser Art am Meisten geeignet gewesen, die Anschauungen und Gedankenreihen nach sich zu ziehen und in die eingeschlagene Richtung zu lenken. Man glaube doch nicht, daß unsere bisherige politische Zerklüftung jede weitergreifende Tendenz von vornherein hätte ersticken müssen. Ein wirklich im Bedürfniß und Bewußtsein der Nation begründetes Streben hätte sich im Leben, in der Wissenschaft, in der Litteratur tausendfach manifestirt, wie dies ja z. B. auf dem Gebiete des Handels- und Wechselrechts zu beobachten gewesen ist. Was ließe sich aber anführen, das dem Ringen um diese Gesetzeswerke zu vergleichen wäre? Runde entwarf zwar ein „deutschthümliches" eheliches Güterrecht, aber ihm selbst erschien es undenkbar, seinen Entwurf zum gemeinen Recht erhoben zu sehen (Güterrecht S. 395). Der Versuch, eine Bewegung in der besprochenen Richtung in's Leben zu rufen, den Geck 1862 auf dem dritten Deutschen Juristentag machte, scheiterte trotz der unitarischen Tendenz dieses letzteren an den schlagenden Gegengründen von Unger, Jhering und Heydemann (Verhandlungen Band II S. 203—217). Seitdem ist meines Wissens der Gedanke nirgends wieder ernstlich aufgenommen worden, bis die Frage im Zusammenhang mit dem Plane einer Codification des gesammten Rechts von Reichswegen sich von selbst aufdrängen mußte. Wenn dadurch der Gedanke und der Wunsch erwachte, die nunmehr unumgängliche Codification möge auf einheitlicher Grundlage erfolgen, so kann man darin gewiß nicht die Manifestation eines im Volke lebenden, opferbereiten, einmüthigen Dranges erblicken. Wäre ein solcher vorhanden und mehr als ein bloßer Wunsch, der über der erwünschten formalen Einheit die realen Bedingungen ihrer Durchführung übersieht oder geringschätzt, so müßte doch Einmüthigkeit bestehen über die Basis, auf der diese Einheit herzustellen wäre. Aber wie läßt sich eine solche Einmüthigkeit auch nur über die allgemeinsten Umrisse im Volke erwarten, wenn selbst in den urtheilsfähigen Spitzen desselben über das Wie? das Urtheil schwankt. Da findet vom theoretischen Standpunkt aus Stahl (wiewohl nur bedingt) die Verwaltungsgemeinschaft dem Deutschen Wesen der Ehe am meisten entsprechend, während Trendelnburg dasselbe von der Errungenschaftsgemeinschaft aussagt. Bekannt sind Gerbers Urtheile über beide Gestaltungen. Runde und Völderndorff legen ihren Entwürfen die Verwaltungsgemeinschaft als die einzig mögliche gemeinschaftliche Basis zu Grunde, und ihnen schließt sich neuerdings Beaulieu-Marconnay in seinem diese Form so trefflich illustrirenden Gutachten an, während Binding die Errungenschaftsgemeinschaft ursprünglich als die einzig denkbare, später wenigstens als die angemessenste Gestaltung empfiehlt, Geck bei seinem Antrag an Allgemeine Gütergemeinschaft dachte. Man wird ja sagen dürfen, im Volke könne nur die allgemeine Empfindung für das Nothwendige leben, die Realisirung sei Sache des Gesetzgebers. Immer wird es doch dabei bleiben, daß die abstracte Einheit d. h. die Einheitlichkeit des Rechts, gleichviel welches Inhalts, nie das Ziel der Bewegung des Rechtsbewußtseins in einem Volke sein kann noch sein darf.

Ich bestreite aber sogar, daß sich reale Gründe denken lassen, welche, als zwingendes Bedürfniß, der Rechtsentwicklung die Richtung auf eine ganz Deutschland beherrschende Einheit gegeben haben könnten.

Das Familienrecht, insonderheit das eheliche Güterrecht, regelt in erster Linie keine Beziehungen, die in weite Ferne greifen und an denen größere Kreise von Personen ein Interesse zu nehmen hätten. Zunächst sind es doch die Gatten selbst und deren Kinder, in zweiter Linie deren Familien, welche dieses Interesse haben, und zwar auch sie nicht während der Dauer der Ehe, wo ja, sofern sie im rechten Sinne besteht, die Rechtsbeziehungen hinter den ethischen völlig zurücktreten. Aber von Bedeutung werden die ersteren und zwar auch die während der Dauer der Ehe vorhanden gewesenen, hauptsächlich aber die erbrechtlichen, mit Auflösung der Ehe namentlich durch den Tod eines Gatten. Allein da liegen ja vollendete Thatsachen vor, deren Consequenzen die Betheiligten hinnehmen müssen, ohne durch ihr Eingreifen noch etwas ändern zu können. Zwar wird es dem Entfernten erwünscht sein, von sich aus beurtheilen zu können, was Rechtens ist, es wird ihm auch vielleicht gegen das Gefühl gehen, wenn die Dinge anderwärts anders geordnet sind als er gewohnt ist, aber eine Unbill wird er nimmermehr darin finden dürfen. Es liegt dieß in der dispositiven Natur, die dieses Rechtsgebiet trägt und in Deutschland gewiß immer tragen wird. Was die Gatten unter sich ordnen, abändern oder festsetzen dürfen, das muß auch das Gesetz je nach den verschiedenen Landestheilen subsidiär verschieden ordnen dürfen. Oder umgekehrt: mag das Gesetz eine universelle Gleichheit für ganz Deutschland herstellen, thatsächlich wird in den Beziehungen der Gatten zu einander und zu ihren Familien doch keine Gleichheit bestehen, eine solche wenigstens im einzelnen Falle nie durch das Gesetz verbürgt erscheinen (cf. Schröder Gutachten S. 40). So ist es denn in der That nur der vermögensrechtliche Verkehr der Gatten mit Dritten, zumal das Gebiet ihrer Obligationsverhältnisse, welches möglicher Weise in die Ferne greift, und fast nur das Interesse dieser Dritten läßt eine einheitliche Güterordnung wünschenswerth erscheinen. Nun verdient ja die Beziehung der Gatten nach Außen die ernstlichste Rücksicht, denn nach dieser Richtung liegt ja die eine Seite ihres ganzen Rechtslebens. Aber nicht jede Beziehung zu Dritten greift in die Ferne, und darum allein handelt es sich hier. Da verhält es sich nun mit der ehelichen Genossenschaft nicht wie mit der kaufmännischen, deren einheitliche Construction für ganz Deutschland freilich das dringendste Bedürfniß war. Für die Ehegatten aus einzelnen Ständen, aus dem Stande der Kaufleute Fabrikanten, Schiffer, und insofern auch für ganze Bezirke, wie Handels- und Seestädte, kann diese Rücksicht freilich entscheidend werden. Wo es sich aber um große Gebiete mit mannigfaltigen Interessen und Berufsclassen handelt, da wird sich höchstens eine singuläre Behandlung der ehelichen Güterverhältnisse gerade der Kaufleute rc. rechtfertigen, etwa nach dem Vorgange der Preußischen Concursordnung von 1855.*) Allein das sind augenscheinlich nur Ausnahmen im Vergleich zu der ungeheuern Mehrzahl

*) Aehnlich auch anderwärts, z. B. in der Stadt Braunschweig schon durch das Statut von 1579. cf. Schletter Jahrbuch II. p. 66. Auf diesen Gesichtspunkt macht bereits Förster Th. u. Pr. III. p. 516 aufmerksam.

von Ehen, deren wirthschaftliches Leben sich in einem engen oder wenigstens in einem solchen Kreise abspinnt, der über Rechtsgebiete von provinzieller Ausdehnung gar nicht oder selten hinausreicht. Darf man allen diesen ihre gewohnte Ordnung nehmen, damit in einem geringen Bruchtheil von Fällen der Credit gesichert erscheint und auch die entfernten Gläubiger das Maß desselben bemessen können? Das hieße doch, den Schwerpunkt der ganzen Sache auf dem einen Ende suchen, und nicht genug kann man sich, zumal eine Versuchung dazu in der ganzen Zeitrichtung liegt, dagegen verwahren, den merkantilen Gesichtspunkt selbst auf solchen Gebieten einseitig maßgebend werden zu lassen, die er überhaupt nicht beherrschen darf.

Kann also das Interesse der Gläubiger für die Einheitlichkeit des Systems nicht entscheidend werden, so müssen vollends Rücksichten schweigen, die ihrer Natur nach nur von secundärer Natur sein dürfen. Es ist ja wahr: mit der Einheitlichkeit des ehelichen Güterrechts erledigt sich für das ganze Reichsgebiet die Frage nach den örtlichen Grenzen des erstern, eine Frage, deren practische Bedeutung von Jahr zu Jahr sich steigern wird und deren rechtswissenschaftliche und legislatorische Behandlung bekanntlich zu den schwierigsten gehört. Allein so häufig auch in Zukunft ganze Familien ihren Wohnsitz wechseln werden — als das Normale wird es dem Gesetzgeber nie erscheinen, und derselbe wird nie danach die Grundzüge des Instituts construiren wollen. Zudem beruht der dermalige Uebelstand hauptsächlich auf dem engen Zusammenliegen kleinster Rechtsgebiete, und daß ein solcher Zustand nicht fortdauere, dafür sprechen ohnehin noch andere gewichtigere Gründe.

Kurz: ein auf dem realen Bedürfniß beruhender Zug nach einem einheitlichen System für ganz Deutschland ist im Volke weder als vorhanden thatsächlich zu constatiren noch als sachlich begründet vorauszusetzen. Und doch können nur unzweideutige Thatsachen aus dem Leben der Nation selbst, nicht Ansichten und Wünsche Einzelner oder Vieler, in dieser Sache Zeugniß ablegen. Ja nicht einmal den Reichstag möchte ich hiezu berufen erachten und ihm daher auch die Frage nicht als eine offne zur Entscheidung anheimgeben, weil es sich eben nicht sowohl um ein Urtheil oder Gutfinden, als um das Zeugniß über eine Thatsache handelt, die sich nur selbst glaubhaft bekunden kann, die sich aber auch ganz gewiß in mancherlei Erweisungen bekundet haben würde, wenn sie existirte.

So ist die Einheitlichkeit der zu codificirenden Güterordnung nur dann möglich, zugleich aber geboten, wenn unter den dermaligen ehelichen Güterrechten in Form und Wesen diese Einheit schon gegenwärtig besteht. Damit gehe ich zur zweiten Seite der Frage über. Ich beantworte aber auch sie mit Nein, obwohl ich selbstverständlich mich auch hier auf den Standpunkt der legislatorischen, nicht der richterlichen Rechtsfindung (in dem oben angedeuteten Sinne) stelle.

Hält man Umschau über die ehelichen Güterrechte unter Lebenden und von Todeswegen auf dem Deutschen Reichsgebiet, so tritt ein so buntes Gewirre entgegen, daß es vor den Augen flimmert. Blickt man indessen länger und fester zu, so stellen sich doch Gruppen dar, deren Glieder unter sich relativ homogen, von andern Gruppen aber in sehr wesentlichen Punkten different sind. Es sind dies bekanntlich die Gruppen der Güter- und Verwaltungsgemeinschaft gegenüber dem Dotalsystem. Doch nimmt diese Gruppirung für uns sofort wieder eine andere Gestalt an. Das Dotalsystem läßt sich nämlich, soweit es nicht lediglich das römisch ausstaffirte System der Verwaltungsgemeinschaft ist, von vornherein ausscheiden. Zwar möchte ich nicht mit Schröder (Gutachten S. 38) auf die Kleinheit seines Geltungsbereichs Gewicht legen, zumal von den in seiner Statistik nicht rubricirten nahezu 5 Millionen Deutschen doch wohl ein großer, wenn nicht der größte Theil, gerade dem Dotalsystem zuzuweisen ist.*) Aber es liegt hier ein Fall vor, der das oben über Rechtsfindung Gesagte vortrefflich illustrirt. Wenn man auch kaum umhin kann anzuerkennen, daß im Gebiete des gemeinen Rechts das reine Dotalrecht gilt, soweit es nicht durch particulare Gesetze oder Gewohnheiten excludirt blieb (ich verweise statt Vieler auf Roth Bayerisches Civilrecht I. p. 331, 333, 335, 338 ff. und Windscheid Pandekten §. 491 Nr. 3), so ist doch nicht minder gewiß, daß dieses System dem Deutschen Rechtsbewußtsein stets fremd geblieben ist. Dafür legt der nie ruhende Kampf, den auf diesem Punkte das Deutsche Recht seit dem 14. Jahrhundert gegen das fremde geführt hat, Zeugniß ab, nicht minder die ganze Dogmengeschichte dieser Partie (cf. besonders Rathmann einige Worte über eheliches Güterrecht 1859) bis in die neueste Zeit (cf. Gerber §. 226 Nr. 14, Förster Theorie und Praxis §. 207 u. A. m.), die Art ihrer Reception in die neuern Gesetzbücher, zumal in das Oesterreichische u. s. w. Mit Recht fragt schon Rathmann (l. c. p. 82) ob wohl Laien, die unter der Herrschaft des römischen Do-

*) Namentlich dürfte der Rest der nicht rubricirten Hannöverschen Bevölkerung mit mehr als anderthalb Millionen Einwohnern dem reinen oder germanisirten Dotalsystem, auf welchem letztern die provinziellen Meierrechte meist beruhten, angehören, wie denn auch die Bestimmung im §. 2 des das Höferecht in der Provinz Hannover betreffenden Gesetzes vom 2. Juni 1874 auf das Dotalrecht hinweist. (Cf. Gräfe Leitfaden zum Studium des hannoverschen Rechts II. §. 45 p. 134 f. Weißke Rechtslexicon s. v. Hannover), ebenso die städtische Bevölkerung von Braunschweig (Schletter Jahrbücher II. p. 64, 66) und wenn auch nur kleine Bruchtheile der Bevölkerung der Provinz Hessen (cf. Roth und Meibom §. 105.)

talrechts leben, wirklich eine dos im römischen Sinne zu bestellen glauben und beabsichtigen — also in dem Sinne, daß der Mann Eigenthümer derselben wird, er aber zum übrigen Frauengut ziemlich gradeso steht wie jeder Dritte? Muß und darf dies aber getrost verneint werden, so liegt es auch im Beruf des Gesetzgebers, dieses Recht trotz seines formellen Bestandes aufzuheben resp. bei der Codification zu ignoriren. Auch das heißt: Recht finden, obwohl ein nicht bestehendes an die Stelle eines formell in Kraft befindlichen gesetzt wird.

Es bleiben also zunächst und abgesehen von den vielfältigen Unterabtheilungen, die drei großen Gruppen der Verwaltungsgemeinschaft (incl. des Systems des maritalischen Nießbrauchs) der allgemeinen und particulären Gütergemeinschaft, für welche die Frage zu erörtern ist, ob bei aller Verschiedenheit in der äußern Erscheinung und allen Gegensätzen im Detail, doch die wesentlichen und hier allein entscheidenden Grundzüge identisch sind.

Nun ist es ja gar nicht zu verkennen, daß alle diese Systeme auf derselben Basis erwachsen sind, wie namentlich hervortritt, wenn man das römische System dagegen hält. Nach diesem übt die Ehe auf das Vermögen der Ehegatten principiell überhaupt keinen Einfluß, weder während ihres Bestandes noch nach ihrer Auflösung. In letzterer Beziehung begründen die fast bedeutungslosen Erbrechte der Ehegatten kaum eine Ausnahme, und die anscheinende Beschränkung des Princips durch das Institut der dos besteht mit und neben demselben, insofern die dos lediglich auf Vertrag, wenn auch auf einem ganz eigenthümlich gestalteten Vertrag beruht. Ganz anders verhält sich dieß aber in allen Formen des Deutschen Rechts. Da wirkt die Ehe ein auf die rechtliche Lage des ganzen Vermögens beider Ehegatten, während der Ehe mindestens des gesammten Frauengutes. Erbrechtliche Vortheile herüber und hinüber erkennen alle Deutschen Rechte an, so verschieden erstere auch nach Form und Maaß sein mögen. Die Ordnung des Verhältnisses während der Ehe bewegt sich aber in allen Deutschen Rechten um den Begriff der dem Manne als Recht und Pflicht zustehenden Vertretung der Frau resp. des ganzen Hauses (dieß der Sinn der ehelichen Vormundschaft) und um den Begriff der Genossenschaft der Eheleute, welche ein doppeltes Moment in sich schließt, das einer gewissen Gleichheit und das einer gewissen Gemeinschaft beider Eheleute. Dieß sind die Elemente, aus denen jede deutsch-rechtliche Güterordnung componirt ist, wie sie es gewesen ist soweit unsere Kenntniß zurückreicht.*)

*) Cf. die nähern Ausführungen in meiner Gewere zu rechter Vormundschaft § 2 p. 8 flg., denen auch Schröder Geschichte des ehelichen Güterrechts II. Abth. §. I p. 1 flg. beigetreten ist.

Aber die Mischung dieser Elemente ist eine sehr verschiedene. Im System der Verwaltungsgemeinschaft liegt der Schwerpunkt ganz und gar in der Befugniß und Pflicht des Mannes zur Vertretung der Frau in allen ihren Vermögensverhältnissen, während grade umgekehrt in der allgemeinen Gütergemeinschaft die genossenschaftliche Idee in den Vordergrund tritt, sodaß der Mann mehr als Vertreter der ehelichen Genossenschaft denn als Vertreter der Frau gedacht wird. Die particuläre Gütergemeinschaft endlich steht zwar auf dem letzteren Standpunkt, führt aber die Idee der Gemeinschaft soweit durch, als es mit der Wahrung der ursprünglichen Zuständigkeit gewisser Kategorien des vereinigten Guts verträglich ist. So erwachsen denn aus dieser Mischung der gedachten Grundelemente innerlich nahe verwandte Gruppen von Güterordnungen, und insofern darf man allerdings von einem einheitlichen Güterrecht in ganz Deutschland reden. Man würde aber doch sehr irren, wenn man annehmen wollte, daß jene Güterordnungen darum auch ihren Grundzügen nach identisch seien, jene Mischung etwa nur auf Willkür oder Zufall, nicht auf dem Gegensatz tiefer liegender Anschauungen und Bedürfnisse beruhte. Dieß Letztere ist in der That der Fall. Die Gebäude sind wohl aus demselben Material aufgeführt, aber nicht in demselben Styl, nicht nach demselben Bedürfniß, nicht in demselben Umfang errichtet, und schwerlich würde sich der Bewohner des einen auch in beiden andern wohnlich einzurichten vermögen.

Ich denke eine Vergleichung jener drei Gruppen ihren Grundgedanken nach wird dies ergeben und davon überzeugen, daß nicht Zufall und Laune die Verschiedenheit dieser Bildungen erzeugt hat, sondern daß sie die Resultate tieferer Gegensätze der Anschauungen in verschiedenen Theilen des Deutschen Volks sind.

Es ist doch nicht Laune und Zufall, daß das System der Verwaltungsgemeinschaft noch heute wie vor Fünf Hundert und mehr Jahren die Verhältnisse so regulirt., daß die rechtliche Lage des ehemännlichen Vermögens während der Ehe durch diese im Wesentlichen unberührt bleibt, die des Frauenguts dagegen sich zwar, was die Zuständigkeit betrifft, auch nicht ändert, wohl aber auf die Dauer der Ehe insofern alterirt wird, als der Mann wie das Recht so die Pflicht übernimmt, die Frau in allen ihren vermögensrechtlichen Beziehungen mehr oder weniger selbständig zu vertreten. Es ist aber ebensowenig blos Laune oder Zufall, daß das System der allgemeinen Gütergemeinschaft durch alle seine Gestaltungen hindurch nicht blos das eheweibliche, sondern auch das ehemännliche Vermögen durch die Ehe Aenderungen erleiden läßt und zwar beide im Wesentlichen gleichartige dergestalt, daß das zusammengebrachte Gut zunächst nach Außen (gegen Dritte), folgeweise aber auch, sofern man sich den Consequenzen des römischen

Eigenthumsbegriffs nicht zu entziehen vermag, unter den Eheleuten selbst als eine ihrer Zuständigkeit nach geeinigte Masse erscheinen mußte. Es spricht sich darin eine verschiedene Grundanschauung von der Ehe als der Basis von Haus und Familie nach der vermögensrechtlichen Seite hin aus.

Nach der einen erscheint der Mann als der eigentliche Träger des ganzen Rechtslebens in Haus und Familie, die Frau nur als seine Gehülfin mit ihrer Person wie mit ihrem Vermögen. Sie hilft ihm, indem sie auf die Dauer der Ehe ihre Thätigkeit, ihre Wirthschaft, ihr Hab und Gut mit der seinen vereinigt, und mit dieser vereinigt unter seine Leitung stellt — sie hilft ihm aber nicht für sein einseitiges egoistisches Interesse, sondern sie hilft ihm als dem Haupte des Hauses, also schon während der Dauer der Ehe, auf den wichtigsten Punkten (namentlich im Immobiliarbesitz und Schuldenwesen) gegen seine Willkür geschützt, jedenfalls aber nach Aufhebung der Ehe berechtigt, ihr Gut in dem Zustande des Einbringens zurückzunehmen und in diesem Rechte durch die dem römischen Rechte entlehnten, mächtigen Dotalprivilegien gesichert. Sie ist aber auch seine Gehülfin nicht in der Stellung einer Magd, sondern einer auf Lebenszeit innig verbundenen Genossin, darum während der Ehe von dem Ertrage der gemeinschaftlichen Thätigkeit und des vereinigten Guts gleichberechtigt zehrend und nach dem Tode des Mannes ihren Antheil an seinem durch sie mit erworbenen und vermehrten Vermögen nehmend, und mit um so reicherem Erbtheil bedacht, je ferner dem Manne die Erben aus seiner Familie stehen.

Ganz anders bei der allgemeinen Gütergemeinschaft. Hier sind Mann und Frau zusammen als Genossenschaft die Träger des Hauses in dessen gesammten rechtlichen Beziehungen. Zwar hat auch hier der Mann eine überlegne Stellung bei der Action, ja diese Grundanschauung gestattet sogar, jener bis zur Schrankenlosigkeit zu steigern. Denn nicht die absolute Gleichheit der Stellung beider Gatten ist das Entscheidende, sondern die genossenschaftliche Idee. Sie hat dahin geführt, die Verbindung des beiderseitigen Vermögens so unscheidbar wie die Verbindung seiner Subjecte erscheinen zu lassen. Das Charakteristische dieses Systems beruht darin, daß das beiderseitige Gut vom Augenblicke seines Zusammenbringens an nie wieder verschiedenen juristischen Schicksalen je nach seinem Ursprung unterliegt, sondern für immer eine rechtliche Einheit bildet, selbst bei Auflösung der Ehe durch den Tod eines oder des andern Gatten. Die ursprüngliche Zuständigkeit ist auch nicht mehr maßgebend, auch des Mannes Vermögen kommt in eine völlig neue Situation, das vereinigte Gut — nur als Ganzes vermehrt oder vermindert es sich, gleichmäßig dem Besitz, dem Genuß, der Nutzung, der Vertretung, der Disposition unterliegend, mag letztere nun beiden Eheleuten in gesammter Hand, oder mag sie der einseitigen Entscheidung des Mannes überlassen, oder in zahllosen Abstufungen irgend welche Ausgleichung zwischen beiden Extremen hergestellt worden sein. Und selbst nach Auflösung der Ehe durch den Tod eines Gatten fällt das Gut nicht wieder seinem Ursprung nach aus einander: entweder setzt sich die Gemeinschaft principiell unverändert mit den Kindern fort, oder es lockert sich zwar dieses Verhältniß alsbald, indem es zum Nießbrauch oder Beisitz des Ueberlebenden gemildert wird, erlischt aber auch so nur allmählig, definitiv oft erst mit dem Tode des Letztern.

Das sind doch zwei Systeme von überaus verschiedenem Charakter. Die eine Anschauung ist naiver, weicher, sich dem factischen Stoffe näher haltend, die andere abstracter, principieller, kunstvoller, den juristischen Kategorien zugänglicher. Hat die eine einen höhern juristischen Werth und ist sie für den Richter leichter zu handhaben, so ist die andre dafür volksthümlicher, mehr mit dem ganzen socialen Leben verwachsen. Wird bei der Verwaltungsgemeinschaft das eheliche Güterrecht mehr als für sich bestehendes Institut, aus dem übrigen Familien- und Erbrecht gelöst oder leicht lösbar construirt, so schlägt es bei der Gütergemeinschaft mit dem Eltern- und Erbrecht tausend unlösbare Verbindungen, wird recht eigentlich zum Centrum dieser Partieen. Muß sich im Gebiete der Verwaltungsgemeinschaft jeder Gatte im Laufe der Ehe immer wieder darauf besinnen, wem dieses oder jenes Vermögensstück gehört, wer es inferirt hat, wie und wann es erworben ist, und werden diese Fragen vollends brennend, wenn der Tod die Ehe scheidet und nun die Verwaltung des Mannes lange Jahre zurück einer Prüfung Seitens der Frau oder ihrer Erben unterzogen, Anspruch und Gegenanspruch ventilirt wird — so kommt dem in Gütergemeinschaft Lebenden keine dieser Fragen. Keine kommt aber auf dem Dritten, der sich mit einem der Gatten in Verkehr begiebt. Er weiß: der Mann kann überhaupt oder er kann im concreten Falle allein oder er kann nur in gesammter Hand contrahiren. Damit weiß er genug, um sich vorzusehen: das Gesammtgut haftet ihm nun. Und wenn der Tod die Ehe trennet, da löst sich das Hauswesen nicht in abrupter Weise auf, da bricht nicht die Vormundschaftsbehörde in das Sterbehaus ein mit Siegel und Inventur, da setzt sich Wirthschaft und Geschäft fort, bis sich allmählig die Familie selbst auflöst. Je enger sich aber bei solchen Institutionen das Recht den natürlichen Zuständen angeschlossen, je treuer es dieselben gewisser Maaßen nur rechtlich umschrieben hat, desto mehr sind sie dem Volke in Fleisch und Blut übergegangen, und sie ihm nehmen würde soviel heißen, als ihm ein Stück von seinem eignen Wesen nehmen. Aber noch drückender, wenn denkbar, würde es andrerseits dem in die

Verwaltungs-Gemeinschaft Eingelebten werden, wenn man ihm zumuthen wollte, sich plötzlich in eine Anschauungsweise, wie die geschilderte ist, zu finden. Ihm würden schon all die Incongruenzen und Härten in diesem System, welche die Sprödigkeit seines Stoffs gegen scharfe juristische Construction mit sich bringt und die nur die alte Gewöhnung vergessen läßt, hart ankommen im Vergleich mit seinen auf klaren Principien ruhenden Ordnungen. Noch weniger würde er aber die materiellen Anstößigkeiten überwinden. Unverständlich wird ihm, bis er sich geradezu umdenkt, bleiben, daß er in und mit Eingehung der Ehe sein Vermögen zum Theil einbüßt und dafür andres erwirbt, daß auch der Mann nun über sein eignes Gut nicht mehr frei disponiren, oder aber (umgekehrt), daß er auch über die werthvollsten Stücke des Frauenguts nach Laune und im egoistischen Interesse so uneingeschränkt verfügen darf, daß es juristisch seiner Willkür völlig preisgegeben sind — unverständlich wird ihm bleiben, daß was der Beamte, der Kaufmann, der Schiffer 2c. durch seine Arbeit und Thätigkeit verdient, ipso jure zur Hälfte seiner Frau erworben sein soll, während er gewohnt war, Letztere für ihre Verdienste um den Erwerb abgefunden zu sehen durch ihren möglichst reichlichen Erbtheil an des Mannes Vermögen, ohne daß dieser Vortheil auch ihren Erben zugekommen wäre, wenn sie vor dem Manne starb. Aber nicht blos unverständlich, sondern in hohem Maaße widerwärtig würde ihm dies Alles im Falle kinderloser Ehe werden, wo der Ueberlebende entweder sein eignes Gut bei Leibesleben zur Hälfte an Fremde gelangen sieht oder seinerseits erwirbt, was ihm nicht zu gebühren schien. Und so schimmern die fundamentalen Gegensätze auch in allen Einzelheiten durch und erwecken das Gefühl des Fremdseins selbst da, wo, wie das häufig genug der Fall ist, äußerlich Gleichheit besteht.*) Niemand wird sagen dürfen: diese Anschauung ist richtig und jene ist falsch. Sondern sie haben beide ihr Recht auf Existenz, sie haben dieses Recht durch vielhundertjährigen Bestand, so zu sagen, ersessen, und darum soll der Gesetzgeber sie weder auszugleichen versuchen noch die eine zu Gunsten der andern vernichten.

Verwaltungs- und Allg. Gütergemeinschaft stehen auf den beiden entgegengesetzten Polen der Deutschen Güterordnungen. Inmitten zwischen beiden — zeitlich wie dogmatisch — liegen die Gruppen der particulären Gütergemeinschaft. Haben auch diese das Recht auf Conservirung?

---

*) Durch eine solche gar nicht seltene Gleichheit der in der Peripherie liegenden Satzungen hat sich, wenn ich recht sehe, Binding über die tiefen Gegensätze im Centrum täuschen lassen.

Ihr charakteristisches Wesen liegt darin, daß sie durch dieselben Anschauungen gezeugt und genährt, welchen die Allg. Gütergemeinschaft ihren Ursprung verdankt, doch versuchen, die Mißstände und Härten zu beseitigen, welche in der Consequenz der Allg. Gütergemeinschaft liegen, dieß aber nur um den Preis des Hauptvorzugs der letztern, um den Preis der Einfachheit und Naturwüchsigkeit der Construktion, vermögen. Indem sie das Einbringen beider Gatten in größerem oder geringerem Umfang aus der Gemeinschaft heraushalten und dadurch allerdings dem so höchst bedenklichen Mißstande vorbeugen, daß durch Eingehung der Ehe ipso jure die Zuständigkeit des beiderseitigen Vermögens alterirt wird, so compliciren sie eben dadurch das Rechtsverhältniß aufs Höchste, indem sie an die Stelle einer Masse deren drei setzen, welche verschiedenen juristischen Schicksalen unterliegen, unter einander in mannigfachen Rechtsbeziehungen stehen, und da sie sich nicht nach Maßgabe des dermaligen sondern nur des ursprünglichen Standes (nicht ex nunc sondern ex tunc) wieder scheiden, zu den verwickeltsten Recherchen nöthigen. Deshalb identificirt sich dieser Typus aber entfernt nicht mit dem System der bloßen Verwaltungsgemeinschaft. Denn die diese beherrschenden Gedanken sind es keineswegs, welche die Verhältnisse auch nur der aus der Gemeinschaft herausgehaltenen Güter reguliren. Nicht das Interesse des Mannes, als des eigentlichen Trägers und Hauptes der Familie, sondern das Interesse des Mannes und der Frau, und zwar als ein formell, so zu sagen, ziffermäßig gleichberechtigtes ist hier der maßgebende Gesichtspunkt. Ist daher nur die endliche Ausgleichung des beiderseitigen Interesses gewahrt, so verträgt sich mit diesem System schon mancherlei Gestaltung des Verhältnisses während der Ehe, selbst die, daß während derselben eine Gemeinschaft überhaupt auf keinem Punkte eintritt, vielmehr nur am Ende durch Zahlung des Werth-Saldo die Rechnung herüber und hinüber ausgeglichen wird, — die Gemeinschaft des Zugewinnstes, wie sie am Schärfsten wohl in Kurhessen (Roth und von Meibom Kurhessisches Privatrecht §. 107 zu N 17 ff. §. 114 p. 426 ff.) ausgebildet worden ist, wie sie jedoch auch in Bayerschen Statuten (cf. Roth Bayersches Privatrecht §. 58 p. 346 ff.) und anderwärts besteht (cf. Runde §. 83). Indessen ist das doch Singularität. Als das Normale erscheint es, wenn das Verhältniß während der Ehe selbst bezüglich der Sondergüter möglichst nach den Grundsätzen der Allg. Gütergemeinschaft regulirt ist, sei es nun nach den Principien der gesammten Hand,*)

* So in den Württembergschen Rechten (cf. Wächter Württembergisches Privatrecht p. 246, 267, 46 f.), in Frankfurt a. M. (cf. Euler Mittheilungen p. 33) und wohl selbst in der Particular-Gütergemeinschaft des Allg. Land-Rechts (II. l. 411).

sei es, was seltner, auf Grund der völligen Dispositionsfreiheit des Mannes entweder überhaupt*) oder doch im Schuldenwesen, insofern man den Mann für berechtigt erklärt, durch einseitige Acte nicht blos das gemeinsame, sondern auch das Sondergut der Frau für Eheschulden, die man in sehr verschiedener Weise definirt, haftbar zu machen,**) oder aber diese Haftung auf das gemeinschaftliche Gut beschränkt.***) Wie das aber auch immerhin bestimmt sein möge, darin begegnen sich alle Gestaltungen dieses Systems, daß bei Auflösung der Ehe die Sondergüter (die biens personnels) von letzterer unberührt dem bisherigen Eigenthümer verbleiben, dagegen das wirthschaftliche Resultat des ganzen Ehelebens, wenn es ein positives ist, jedem Gatten zur Hälfte als Eigenthum zufällt, oder, wenn ein negatives, als Einbuße abgeht. Nicht der Mann allein, sondern Mann und Frau zusammen als Genossenschaft, erscheinen also auch bei diesem Typus der Gütergemeinschaft als die Träger der wirthschaftlichen Existenz der Familie, und namentlich ist die Frau dem Mann darin gleichgestellt, daß sie nicht blos im Großen und Ganzen durch seine Vermittelung, sondern direct und formell an dem sich entwickelnden Plus oder Minus des Vermögensstandes als eines gemeinschaftlichen participirt und diese ihre Situation, wenn sie zuerst verstirbt, auf ihre Erben transmittirt. Das ist und bleibt dem im Gebiet der Verwaltungsgemeinschaft Aufgewachsenen fremd und antipathisch zumal da, wo der Contrast scharf heraustritt, wie bei der kinderlosen Ehe. Bekanntlich hat Gerber schon vor geraumer Zeit diesem Widerwillen den schärfsten Ausdruck gegeben (Jahrbuch für Dogmen I p. 249 ff.) und schwerlich wird das was neulich Binding (Archiv N. F. 56 p. 72 ff.) darüber gesagt hat, die erhobenen Bedenken völlig beseitigen können. Indessen treffen dieselben zumeist nur die Ausführung, während die Grundgedanken, wie auch Gerber selbst anerkennt, ihre gute Berechtigung haben. Der Beweis für diese Berechtigung liegt aber darin, daß ein großer, etwa der dritte Theil unserer Gesammtbevölkerung, mit einem zweiten Drittheil, seit Jahrhunderten den Ideen der

---

*) So in Schleswig im Rechtsgebiet des Jütisch Low cf. Falk Handbuch II, p. 448 §. 74.

**) Z. B. in Bayerschen Rechten (cf. Roth l. c. p. 360 Nr. 3, 362 sub. a. b. c.) im Württemberg'schen Landrechte (cf. Wächter l. c. p. 277 Nr. 40, p. 427, p. 429 Nr. 5) beschränkter auch im Kurhessischen Recht (cf. Roth und von Meibom p. 414, 417, 418) in dem Fehmarnschen und Nordstromder Landrecht (cf. Falk p. 441 f. 443 cf. aber 452 ff.).

***) So in Frankfurt a. M. (doch bestritten, cf. Euler p. 34) im Allg. Preußischen Landrecht II. 1. 406 (cf. dazu Koch Comment ed. 4. Nr. 48) und namentlich im Code (§. 140 flg.), dem hierin wie sonst der Ehrenbreitensteiner Entwurf folgt (Kritik bei Euler p. 46).

Gütergemeinschaft zugewandt, nicht aber wie dieses im Stande ist, sie als allgemeine Gütergemeinschaft mit den mißlichen Consequenzen des allseitig durchgeführten Princips zu tragen, daß es aber doch lieber eine nur beschränkte Durchführung jener Ideen und selbst eine künstliche, ja complicirte Construction des Rechtsverhältnisses auf deren Grundlagen hinnimmt und durch das Leben auszugleichen vermag, als daß es die Grundanschauung selbst aufgeben möchte.

Aus dem über die Idee und Bedeutung der Gütergemeinschaft Gesagten ergiebt sich auch weiter, welcher Typus derselben Conservirung verdient? Es kann nur der sein, welcher am meisten der eingebornen Idee des Instituts entspricht, ihr zugleich aber eine den dermaligen factischen Verhältnissen und den wahren Bedürfnissen der heutigen Verkehrsverhältnisse entsprechende Ausführung ergiebt.

Da, wo reine Errungenschaftsgemeinschaft besteht, wie Frankfurt a. M., scheint man allerdings deren Festhaltung zu wünschen (cf. Euler Mittheilungen p. 51 ff. „Binding" l. c. p. 111). Man scheut die Mobiliargemeinschaft, wie sie namentlich der Code zur Basis nimmt. Der Einwand gegen dieselbe ist triftig genug. Das sociale und wirthschaftliche Werthverhältniß zwischen Mobiliar- und Imobiliarbesitz hat sich ja seit der Zeit, aus der jenes System stammt, wenigstens in vielen Schichten der Bevölkerung geändert, namentlich im Handels-, Gewerbe-, Beamten- und Arbeiterstand, in den Classen der Gelehrten, Künstler und Rentiers. Bei ihnen bildet mindestens in gleichem Maaße der Mobiliar-, Geld- und Kapitalbesitz den Grundstock des Vermögens, die Basis, auf welcher Existenz und Wohlstand der Familie beruht. Diese aber, ungeachtet der als Ideal vorschwebenden Gütergemeinschaft, nicht durch die Ehe eo ipso in eine fremde Hand gelangen zu lassen, war das Motiv des Strebens, die Immobilien aus jener heraus zu halten, die Mobilien dagegen als nicht eigentlich den Grundstock des Familienbesitzes repräsentirend, in die Gemeinschaft fallen zu lassen. Man kann diesen zunächst die Mobiliargemeinschaft beherrschenden Gedanken festhalten, und sich doch dem System der reinen Errungenschaftsgemeinschaft nähern, ja ihm beliebig nahe kommen, indem man versucht, in die Kategorie der Immobilien auch die Complexe derjenigen Mobilien zu stellen, welche heutzutage dieselbe Bedeutung haben. Allen läßt sich dieselbe keineswegs beilegen. Auch heutzutage sind nämlich sehr bedeutende Mobilienstücke ihrer Natur und Bestimmung nach so vergänglicher Natur, daß sie eine irgend langjährige Ehe nicht überdauern, daß sie vielmehr ganz eigentlich zum Aufbrauchen bestimmt sind — Consumtibilien, Kleider, Wäsche, Geräthe, Möbeln u. s. w. Das reine Errungenschaftssystem schlägt auch sie zum Sondergut des Inferenten. Aber auf sie passen die für die Auflösung des vereinten Guts auf Surrogate, Ersatz für Verlust oder Werthminderung, Diligenz u. s. w. bei der Verwaltung geltenden Grundsätze in keiner Weise. Alle diese Gegenstände liegen nach etwas längerer Ehe im Gemenge mit dem während derselben angeschafften und meist in die Gemeinschaft fallenden, und darum bleibt die Scheidung derselben ex tunc immer eine höchst complicirte Operation. Mit richtigem Tacte hat daher der Codex Maximilianeus sein Errungenschaftssystem auf Objecte der gedachten Art, die er „gemischte Hausfahrniß" nennt, und denen er auch noch die Hochzeitsgeschenke beifügt, ausgedehnt. Mich dünkt, wenn es gelänge, die Mobiliargemeinschaft in dem oben bezeichneten Sinne wesentlich einzuengen, auch etwa dem Ueberlebenden noch einen Voraus aus den in die Gemeinschaft fallenden, für seinen persönlichen Gebrauch bestimmten Gegenständen zu gewähren, so würde die Errungenschafts-Gemeinschaft eine im Geist des Instituts liegende, dasselbe wesentlich vereinfachende Fortbildung erfahren, damit aber zugleich der — hier zunächst interessirende — legislatorische Vortheil erreicht sein, daß die beiden Hauptformen der beschränkten Gütergemeinschaft in ein einziges Institut verschmolzen, und damit ein wesentlicher Schritt zur Vereinheitlichung des Rechts gethan werden könnte.*)

Bei der Abgrenzung der aus der Gütergemeinschaft auszusondernden Vermögensstücke wird man als maßgebend nur betrachten können, ob dieselben in der Schätzung des Volks als die eigentlichen Träger, als der Stock und Stamm eines in der Familie forterbenden Vermögens erscheinen, wie ehedem und selbst noch heutzutage der Grundbesitz. Einen festen Maßstab giebt es freilich dafür nicht. Es bleibt ein Spielraum. Je weiter man die Kategorie ausdehnt, desto näher kommt man dem reinen Errungenschaftssystem. Eine Gefahr droht also wohl kaum, wenn man weiter greift, als unbedingt geboten ist. Ich denke, man würde dem Sondergute d. h. demjenigen inferirten Gute, welches bei Auflösung der Ehe entweder in Natur oder seinem Werthe nach dem Inferenten resp. dessen Erben verbleibt, etwa zuzuzählen haben: die Immobilien nebst beweglichem und unbeweglichem Zubehör, Gerechtsame und Sachen, denen überhaupt durch das Recht Immobiliarqualität beigelegt ist, wie z. B. Schiffe, ferner aber auch Geldkapitalien und Kapitalforderungen auf den Namen oder au porteur, die auf den Namen eines Ehegatten eingetragenen oder notorisch geführten Handels- und Industrie-Etablissements, Bibliotheken und Kunstsammlungen, Pretiosen, Kleinodien, Uhren und Schmucksachen, endlich alle Mobilien, welche von beiden Gatten als Eigenthum des einen oder andern

*) Hierauf deutet Schröder, Gutachten p. 31 ff. hin, und auch Euler dürfte sich nach dem in seinen Mittheilungen p. 52 Bemerkten einverstehen.

gekennzeichnet sind. Diese Kategorie gelangt aber (anders als die weiter unten skizzirte von wesentlich anderer Tendenz) schlechterdings erst bei Auflösung der Ehe zu Bedeutung, indem durch Abzug des beiderseitigen Sonderguts sich das zu halbirende Gemeingut bildet. Für die Verhältnisse während der Ehe kann und muß im Sinne dieses Systems die obige Unterscheidnng ohne Einfluß bleiben. Nur so wird die Scheidung des vereinigten Guts in drei Massen erträglich und die Verwickelung des Verhältnisses auf den Moment der Auseinandersetzung beschränkt.

Ich denke, aus dem Erörterten ergiebt sich: die drei Hauptgruppen des ehelichen Güterrechts (die beiden Gestaltungen der partikulären Gütergemeinschaft in eine einzige zusammengefaßt) sind nicht blos ihrer äußern Erscheinung nach, sondern in ihrem innersten Wesen so different, daß sie sich zu einem einzigen Organismus nicht vereinigen lassen. Damit ist aber auch die zweite Alternative verneint, unter welcher nach dem oben Bemerkten die Möglichkeit einer Codification des gesammten ehelichen Güterrechts auf einheitlicher Basis statthaft erschien, und als Resultat ergiebt sich nun also, daß die Möglichkeit überhaupt und schlechthin zu verneinen ist.

Damit erledigt sich die Frage, auf welcher Basis die einheitliche Codification vorzunehmen wäre, von selbst. Indessen glaube ich doch, um die Sache abzuschließen, mich mit bloßer Negative auf diesem Punkte nicht begnügen zu dürfen. Es bleibt die Frage: wenn nun mehrfache Grundlagen zu nehmen sind, welche sind denn zu nehmen? Allerdings geben auch hierauf obige Erörterungen schon die Antwort. Es sind die besprochenen drei Hauptsysteme, welche codificatorisch reproducirt werden müssen. Allein sind es nur diese? oder giebt es nicht noch weitere Gegensätze, welche gruppenbildend wirken und den Gesetzgeber nöthigen, jene drei großen Hauptgruppen noch weiter zu scheiden und so die Basis, auf der zu bauen, noch weiter zu vervielfältigen? Differenzen und Contraste sind ja unter den geltenden Güterrechten, außer den drei genannten noch genug vorhanden, auch wenn man selbstverständlich von den offenbar untergeordneten von vornherein absieht. Besteht nun nicht auf irgend einem Punkte noch eine weitere Gegensätzlichkeit von so intensiver Natur, daß sie sich nicht ohne Härte zu höherer Einheit auflösen läßt? Erst die Beantwortung dieser Frage wird das Thema erschöpfen.

Ich fasse zunächst die mannigfaltigen Systeme der Gütergemeinschaft in's Auge.

Eines Gegensatzes innerhalb des Gebiets der partikulären Gütergemeinschaft, wie er hier in Betracht kommen könnte, habe ich bereits vorhin anticipando gedacht und ihn als ausgleichbar nachgewiesen. Noch andere aber könnten Bedenken erregen. Wäre z. B. nicht die Erscheinung zu conserviren, daß, wie ursprünglich im Westfälischen und Friesischen Rechte, so jetzt noch im Gebiete des Lübischen nicht minder aber auch mancher Süddeutscher Rechte eine verschiedene Regulirung, vielleicht eine Combination der Güter- und der bloßen Verwaltungsgemeinschaft eintritt, jenachdem die Ehe beerbt oder unbeerbt ist? oder wäre nicht eine Bildung festzuhalten, wie die zumal in früherer Zeit so häufige Gütergemeinschaft von Todeswegen? Ich sollte es doch kaum glauben. Die letztere Gestaltung halte ich, wenig verbreitet, wie sie dermalen ist*), für eine überwundene Phase ohne feste Wurzel mehr im Volksbewußtsein. Von der erstern Erscheinung läßt sich das freilich kaum sagen. Auch ist der ihr zu Grunde liegende Gedanke nicht blos ein uralter, mit einigen Stammesrechten auf's Engste verwachsen, sondern erscheint selbst heute noch als ein in sich wohl berechtigter: die genossenschaftliche Idee erhält ihre wahre und volle Bedeutung erst in Verbindung mit den Ideen der Familie und des Hauses als eines organischen Ganzen. Hier steht nun aber ein andrer Umstand hindernd im Wege. Wie von jeher, so trotzt auch heute noch jener Gedanke jeder scharfen und doch praktischen Formulirung. Derselbe hat nur Sinn und Berechtigung, wenn und solange Kinder aus der Ehe vorhanden sind. Die Ehe, in der sie vorhanden sein könnten (jährige Ehe), oder vorhanden waren aber nicht mehr sind, als eine beerbte aufzufassen, ist doch gewiß eine ebenso unmotivirte Fiction, als es legislatorisch nahezu unmöglich ist, den gesammten Güterstand an einen dem Wechsel anheimgestellten Zufall, wie der Besitz von Kindern ist, zu knüpfen, mithin, wie es das Obertribunal 1839 präcisirt hat (cf. Wilmowski p. 101 ff.), mit der Eingehung der Ehe eine durch die Geburt eines Kindes „bedingte" eheliche Gütergemeinschaft entstehen zu lassen. Mag diese Rechtsbildung daher auch materiell berechtigt sein: ihre Conservirung scheint mir an ihrer juristischen Unfaßbarkeit zu scheitern, wie sie denn auch in Lübeck selbst zu unbequem gefunden und durch die Legislation von 1862 aufgegeben worden ist (cf. Plitt l. c. p. 9).

Anders dürfte es jedoch einmal mit demjenigen Gegensatz stehen, der sich an die Dispositionsbefugniß des Ehemannes über das Gesammtgut knüpft — sodann mit demjenigen, der durch die Zulassung oder Ablehnung der communio prorogata veranlaßt wird.

---

*) Sie hatte sich im Mittelalter namentlich in der Mark, in Meißen und in Thüringen, unter romanisirenden Einflüsse, neigenthümlich gestaltet (Innelassung der Illaten — Wahlrecht), erhalten und besteht in dieser Gestalt noch fort in dir Kur- und Neumark und einigen wenigen Thüring'schen Localrechten (z. B. Rudolstädter Successionsordnung v. 1769). Eine ähnliche Erscheinung in einigen Statutarrechten Pommerns (cf. Wilmowski l. c. p. 97) und Rügens (Bergen und Garz).

Durch die ganze Entwicklung der Gütergemeinschaft zieht sich ein einschneidender Gegensatz hindurch, je nachdem die Disposition des Mannes über das vereinigte Gut eine schrankenlose oder eine beschränkte ist. Zwar hinsichtlich der Verfügung über die Mobilien und Schuldenwirkung sind die Rechte, wenn auch nicht alle, so doch in überwiegender Mehrzahl, zur möglichsten Freistellung des Mannes in seiner Action geneigt. Gerade das Umgekehrte läßt sich aber sagen in Betreff der Disposition über die Substanz der Immobilien. Dennoch gewahren wir, daß schon seit dem Mittelalter im Rheinfränkischen Rechtsgebiet, vorwiegend am Oberrhein, ebenso wie östlich in dem weiten Bereiche der Drittheilsrechte, sporadisch aber auch anderwärts, wie in einzelnen Bayerschen Städten (cf. Roth l. c. p. 378), in Bremen und Hamburg mit Stade, in den Stadtrechten von Schleswig-Holstein, soweit nicht Lübische Gütergemeinschaft gilt (Falk l. c. p. 463), sowie in Lippe-Detmold (Verordnung v. 1786 §. 9) dem Manne auch die Verfügung über die Substanz der Immobilien principiell oder wenigstens dem praktischen Resultat nach gänzlich überlassen ist, während in den übrigen Rechtsgebieten die gesammte Hand die Herrschaft hatte. Man wird kaum sagen dürfen, daß das erstere System seit dem Mittelalter zu Gunsten des letzteren an Terrain verloren habe. Das System der Drittheilsrechte ist freilich in Sachsen, Schlesien und Thüringen nahezu verschwunden, es ist aber dem der Verwaltungsgemeinschaft gewichen. Dagegen hat das Rheinfränkische Princip, auf die particuläre Gütergemeinschaft angewendet und beschränkt, in und mit dem Code sich behauptet, und sogar dem Princip der gesammten Hand in Neuvorpommern durch die Praxis (nach zuverlässiger Mittheilung) und in der Provinz Westfalen durch das Gesetz von 1860 ein bedeutendes Terrain abgewonnen, welches man mit dem Entwurf von 1866 für den Bezirk Ehrenbreitstein noch erheblich zu vergrößern im Begriff steht. Und diese Entwicklung hat sogar die Consequenz für sich. Denn warum der Mann über die Immobilien zwar indirect durch Schuldenwirkung, nicht aber direct durch Veräußerung zu disponiren befugt sein soll, ist principiell nicht recht zu erklären. Aber auch praktisch hat sie Berechtigung. Es ist ja wahr: das ganze Hab und Gut auch der Frau wird völlig der Willkür des Mannes preisgegeben. Ist dies denn aber so wesentlich anders nach dem System der gesammten Hand, wie es z. B. das Allg. Preuß. Landrecht oder das Lübische Recht (außer Lübeck) repräsentiren — einmal überhaupt der Schuldenwirkung wegen, sodann wegen der heutzutage so großen Ueberzahl von Ehen, in die keine Immobilien inferirt werden? Wenigstens Förster (Theorie und Praxis III. p. 516) hat gerade diese Rechte zunächst im Auge, wo er dem System den Vorwurf macht, daß es „die Frau mit ihrem Vermögen und die Zukunft der Kinder widerstandlos mit gebundenen Händen dem Manne überliefere und gegen dessen Verwaltung des gemeinschaftlichen Vermögens kein Mittel biete bis zum völligen Ruin der Familie." Für die Steigerung dieser ohnehin bestehenden Gefahr gewinnt man aber nicht blos eine sonst unerreichbare Einfachheit der ganzen Güterordnung, sondern man gewährt dem Manne mit der Möglichkeit des Mißbrauchs doch auch die Möglichkeit eines energischen Gebrauchs seiner Stellung. Ich möchte daher glauben, daß auch diese Bildung als eine in ihrer Eigenthümlichkeit berechtigte und darum zu conservirende anzusehen wäre — indessen doch nur für die Allg. Gütergemeinschaft. Denn wenn man sie auch nach dem Vorgang des Code auf die particuläre ausgedehnt bleiben lassen wollte, so wäre man in der Lage, entweder mit diesem die Disposition je nach der Herkunft des Guts verschieden zu ordnen, was auf dem Boden jeder Gütergemeinschaft principiell und praktisch bedenklich bleibt, oder aber den Mann auch über die Sonder-Immobilien der Frau frei schalten und walten zu lassen, was vollends mißlich und in den dermaligen Rechten beinahe ohne Präcedens wäre. (So auch Euler l. c. p. 53, Binding l. c. (p. 112 f). Nur für die Allg. Gütergemeinschaft würde also dieser Typus auf Conservirung zu rechnen haben — selbstverständlich neben dem Princip der gesammten Hand. Denn daß dieses heutzutage doch noch vorherrschende, auch vom Allg. Preuß. Landrecht und als subsidiäres Recht vom Sächsischen Civilgesetzbuch und vom Oldenburger Gesetz adoptirte Princip nicht aufgegeben werden kann, versteht sich von selbst. Ja! es scheint mir, wenn man einerseits dem Princip möglichster Freistellung des Ehemannes sein Recht widerfahren läßt, um so gebotener, auch das der gesammten Hand in vollster Bedeutung und Tragweite zur Geltung kommen zu lassen. Glaubt man einmal für gewisse Acte in der Bewirthschaftung des Vermögens den die Gütergemeinschaft beherrschenden Gedanken der Genossenschaft auch actuell hervortreten lassen zu müssen, um die Frau und Familie vor einseitigen Verfügungen des Mannes sicherzustellen, so führt dieser Gedanke heutzutage weiter als zur bloßen Beschränkung der Disposition über die Substanz der Immobilien, wie denn schon aus älterer Zeit Ansätze zu einer Entwicklung in dieser Richtung vorliegen. Bald läßt man nämlich, abgesehen von Geschäften über Immobilien, die gesammte Hand auch noch bei besonders bedenklichen Geschäften, wie Schenkungen, Bürgschaften, Vergleichen, walten (z. B. im Hohenlohischen, Bamberger, Preußischen Landrecht, cf. Roth l. c. p. 380 f. Förster l. c. p. 524 — in gewisser Weise sogar im Westfälischen Gesetz von 1860 §. 3), bald bei allen Schuldaufnahmen oder überhaupt bei allen Verträgen (wie nach der Nürnberger Reformation), bald bei Einziehung und Kündigung von Kapitalien (Allg. Preuß. Landrecht II. 1. 379), nicht minder bei Dispositionen über besonders werthvolle Theile der Fahrniß (Württembergisches Landrecht cf. Wächter l. c. p. 246, 267) oder bei gerichtlichen Verpfändungen von Mobiliarstücken (Frankfurt a. M. cf. Schröder II. 2 p. 18). Dem Gedanken, der in diesen mannigfachen Versuchen liegt, darf und muß weitere Folge gegeben werden. Man wird also etwa gemeinschaftliches Handeln beider Gatten bei Schenkungen des ganzen Vermögens oder aliquoter Theile desselben, oder mit Vorbehalt des Nießbrauchs für den Schenker oder überhaupt bei unverhältnißmäßig großen Schenkuugen, ferner bei Erbschaftsantretungen oder Ausschlagungen, bei Bürgschaften, Vergleichen, sowie bei Veräußerungen aller Art, welche Gegenstände mit Immobiliarqualität, ganze Erbschaften oder Fideicommmisse, werthvolle Gesammtheiten von Mobilien, (wie kaufmännische oder gewerbliche Etablissements, Bibliotheken und Kunstsammlungen) ferner Kleinodien und Pretiosen betreffen, endlich bei Dispositionen über Forderungen aus Geschäften über Gegenstände der ebenbezeichneten Gattung, ferner über Kapitalforderungen auf den Namen eines Gatten oder seines Rechtsvorgängers oder zu Gunsten eines oder des andern vorschreiben. Nur eine Ausdehnung auf die Schuldenwirkung in dem Sinne, daß bei einer nicht in gesammter Hand übernommenen Verbindlichkeit das Gesammtgut dem Gläubiger nicht hafte, wird unausführbar bleiben, wie denn auch in dieser Haftung vom Mittelalter her bis auf wenige Ausnahmen die verschiedensten Güterordnungen ziemlich einverstanden gewesen sind. Jene Haftung liegt eben in der unausweichlichen Consequenz des Princips, ist, — wie die Lippische Verordnung von 1786 (§. 12) klagt — „eine oft traurige, aber nothwendige Wirkung der Allg. Gütergemeinschaft." Denn was soll sonst haften? Sondergut wie bei der particulären Gütergemeinschaft giebt es nicht. Die Haftung des ideellen Halbtheils kommt bei der Untheilbarkeit des Guts während der Ehe auf dasselbe Resultat hinaus wie die Haftung des Ganzen — mit dem einen Unterschied, daß bei der endlichen Realtheilung die Schuld dem einseitig contrahirenden Gatten allein zur Last fällt. Dem andern Gatten, nicht dem Gläubiger gegenüber hat freilich auch bei der Allg. Gütergemeinschaft die Unterscheidung zwischen Sonder- und Eheschulden ihren berechtigten Sinn und sie für diesen Zweck festzuhalten kann immerhin angemessen sein. Nur dem Gläubiger gegenüber ist die Ausdehnung der gesammten Hand auf die Schuldenwirkung unhaltbar.

Auch in Betreff der Lösung der Gütergemeinschaft zeigen sich sehr mannigfaltige Bildungen. Durch alle geht jedoch ein Gedanke hindurch: der Tod des einen Gatten soll nicht plötzlich das ganze Verhältniß abbrechen; dasselbe geht nicht lediglich in dem ehelichen auf; darum soll es sich nur allmälig mit dem ganzen Haus und mit der Familie lösen, womöglich unter Fernhaltung gerichtlicher Einmischung. Im Gebiete der gesammten Hand beruhte auf solchen Ideen die Verfangenschaft, die (wiewohl vielleicht in anderem Wege) nach Auflösung der Ehe die Functionen übernahm, welche erstere während der Ehe erfüllte, — auf denselben beruhte aber auch das gerade in Reaction gegen die Verfangenschaft und gegen die durch sie bedingte unnatürliche Stellung des Ueberlebenden angenommene Alleinerbrecht des Letzteren, welches gleichfalls die Einheit des ganzen Hauswesens zu erhalten erlaubte und gemildert war durch die Verpflichtung zur Erhaltung und Erziehung, zur Ausstattung, zur elterlichen Beihülfe und zu einem bei zweiter Ehe zu gewährenden Voraus der Kinder. Der Ertheilung eines solchen Erbrechts bedurfte es aber, um zu demselben Ziele zu gelangen, nicht einmal, wo dem Manne schon während der Ehe völlig freie Disposition gegeben war, — wofern man nicht, wie in den Oberrheinischen Städten, an der alten Verfangenschaft festhielt.

Anschauungen der eben geschilderten Tendenz haben später ihren juristischen Ausdruck in der Communio prorogata gefunden und diese hat sich damit wohl als im Geiste des Instituts liegend legitimirt. Wenn wir ihr indessen weiter nachgehen, so wird ihre Conservirung als allgemeines Institut doch bedenklich. Der Form der Verfangenschaft ist sie längst entwachsen; sie ist jetzt der Art gestaltet, daß auf sie die Regeln von der Allg. Gütergemeinschaft mit der Maßgabe angewendet werden, daß der Ueberlebende jederzeit die Stellung des Ehemannes, die Kinder jederzeit die der Ehefrau einnehmen. Dies ist aber schwer ausführbar, wo mit der gesammten Hand wirklich Ernst gemacht wird. Denn ein gemeinsames Handeln mit vielen, vielleicht unmündigen Personen ist zu schwerfällig, um als Regel anerkannt werden zu können. Wenn daher auch z. B. das Lübische Recht in Pommern (cf. v. Wilmowski §. 73 p. 186 — anders jedoch, wenn der Mann überlebt, nach der Praxis in Neuvorpommern) und manche Fränkische Rechte (z. B. Erbach, Bamberg Turnau, cf. Roth §. 64 Nr. 1 p. 391) diese Consequenz nicht gescheut haben, so haben doch andere unter Milderung der ursprünglichen Idee sich mit der äußern Gütereinheit nach Auflösung der Ehe, d. h. mit Beisitz und Nießbrauch begnügt (cf. Roth §. 63 p. 387 f.), noch andere an dem (belasteten) Alleinerbrecht des Ueberlebenden festgehalten. Letzterer Ausweg geht gewiß über das Ziel hinaus, zeigt aber, welchen Opfers man die Aufrechthaltung der Gutseinheit nach Auflösung der Ehe für werth hielt. Um so mehr wird man daher die Communio prorogata zu erhalten haben, wo sie sich dem Systeme leicht und bequem anschließt, — d. h. dort, wo der Mann während der Ehe völlige Freiheit der Disposition hat, diese also auch auf den Ueberlebenden übergeht. Die Rücksicht auf das Interesse des Hauses als Ganzes überwiget die Besorgniß vor Gefährdung der einzelnen Glieder. Wenn daher auch auf diesem Gebiete die communio porogata nicht allgemein verbreitet ist — sie gilt z. B. in Westfalen, in Neuvorpommern nach der Praxis, in Lippe nach der Verordnung von 1786, theilweise in Bremen, Hamburg mit Stade ꝛc. — so hat sie hier doch wohl ihr historisches Recht und ihre principielle Bedeutung, was auch seine volle Bewährung darin findet, daß, während das auf der gesammten Hand basirende Allg. Preußische Landrecht die communio prorogata ausschließt, das die Dispositionsfreiheit des Mannes anerkennende Westfälische Provinzialgesetz von 1860 erstere festgehalten und unter angemessenen Milderungen principiell fixirt hat. Als Correlat dieses Typus der Allg. Gütergemeinschaft verdient das Institut daher Conservirung, während sich der überlebende Gatte nach dem auf der gesammten Hand beruhenden Typus bei beerbter Ehe mit dem Beisitz, bei unbeerbter etwa mit dem Recht, den Naturerbtheil der Miterben durch Wertherſatz abzulösen, zu begnügen hat. Auf den Ausweg des Beisitzes ist auch das System der particulären Gütergemeinschaft zu verweisen, mit deren Prinzip der Gedanke der fortgesetzten Gütergemeinschaft entschieden in Widerspruch steht (cf. Eulers Mittheilungen p. 47 gegen die in dem Ehrenbreitsteiner Entwurf §. 50 vorgeschlagene Combination), wie denn auch in der That eine Verbindung beider dermalen wohl kaum vorkommt (cf. Runde §. 114 l. c. Roth, Bayerisches Civilrecht p. 364 f. Roth und von Meibom §. 113 p. 422 — 424).

Damit ist aber auch im Bereich der Gütergemeinschaft die Zahl der Rechtsbildungen erschöpft, deren Eigenthümlichkeiten dem Gesetzgeber gegenüber Anspruch auf Fortbestand haben. Die noch sonst vorkommenden zahllosen Gestaltungen beruhen auf Abwandelungen jener Grundtypen, und bedarf es kaum noch des Nachweises, daß in dem Chaos von Sätzen, die der Ausfluß dieser Erscheinungen sind, im besten Falle locale und momentane Pietät gegen die ererbten Anschauungen, oft genug aber auch Trägheit und Schwerfälligkeit der Rechtsbildung, Zufall und Willkür, Engheit des Gesichtskreises und Unverstand ein launenhaftes Spiel getrieben haben, und daß nicht Conservirung, sondern Ausgleichung der in ihnen zu Tage tretenden Widersprüche die Pflicht des Legislators ist.

Wie schon oben bemerkt, ist das Gebiet der Verwaltungsgemeinschaft vor einer gleichen Zerfahrenheit bewahrt geblieben, wie die Güter gemeinschaft. Kleine Differenzen in der Ausprägung identischer Grundgedanken machen keine Schwierigkeit. Indessen mögen doch zwei Punkte, auf denen die Rechte dieser Gruppe heutzutage divergiren, oder zu divergiren beginnen, wenigstens noch erwähnt werden, wenn mir auch kaum zweifelhaft scheint, daß diese Divergenzen eine weitere Scheidungen der für die Codification zu wählenden Grundlagen nicht bedingen werden. Wie der Wandel der Werthverhältnisse eine Ausdehnung der gesammten Hand auch auf werthvolle Mobiliarstücke erforderte, (cf. oben p. 315), so bedarf es gewiß auch im Bereich des Systems der Verwaltungsgemeinschaft einer Erweiterung des der einseitigen Disposition des Mannes entzogenen Illaten-Complexes. Es ist kein Grund abzusehen, warum bei Fixirung der Grenzen des letztern die Bestimmungen beider Systeme nicht parallel laufen sollten. Das p. 315 vom Gesammtgut Gesagte gilt also hier von den Illaten der Frau. Schon das Allg. Preußische Landrecht (II. 1. 232 f.) bahnte diese Richtung an,*) ihm folgte die Oldenburger Codification (Art 7), am Weitesten ging aber das Sächsische Civilgesetzbuch (§. 1675), welches die Zustimmung der Frau zu jeder Veräußerung nichtfungibler Illatenstücke erheischt. Ich halte Letzteres nicht mit Siebenhaars Commentar zu jenem Gesetzbuch für entsprechend dem Sinne des Sächsischen Rechts, welches von jeher (cf. Meine Gewere zu r. Vmsch. p. 285, 294 flg.) in der Disposition über die Fahrniß einen Act der laufenden Verwaltung sah. Dies trifft allerdings heutzutage nicht mehr überall zu. Insoweit, aber auch nur insoweit scheint mir eine Beschränkung des Mannes sowohl zulässig als auch geboten. Nur wenn man eine solche eintreten läßt, halte ich es aber auch ferner für erlaubt und mit dem Geiste des Systems vereinbar, sich noch einer andern auf die Umbildung desselben abzielenden Tendenz, welche gleichfalls der neuern Zeit angehört, bis zu einem gewissen Maße hinzugeben: ich meine derjenigen, welche das Verhältniß der Frau zu den Gläubigern des Mannes betrifft. Das Sächsische Civilgesetzbuch steht hiebei noch ganz auf dem alten Standpunkt, und in Oldenburg ist der eine Haftung der Illaten für die einseitig vom Manne gewirkten Schulden proponirende Regierungs-Entwurf hierin von den Ständen mit Hinweis auf das Princip der Verwaltungsgemeinschaft reprobirt worden. (Cf. Motive p. 26 f. und Commissionsbericht zu Art. 11 des Entwurfs p. 922). Auch sonst ist eine Haftung der Frau für die Schulden des Mannes auf diesem Gebiete noch nirgends durchgeführt worden. Wohl aber fehlt es nicht an Anläufen zur Entziehung der der Ehefrau bisher gewährten Dotalprivilegien. Nachdem man früher bestrebt gewesen war, dem Mißlichen derselben durch Einrichtung von Privilegienbüchern und Ingrossationsvorschriften vorzubeugen, sucht man jetzt theils durch Beschränkung der Restitutionsansprüche der Frau den Gläubigern ihres Mannes gegenüber (Oldenburg Art. 13 §. 3), theils wenigstens

*) Aehnlich auch im Entwurf von Runde Art. 5 und Völderndorf Art. 28. 29.

durch Beseitigung jeglichen Vorzugsrechts für die Illatenforderung zu helfen. Diesen Weg hat zuerst und gemäßigt die Preußische Concursordnung von 1855 (ihr folgt der Völdernndorff'sche Entwurf Art. 42) eingeschlagen, indem sie in Concursen der Handelsleute, Fabrikbesitzer und Schiffsrheder das privilegium exigendi aufgehoben und es überall sonst an die letzte Stelle verwiesen, auch nur subsidiär, soweit nicht Vindication oder Hypothek reichen, zugelassen hat. Der Entwurf der Deutschen Gemeinschuldordnung von 1873 hat es aber schlechthin aufgehoben (§. 60 — 63, 42, 43 cf. Motive p. 225 — 232, 335 — 340), Diese Bestimmung würde das Princip der unbedingten Restitutionspflicht allerdings unberührt lassen und nur deren Geltendmachung gegen Dritte beschränken. Hiefür sprechen auch vom Standpunkt des öffentlichen Credits aus sehr triftige Gründe, und man kann darin sogar eine Wieder-Annäherung an die ältern noch nicht romanisirten Grundsätze des Sächsischen Rechts erblicken, in welchem man vergebens nach Analogien der Dotalprivilegien sucht. Allein dieses ältere Recht basirte bezüglich der Restitutionsfrage überhaupt auf einem andern Princip (cf. Meine Gewere z. r. Vmsch. §. 32 und 33), und das Werthverhältniß der Dinge ist heutzutage ein so völlig anderes geworden, daß eine Zurückführung auf die älteren Grundsätze an und für sich mißlich bleibt. Trotz Pfandrechtstitel, Einhandsgut und Provocatio ad illata würde ich daher die vorgeschlagene Neuerung mit dem dermaligen System nur in der Voraussetzung für vereinbar erachten, daß die Nothwendigkeit des Consenses der Frau zu Dispositionen des Mannes auch auf solche Mobiliarstücke erstreckt würde, die neben dem Grundbesitz heutzutage als die eigentlichen Werthträger in unserem socialen Leben zu gelten haben. Ohne dieses Correlat würde das ganze System bedenklich erschüttert werden, da dasselbe, wie es doch einmal geworden ist, auf der Basis beruht, daß wie Kindergut (wo es jener Entwurf auch nach wie vor anerkennt) so auch Frauengut weder wächst noch schwindet.

Sei dem aber auch, wie ihm wolle, all' diese Divergenzen hindern keinenfalls, das System der Verwaltungsgemeinschaft einheitlich auf derselben Basis zu errichten.

Auf vierfacher Grundlage ist also das Deutsche eheliche Güterrecht zu codificiren. Um ein Bild zu geben, wie sich demgemäß die Sache gestalten würde, und zugleich die Gegensätze der vier Typen recht ins Licht zu stellen, skizzire ich deren wesentlichen Inhalt, ohne juristische Formulirung:

I. Verwaltungsgemeinschaft.

1) Der Mann vereinigt das Vermögen der Frau auf die Dauer der

Ehe mit dem seinigen in seiner Hand behufs einheitlicher Wirthschaft, indem er im Interesse dieser letzteren die Frau kraft seines Rechts und kraft seiner Pflicht als Haupt des Hauses in der Ausübung aller ihrer Vermögensrechte vertritt. Soweit diese seine Befugniß reicht, ist die Frau unfähig, allein zu handeln, dergestalt, daß ihre einseitigen Acte absolut, d. h. nicht blos für den Mann, sondern auch für die Frau und deren Erben nichtig sind und bleiben.*)

2) Das Vertretungsrecht des Mannes beruht nicht auf einem besondern Willensact der Frau (Illation), sondern auf dem Gesetz, aber dieses behält ihr gewisse, dem persönlichen Gebrauch dienende Stücke vor, und auch die Frau selbst, sowie deren Schenkgeber oder Erblasser können unter besonderen Voraussetzungen das Recht des Mannes durch einen Willensact ausschließen (Receptiengut).

3) Da dem Manne nur die Ausübung der Vermögensrechte der Frau auf die Dauer der Ehe zukommt, nicht die Vermögensrechte selbst, so hat die Frau resp. deren Erben nach Beendigung der Ehe dem Manne resp. seinen Erben gegenüber den Anspruch auf Rückgabe der ganzen inferirten Vermögenssubstanz, soweit sie nicht durch Zufall untergegangen ist, in Natur oder im Surrogat oder dem Werthe nach. Die Rechte der Frau sind mindestens durch Vindication (auch der Surrogate) und Pfandrechtstitel, indirect durch Zulassung einer Provocatio ad illata, zu sichern.

4) Der Mann vertritt zwar die Frau im Betreff ihres Vermögens, m Besitz, Genuß, Verwaltung, Disposition und in der Geltendmachung gegen Dritte nach freiem Ermessen, aber mit der Beschränkung, daß ihr die den eigentlichen Grundstamm und Stock ihres Vermögens bildenden Objecte in Natur verbleiben müssen. Deshalb sind

a) der Frau gegenüber nichtig und die Objecte von ihr schon während der Ehe ohne Beitritt des Mannes vindizirbar, alle von diesem einseitig vorgenommenen Veräußerungen der p. 315. bemerkten Illatenstücke, und überhaupt alle dort aufgezählten Geschäfte, auch wenn sie andere Illaten betreffen,

b) die sämmtlichen Illaten der Frau nicht haftbar für die einseitig vom Manne gewirkten Schulden,

und nur so weit die einseitige Dispositionsbefugniß des Mannes reicht, ist er auch zur alleinigen Vertretung der Frau Dritten gegenüber befugt und verpflichtet.

5) Der Frau stehen an des Mannes Vermögen keinerlei Rechte zu, soweit ihr das Gesetz nicht ausnahmsweise die Stellung des Mannes ein-

*) Das ist der Sinn der ehelichen Vormundschaft (cf. Meine Gewere z. r. Vmsch. §. 9). Ich glaube das Gesetz wird wohlthun, den Ausdruck ebenso festzuhalten wie den Begriff.

räumt (dauernde Behinderung des Mannes, Schlüsselgewalt). Wohl aber hat sie dem Manne gegenüber den Anspruch, daß er sie theilnehmen läßt am Besitz, Gebrauch und Genuß des geeinigten Guts, sowie an dessen Verwaltung in ihrem Kreise (Haushalt).

6) Die Illaten der Frau sind haftbar nur für die von ihr mit Genehmigung des Mannes während der Ehe gewirkten Schulden, nicht minder für ihre vorehelichen und alle ihre Delictsschulde.

7) Was die Frau durch ihre Arbeit und Thätigkeit erwirbt, wird Eigenthum des Mannes — es sei denn, daß sie mit dessen Genehmigung einen selbständigen Erwerbszweig betreibt.

8) Mit Auflösung der Ehe trennt sich das beiderseitige Vermögen in der Weise, daß die Ehefrau resp. deren Erben vom Ehemanne resp. seinen Erben ihr eingebrachtes Vermögen zurückerhalten (Nr. 3). Der Ueberlebende erbt eine Quote resp. das Ganze des Nachlasses des Verstorbenen, und zwar einen um so reichlicheren, Erbtheil, je fernere Verwandte des Verstorbenen mit ihm concurriren. Sind Kinder vorhanden, so tritt Beisitz unter Abtheilung auf dem Papier ein.

9) Letztwillig verfügt jeder Gatte frei über das seinen Nachlaß bildende Vermögen, vorbehaltlich der Unantastbarkeit eines Pflichttheils des Ueberlebenden.

II. Allgemeine Gütergemeinschaft auf Grundlage der gesammten Hand.

A. Während der Ehe.

1. Mit Abschließung der Ehe wird das gesammte beiderseitige Vermögen zu einer im gemeinsamen Eigenthum beider Gatten stehenden Masse vereinigt. Ausgenommen sind nur diejenigen Vermögensstücke, welche

a) nach dem Gesetz nicht in die Masse fallen können,

b) nach einem *vor* der Ehe geschlossenen, zu publicirenden Vertrag oder durch einen in den gesetzlich zulässigen Fällen *während* der Ehe geschlossenen, zu publicirenden Vertrag beider Gatten Sondergut werden sollen,

c) nach der zu publicirenden Bestimmung eines Schenkgebers oder Erblassers Sondergut werden sollen.

2) Mit denselben Beschränkungen wird alles während der Ehe von beiden Gatten oder einem derselben erworbene Vermögen gemeinsames Eigenthum beider Gatten.

3) Besitz, Gebrauch und Genuß des vereinigten Guts ist gemeinschaftlich.

4) Die Verwaltung kommt dem Ehemanne — der Ehefrau nur vermöge der Schlüsselgewalt oder in Vertretung des Mannes bei dessen

dauernder Behinderung zu. Jeder einseitige Rechtsact der Frau außerhalb dieser Sphäre ist absolut nichtig.

5) Die gerichtliche wie außergerichtliche Vertretung des Guts kommt dem Manne oder gemeinschaftlich beiden Gatten zu, je nachdem das Verfügungsrecht über das betreffende Gut dem Manne oder beiden zukommt.

6) Die Disposition unter Lebenden über das vereinigte Gut steht dem Ehemanne ausschließlich zu, jedoch mit der Beschränkung, daß er die p. 315 bezeichneten Geschäfte und die eine Veräußerung involvirende Disposition über die p. 315. bezeichneten Vermögensstücke des Gesammtguts nur in gesammter Hand mit der Frau vornehmen kann, die Geschäfte aber, welche diese Voraussetzungen nicht erfüllen, nicht blos relativ (für die Frau und ihre Erben), sondern absolut nichtig sind und auch von der Frau schon während der Ehe ohne Beitritt des Mannes im Klagewege annullirt und die veräußerten Objecte wieder zur Masse gezogen werden können.

7) Provocatio ad illata ist der Frau nachgelassen.

8) Das vereinigte Gut haftet

a) für alle während der Ehe durch einen Gatten im Kreise seiner Verwaltung (Nr. 4) gewirkten oder als Last eines Erwerbs auf ihn übergehenden oder kraft gesetzlicher Vorschrift ihn treffenden Schulden,

b) für die vorehelichen Schulden eines Gatten,

c) für die Delictsschulden eines Gatten.

9) Letztwillige Dispositionen über das gesammte Gut stehen beiden Gatten nur in gesammter Hand zu; einseitig kann jeder von beiden nur über den Antheil an dem Gesammtgut, welcher dereinst seinen Nachlaß bildet, und nur vorbehältlich der Pflichttheilsrechte des andern Gatten disponiren.

B. Nach Auflösung der Ehe.

1) Mit dem Tode eines Gatten zerfällt das vereinigte Gut in zwei Hälften, von denen die eine den Nachlaß des Verstorbenen, die andere das Vermögen des Ueberlebenden bildet.

2) Das vereinigte Gut zerfällt in dem Zustande, in welchem es sich im Augenblicke der Trennung der Ehe befindet. Jedoch ist

a) der durch den Bruch der gesammten Hand (A. sub 6) verursachte Schaden der Masse aus dem Antheil des Ehemannes, der durch einen unbefugten Rechtsact der Frau (A. sub 4) verursachte aus dem Antheil dieser zu ersetzen.

b) Der Aufwand, welcher zur Deckung der unter IV. A. sub 9 a. b. e. f. (p. 323 f.) bezeichneten Schulden gemacht worden, ist der Masse aus dem Antheil des Gatten zu ersetzen, von Seiten dessen die Schuld veranlaßt worden ist.

3) Communio prorogata findet nicht Statt, wohl aber, wenn Kinder aus der Ehe vorhanden, Beisitz unter Abtheilung auf dem Papier:. Die Erbrechte des Ueberlebenden sind neben einem gesetzlichen Voraus (im Sinne des Allg. Landrechts) dieselben wie die I. sub 8 genannten — jedoch steht ihm nach kinderloser Ehe die Berechtigung zu, statt Ausantwortung des Naturalerbtheils dessen Werth an die Erben des Verstorbenen unter vorgängiger Sicherstellung zu gewähren, und so im Alleinbesitz des gesammten Guts zu verbleiben.

III. Allgemeine Gütergemeinschaft auf der Grundlage unumschränkter Dispositionsfreiheit des Mannes.

Ich erachte mich hier einer Skizzirung überhoben, da die Grundzüge dieses Typus aus dem Gesetz über die Gütergemeinschaft der Provinz Westfalen vom 16. April 1860 prägnant hervortreten, und dieses Gesetz stets das Prototyp für dieses System abgeben wird. Es ordnet, wie oben bemerkt, auch die Communio prorogata in befriedigender Weise.

IV. Particuläre Gütergemeinschaft.

A. Während der Ehe.

1) Mit Abschluß der Ehe wird das beiden Gatten zustehende Vermögen ohne Aenderung dieser Zuständigkeit behufs gemeinsamer Bewirthschaftung zu einer Masse vereinigt — vorbehaltlich der Fälle des Sonderguts, die den II. A. sub. 1 a. b. c. bezeichneten entsprechen.

2) Vorbehältlich dieser Ausnahmen fällt auch das von einem oder dem andern Gatten während der Ehe erworbene Vermögen ohne Aenderung seiner Zuständigkeit, wenn es eben Errungenschaft, d. h.

a) entweder Rente von dem Vermögen eines oder beider Gatten, —

b) oder Rente von der Arbeit und Thätigkeit eines oder beider Gatten ist, als gemeinschaftliches Eigenthum zu gleichen Theilen in die Masse des vereinigten Guts.

3) 4) 5) 6) 7) sind äqual den gleichen Nummern sub. II A.

8) Für alle während der Ehe von einem Gatten im Kreise seiner Verwaltung (Nr. 4) gewirkten Schulden, desgleichen für alle von einem Gatten mit Zustimmung des andern oder von beiden gemeinschaftlich contrahirten Schulden (Eheschulden) haftet das gesammte vereinigte Gut.

9) Nur die Illaten und die halbe Errungenschaft eines Gatten haften für dessen Sonderschulden. Sonderschulden sind:

a) die vorehelichen Schulden,

b) die Delictsschulden,

c. die lediglich dinglich auf den Illaten radicirten Schulden, z. B. Auszugsleistungen,

d) die in der Person eines Dritten entstandenen, mit dem Erwerb eines Illatums übergegangenen Schulden, z. B. ererbte,

e) die kraft gesetzlicher Bestimmung aus dem persönlichen Verhältniß eines Gatten fließenden Schulden (z. B. Alimentationsverpflichtungen),

f. Schulden, welche ihrem dem Gläubiger bei der Contrahirung bekannten oder bekannt gemachten oder nur durch eignes Verschulden unbekannt gebliebenen Zwecke nach im ausschließlichen Interesse des contrahirenden Gatten gewirkt sind (z. B. Zech- und Spielschulden).

10) = II. A. Nr. 9.

B. Nach Auflösung der Ehe.

1) Das vereinigte Gut löst sich, wenn auch nicht realiter, so doch durch Abtheilung auf dem Papier mit dem Tode eines Gatten definitiv auf. Communio prorogata findet nicht Statt.

2) Die Auflösung erfolgt in der Weise, daß, wenn nach Deckung resp. Abrechnung der Eheschulden aus dem vereinigten Gut noch ein Activbestand bleibt, jeder Gatte resp. sein Erbe die inferirten Vermögensstücke, sofern sie in die p. 310 f. skizzirten Kategorien fallen und solchen Falls der Kürze halber als „rückfällige" Illaten bezeichnet werden mögen, entweder in Natur oder dem Werthe nach, nach ihrem Stande zur Zeit der Illation, zurückerhält, der Rest des bisher vereinigten Guts aber zur Hälfte dem Ueberlebenden zusteht, zur Hälfte zum Nachlaß des Verstorbenen gehört.

3) Die Scheidung des vereinigten Guts in zwei Massen hat in folgendem Maße statt;

a) der überlebende Gatte hat das vereinigte Gut nach seinem Activ- und Passivbestand anzugeben und auf Verlangen der Erben des anderen eidlich zu manifestiren. Wer einen Bestandtheil des ersteren als rückfälliges Gut anspricht, hat diese Eigenschaft zu erweisen;

b) soweit rückfälliges Gut noch in Natur vorhanden ist, fällt es nebst seinen noch vorhandenen Accessionen in die Masse des Inferenten,

c) eben dahin fällt das Surrogat für dergleichen Gut,

d) ist ein Theil oder Stück des letztern weder in Natur noch im Surrogat mehr vorhanden, so ist für dasselbe aus dem vereinigten Gut der Masse des Inferenten Werthersatz zu leisten, es sei denn, daß es mit seiner vorbehaltlosen Genehmigung oder durch sein Verschulden oder durch Zufall nicht mehr vorhanden ist,

e) die während der Ehe oder anläßlich ihrer Auflösung aus dem rückfälligen Gut des einen Gatten in das des anderen oder in das gemeinschaftliche Gut gemachten Aufwendungen, insonderheit die zur Deckung der Eheschulden gemachten, sind der Masse des erstern zu vergüten, wogegen die auf dasselbe aus dem rückfälligen Gut des andern Gatten oder aus dem gemeinschaftlichen Vermögen gemachten Aufwendungen aufgerechnet werden,

f) der nach Ausscheidung der beiderseitigen rückfälligen Güter und deren Ergänzung aus dem vereinigten Gut von diesem letztern verbleibende Rest fällt je zur Hälfte in die eine und die andere Masse.

4) Reicht das gemeinschaftliche Gut ohne Heranziehung der rückfälligen Güter nicht aus, oder sind diese bereits ohne zureichende Deckung aus der Gemeinschaft veräußert oder sonst abhanden gekommen, liegt also Verrungenschaft vor, so haben beide Gatten resp. deren Erben diese zu gleichen Theilen zu übernehmen, und wenn die Deckung ungleichmäßig erfolgt ist, dieselbe unter einander auszugleichen. Die übrigbleibenden rückfälligen Güter stellen das Vermögen des Ueberlebenden resp. den Nachlaß des Verstorbenen dar.

5) Die Erbrechte des Ueberlebenden sind neben einem gesetzlichen Voraus dieselben wie die I sub 8 genannt. Bei beerbter Ehe findet Beisitz Statt.

Dieß ist etwa der in vierfacher Parallele liegende Rechtsstoff, welchen seine Codification juristisch zu formuliren haben würde, um das im gesammten Deutschland noch lebendige und lebensfähige Recht zum gesetzlichen Ausdruck zu bringen. Daß dazu, d. h. also zur Hauptsache, nur die Factoren der Reichsgesetzgebung befähigt und befugt erachtet werden können, ist oben gezeigt. Damit ist aber auch dem Erforderniß der Einheitlichkeit der Legislation und dem Rechte der diese Einheitlichkeit zu vertreten berufenen Reichsgewalt Genüge geschehen. Bei der weitern Realisirung des Gedankens tritt, wie mir scheint, der Individualismus in sein Recht.

Wie soll man den verschiedenen Theilen und Kreisen des Volkes den Zugang gerade zu derjenigen Güterordnung eröffnen, welche seinen Rechtsanschauungen, Gewohnheiten und Bedürfnissen am Meisten entspricht? Man könnte ja auch hier wieder daran denken, die Entscheidung der Reichsregierung zu überlassen. Schröder hält es für zulässig, ohne sich gerade dafür auszusprechen. (Gutachten p. 40). Mich dünckt aber, die andere Alternative sei die einzig statthafte. Hat das Deutsche Rechtsbewußtsein in dieser Sphäre wirklich je nach den verschiedenen Staaten, Stämmen und Landschaften so verschiedene Ordnungen erzeugt, daß sie sich auf ein einheitliches System nicht reduciren lassen, so kann eine Aussage darüber, welche von diesen Ordnungen gerade hier oder gerade dort den Rechtsanschauungen des Volks, seinen Sitten und Bedürfnissen entspricht, eben nur innerhalb der Kreise und aus der Mitte der Kreise heraus erstattet werden, um deren Rechtsleben es sich handelt. Bei einer Entscheidung im Reichstage würde aber etwa der Schwabe diese Frage auch für Ostpreußen, der Oldenburger auch für Bayern mit zu entscheiden haben. Dazu ist er nicht geschickt, wenn er, wie er doch soll, unmittelbar aus dem Leben und aus dem Volke heraus Zeugniß ablegen und nicht blos ein Gutachten über die in abstracto vorzüglichste Gestaltung geben will. In der That sind es doch auch die Nächstbetheiligten, welchen innerhalb derjenigen Schranken, die von Reichswegen zur Verhütung willkürlicher Zersplitterung im Voraus gezogen sind, die Entscheidung von Rechtswegen gebührt. Das eheliche Güterrecht ist bei uns von jeher überwiegend dispositiver Natur gewesen, und wird und muß es immer bleiben. Dieses dispositive Element, auf größere, organisch gegliederte Kreise übertragen, erweitert sich zur Autonomie, und wenn eine lebenskräftige Reichsgesetzgebung solche auch niemals wieder so wild wuchern lassen kann, wie im Mittelalter, so wird sie ihr doch da, wo sie hingehört, den Platz nicht verkümmern.

Wenn sonach die Entscheidung den Factoren der Reichsgesetzgebung nicht anheimgegeben werden kann, so fragt es sich, welchen andern? Man könnte nämlich zweifeln, ob die Landesgesetzgebungen dazu geschickt seien? Die politischen Grenzen sind auch heutzutage bei Weitem nicht die Grenzen der Güterrechtsgebiete. Beide kreuzen sich vielfältig. Indessen dieser Umstand könnte die Factoren der Territorial-Legislation für jene Entscheidung doch nur insoweit unbefähigt erscheinen lassen, als innerhalb desselben Territoriums verschiedene Rechtsgebiete liegen, deren abgegrenzte Aufrechterhaltung überhaupt in Frage kommen kann. Dies wird, abgesehen von Bayern, voraussichtlich nur in Preußen der Fall sein. Dort wird man aber auch unbedenklich, wie bisher geschehen, die berathende Mitwirkung der Provinzialstände heranziehen. Die übrigen Staaten werden ziemlich homogene Rechtsgebiete abgeben. Uebel ist nur Bayern daran. Hier liegen, abgesehen von der Rheinpfalz, die Rechtsgebiete der Allgemeinen und der Particulären Gütergemeinschaft so durcheinander, daß sich hier eine provinzielle Scheidung, etwa nach den Sprengeln der (künftigen) Oberlandesgerichte schwer durchführen lassen würde. Ob dies dennoch geschehen kann, oder ob man, wenn man einmal auch in engern Bezirken das minder verbreitete oder mehr isolirte System durch ein vorwaltendes absorbiren lassen muß, nicht vorzieht, alsbald für das ganze Land ein und dasselbe anzunehmen, darüber darf und muß gewiß der Landesgesetzgebung die Entscheidung vorbehalten werden.

Weiter als bis zu den Einzelstaaten, groß oder klein, wie sie sein mögen, bis zu den Provinzen (im Preußischen Sinne) und äußersten Falls als Nothbehelf für Bayern bis zu den Oberlandesgerichts-Bezirken (im Sinne der künftigen Gerichts-Organisation) wird aber mit Rücksicht auf das moderne Verkehrsleben die Individualisirung gewiß nicht herabgehen dürfen. Wenn das Reichsgesetz aber diese Schranke zieht, so wird auch keine Besorgniß obzuwalten brauchen, daß die Grenzen der zu schaffenden vier Rechtsgebiete unkenntlich oder allzu verschlungen werden würden. Wäre Bayern in der Lage, seine Rechte auf ein einziges System zurückzuführen, was nur auf der Basis der Particulären Gütergemeinschaft geschehen könnte, so würde, vor die Wahl unter den vier Typen gestellt, vermuthlich eine mittlere Zone von Deutschland, wie sie durch die Provinz Schlesien, das Königreich Sachsen, durch Thüringen nördlich des Waldes, Anhalt, die Provinzen Sachsen, Brandenburg und Hannover, durch Waldeck, Oldenburg und vielleicht Holstein gebildet wird, die Verwaltungsgemeinschaft wählen, die davon südlich und westlich gelegenen Deutschen Lande für die beschränkte, die nördlich und östlich gelegenen für die allgemeine Gütergemeinschaft auf der Basis der gesammten Hand optiren, Westfalen aber mit Lippe, vielleicht selbst mit Hamburg und Bremen, Schleswig und Pommern sich für die unbeschränkte Dispositionsbefugniß des Mannes erklären.

Dies möchte ungefähr das Bild der Rechtszustände sein, zu welchen der von mir für die Codification vergeschlagene Weg führen würde. Auf diesem Wege wird man hoffen dürfen, das Heiligthum des Rechtsgefühls und der Rechtssitte aller Orten im Deutschen Volke unangetastet zu lassen und doch der Einheitlichkeit des Rechts zu geben, was ihr gebührt. Ja, wenn man jene Autonomie nur ernstlich aufrecht erhält, wird es immerhin noch in der Hand des Gesetzgebers liegen, wenn er findet, daß auch in dieser Partie der Zug der Entwicklung entschieden und nachhaltig nach der Seite der Einheit hingeht, denselben mächtig zu fördern durch die Art, wie er das Verhältniß der zur Wahl aufgestellten Systeme bestimmt. Er kann alle vier ebenbütig neben einander stellen, er kann aber auch (nach der Weise des Allg. Preuß. Landrechts) das eine oder das andere dergestalt in den Vordergrund schieben, daß es ohne Weiteres maßgebend wird, wenn und soweit die particularrechtliche Autonomie nicht entgegentritt. Damit erhebt er die Einheit zum Princip, setzt das eine System sozusagen in den Besitz der Hegemonie, und stellt es unmittelbar in Wirkung, soweit nicht die Factoren der Territorialgesetzgebungen aus eigener freier Initiative ein Ausnahmerecht schaffen wollen und sich über dessen Auswahl zu einigen vermögen. Daß damit die Unification wesentlich gefördert und der Zug zur Einheit in das gewollte und vorgesehene Geleis geleitet wird, ist durch den Vorgang des Allg. Preuß. Landrechts bewährt, und liegt ebenso in der Natur der Sache wie der formale Gewinn, den daraus die

Architektonik des Gesetzes ziehen würde. Nur setzt diese Behandlung der Sache voraus, daß man eine der vier Güterordnungen wenn auch nicht für die objectiv und absolut beste, so doch für diejenige erklären darf, welche im **Allgemeinen** und abgesehen von ihrem historischen Verhältniß zu bestimmten einzelnen Landes- oder Volkstheilen die **vorzügliche** ist. Ob man sich darüber, welche dieß sei, in gerechter und unbefangener Weise wird einigen können, steht dahin. Es ist eine Frage von abstracterer Tendenz. Vortreffliches Material zu ihrer Beantwortung, und zwar nach zwei entgegengesetzten Seiten hin, liefern die Arbeiten von Beaulieu-Marconnay, Binding, Euler, — vielleicht blickt aus obigen Ausführungen meine Vorneigung für die Verwaltungsgemeinschaft durch, der ich meines Orts allerdings als dem am Meisten auf Universalität angelegten Systeme jene Hegemonie gönnen würde. Andere jedoch anders! Schwerlich wird sich die Frage nach rein sachlichen, technisch-juristischen Gesichtspunkten entscheiden lassen, noch wird sie nach diesen dermaleinst entschieden werden.

Indem ich dieselbe daher offenhalte, fasse ich schließlich mein ganzes Gutachten dahin zusammen:

1) Die Codification des Deutschen ehelichen Güterrechts ist durch ein „**einheitliches Gesetz**" und also durch die **Reichsgesetzgebung** in's Werk zu setzen, nicht aber der Landesgesetzgebung zu überlassen und vorzubehalten.

2) Die Codification hat **nicht auf einheitlicher**, **sondern auf vierfacher Grundlage** zu erfolgen, nämlich

a) auf der der **Verwaltungsgemeinschaft**,

b) auf der der **beschränkten Gütergemeinschaft**,

c) auf der der **allgemeinen Gütergemeinschaft mit gesammter Hand**,

d) auf der der **allgemeinen Gütergemeinschaft mit unbeschränkter Disposition des Ehemannes** und communio prorogata.

3) Die **Auswahl** unter diesen vier Systemen ist den **für Landes-resp. Provinzialrecht** competenten Gesetzgebungs-Gewalten zu überlassen.

XVI.

Gutachten des Herrn Obertribunalraths Köstlin in Stuttgart

über die Gesetzgebungsfrage:

Soll im Falle der Freisprechung (oder der Nichterhebung der Anklage) für die Untersuchungshaft eine Entschädigung gewährt werden?

Die wiederholt zur Begutachtung gestellte Frage ist bei der ständischen Berathung der Württemberg'schen Strafprozeßordnung vom 17. April 1868 in mehrfachen Beziehungen zur Erörterung gekommen, und es dürfte das Ergebniß für den deutschen Juristentag nicht ohne Interesse sein.

I.

Art. 256 des Württembergischen Gesetzes bestimmt, daß die Kosten der Voruntersuchung und der etwa verhängten Haft des Beschuldigten im Falle der Einstellung, soweit sie durch schuldhafte Handlungen des Verdächtigen oder eines Dritten veranlaßt wurden, dem Schuldigen aufzuerlegen sind, während dieselben, soweit eine Verurtheilung nicht erfolgt, der Staatskasse zur Last fallen. — Hiezu hatte der Berichterstatter der Justizgesetzgebungs-Commission der Kammer der Abgeordneten einen Zusatz beantragt, durch welchen ausgesprochen werden sollte, daß im Falle eines

Einstellungsbeschlusses auch der Verdächtige, beziehungsweise Beschuldigte, wenn er nicht wegen eigenen Verschuldens zum Kostenersatz oder wenigstens zur Uebernahme seiner Kosten verurtheilt wird, in demselben Maß wie ein Zeuge für seine Zeitversäumniß zu entschädigen sei. Der Berichterstatter bezeichnete dies als eine Forderung der Gerechtigkeit, wie denn sogar verdächtige Mitschuldige, welche vorläufig blos als Zeugen vernommen wurden, Zeugengebühren erhalten.

Die übrigen Commissionsmitglieder erklärten sich jedoch mit dem Vorschlage nicht einverstanden. Sie führten an, daß bis dahin in der Literatur für einen solchen Anspruch des Beschuldigten auf Entschädigung bei Haft nur wenige Stimmen aufgetreten seien, und daß selbst die Grundrechte des deutschen Volks den Anspruch auf den Fall einer widerrechtlich verfügten oder verlängerten Gefangenschaft beschränken, bei welcher der Schuldige oder nöthigenfalls der Staat dem Verletzten zur Entschädigung verpflichtet sein soll.

So weit ein Verschulden eines Einzelnen, insbesondere des Richters, nicht vorliege, erscheine das Erleiden einer Untersuchungshaft oder die Einnahme der Stellung des Beschuldigten ohne das Ergebniß einer Verurtheilung als ein Casus. Allerdings liege hierin, falls der Beschuldigte die Handlung, deren er beschuldigt wurde, in der That nicht begangen habe, ein bedeutendes durch die Staatsgewalt ihm auferlegtes Opfer; allein factisch habe häufig ein Einstellungsbeschluß zu erfolgen, ohne daß der Beweis völliger Schuldlosigkeit erbracht sei. Eine Entschädigung in solchen Fällen würde dem Beschuldigten zu besonderer Befriedigung gereichen.

Werde aber die Verpflichtung zur Entschädigung auf Fälle des vollen Beweises der Schuldlosigkeit bei Einstellung und Freisprechung beschränkt, so werde eine neue Art von Instanzentbindung geschaffen. Derjenige dagegen, welchem eine Verpflichtung zur Entschädigung nicht zuerkannt werde, erhalte hiermit eine levis notae macula. Auch würde, da ein positiver Ausspruch über Nichtschuld verlangt werde, das Verfahren über den Zweck des Strafverfahrens hinaus ausgedehnt.

Wenn in Zukunft einmal die Auffassung dahin gehe, daß der Staat für jedes Opfer, das er, wenn auch in Anwendung allgemeiner Grundsätze, von dem Einzelnen beansprucht, zu entschädigen habe, so werde allerdings auch in Fällen, wie der vorliegende, ein Entschädigungsanspruch anerkannt werden.

Der Antrag des Berichterstatters hatte hienach keine Folge.

II.

Zu Art. 343 des Entwurfs (Art 339 des Gesetzes), welcher bestimmt, daß die Kosten, soweit nicht eine Verurtheilung in dieselben erfolgt, oder der zu ihrer Bezahlung Verurtheilte sie nicht zu erstatten vermag, der Staatskasse zur Last fallen, gab die Commission der Kammer der Abgeordneten in ihrem Bericht folgende Ausführung:

„Mit der Entbindung von den Kosten des Strafverfahrens und der Haft ist dem Freigesprochenen der materielle Schaden, den er durch die Untersuchung und Haft erlitten hat, nicht ersetzt. Der Schaden am Credit ist ohnehin imponderabel; er wird auch durch die Freisprechung einigermaßen reparirt. — Positive Auslagen und entgangener Gewinn in Folge der Abwesenheit von Haus und Geschäft dagegen können in Geld bemessen werden. Es ist eine Forderung des Rechts und der Billigkeit, daß dieser Schaden ersetzt werde, soweit er nicht auf Zufall, d. h. auf einem von dem Betroffenen verschuldeten falschen Schein der Schuld beruht. Die Schwierigkeit bietet nur die häufig eintretende Unmöglichkeit der Unterscheidung, ob die Freisprechung auf bloßem Mangel am Beweis der Schuld oder positivem Beweis der Nichtschuld beruht. Nur im letzteren Falle liegt ein Verpflichtungsgrund zum Schadenersatz vor. Der wegen Mangels an Beweis Freigesprochene kann aber ebenso schuldlos sein, alv der, dessen Unschuld erwiesen ist. Der Nichtersatz bei Jenem würde daher dem Rechtsgefühl im Volk noch weniger genügen, als wenn keiner von Beiden Ersatz erhält. Hienach weiß Referent einen Antrag auf Schadenersatz an den Freigesprochenen nicht zu begründen.

Dagegen ist es ein längst gefühltes Bedürfniß der Gerechtigkeit und ausführbar, dem ohne Grund Verurtheilten, dessen Schuldlosigkeit manchmal erst nach Zerstörung seiner körperlichen und geistigen Integrität, seines Nahrungsstands und Familienglücks an den Tag kommt, den Ersatz zu leisten, der überhaupt möglich ist. Ein Rechtsanspruch hierauf ist bisher nicht anerkannt gewesen, und doch ist gerade die Anerkennung des Rechts als solchen durch den Staat zur Sühne des Unrechts nothwendig, welches durch Mängel seiner gesetzlichen Einrichtungen oder menschliche Schwäche seiner Organe für Rechtsprechung entstanden ist. Erkennt man eine Ersatzpflicht an, so muß die Staatskasse primär, nicht blos aushilfsweise verpflichtet, und kann dem Beschädigten nicht zugemuthet werden, vorher den häufig schwer zu ermittelnden Urheber seines Unglücks anzuklagen."

Demgemäß wurde von der Commission der Zusatz beantragt:

Einem Verurtheilten, dessen Schuldlosigkeit an den Tag kommt, ist der von ihm nicht verschuldete Schaden durch die Staatskasse zu ersetzen, vorbehaltlich des Rückgriffs an die Schuldigen.

Bei wiederholter Berathung erklärte die Commission, daß sie, auch falls dritte Personen, wie Zeugen, die Schuld tragen, der Billigkeit entsprechend finde, den Verurtheilten für die erlittene Strafe zu entschädigen, weil die Strafe zugleich im Interesse der Gesammtheit verhängt werde.

Unter Zustimmung der Kammer, der Standesherren und der Staatsregierung wurde die beantragte Bestimmung als Abs. 2 des Art. 484 in das Gesetz aufgenommen.

III.

Wie in diesem Fall die principale Verpflichtung der Staatskasse, dem Verurtheilten, dessen Schuldlosigkeit an den Tag kommt, den nicht von ihm verschuldeten Schaden zu ersetzen, ohne jegliche beschränkende Voraussetzung, nur mit Vorbehalt des Rückgriffs an die Schuldigen, anerkannt ist, so legt der Art. 95 der Stafproceßordnung der Staatskasse eine subsidiäre Verbindlichkeit zur Entschädigung auf im Falle einer aus Vorsatz oder grober Fahrlässigkeit widerrechtlich verfügten oder verlängerten Untersuchungshaft.

Der Artikel 95 lautet:

> Wenn im Laufe der Voruntersuchung die Gründe wegfallen, aus welchen die Haft verhängt war, und andere diese rechtfertigende Umstände nicht vorhanden sind, so muß die Freilassung des Beschuldigten verfügt werden.
>
> Im Falle einer aus Vorsatz oder grober Fahrlässigkeit widerrechtlich verfügten oder verlängerten Gefangenschaft ist der Schuldige dem Verletzten zur Genugthuung und vollen Entschädigung verpflichtet.
>
> Sollte die zuerkannte Entschädigungssumme uneinbringlich sein, so hat die Staatskasse vorbehaltlich ihres Rückgriffs auf den Schuldigen einzutreten.

Die Aufnahme der Absätze 2 und 3 dieses Artikels erfolgte auf den Antrag der Commission der Kammer der Abgeordneten. Dieselbe war bezüglich des Abs. 2 einstimmig der Ansicht, daß für Aufnahme dieser, schon bestehendes Recht enthaltenden Bestimmung in die Strafproceßordnung Gründe entschiedener Zweckmäßigkeit sprechen. Der Absatz 3 wurde auf Grund eines Majoritätsbeschlusses der Commission angenommen; die Minorität hatte sich dagegen ausgesprochen, da die fragliche Bestimmung staatsrechtlicher Natur sei, die auch sonst vielfach erhebliche Frage der Haftbarkeit des Staats für Handlungen der Staatsdiener in einer den vorliegenden Fall leicht überwiegenden Weise regele und angemessener hier deshalb keine Stelle finde.

Seit der Einführung der Strafproceßordnung (1. Februar 1869) sind keine Fälle bekannt, in welchen die vorstehenden gesetzlichen Bestimmungen in Württemberg zur Anwendung gekommen wären.

Dagegen wurden unter ähnlichen Verhältnissen aus Billigkeitsgründen durch Königliche Entschließung Entschädigungen aus der Staatskasse im Gnadenweg bewilligt, so

in den Jahren 1853 und 1857 an einem auf Grund eidlicher Zeugenaussagen vom Schwurgericht wegen Raubs zu zwölfjährigem Zuchthaus Verurtheilten, dessen Schuldlosigkeit sich nach dreijähriger Gefangenschaft herausstellte, Unterstützungen im Betrag von 50 fl. und 100 fl. und

in den Jahren 1867 und 1872 an die Wittwe eines im Jahr 1852 wegen Anstiftung zum Diebstahl mit zweimonatlichem Gefängniß Bestraften, welcher in der Folge durch Wiederaufnahme des Verfahrens nach Wegfall eines erheblichen Zeugnisses seine Freisprechung erwirkt hatte, als Entschädigung für den demselben erwachsenen Schaden Gnadengeschenke von 50 fl. und 200 fl.

Desgleichen wurden seit 1869 Entschädigungen aus der Staatskasse für schuldlos erlittene Untersuchungshaft nach Einstellung des gerichtlichen Verfahrens von dem Königlichen Justizministerium in mehreren Fällen verwilligt, in welchen eine Verfehlung oder Verschuldung, wie sie die Anwendung des Art. 95 Abs. 2 und 3 der Strafproceßordnung voraussetzt, nicht vorlag.

Nekrolog

des Oberappellationsgerichtsraths von Salpius.

Botho Ludwig Wilhelm von Salpius wurde am 31. Juli 1823 in Berlin geboren. Sein Vater, welcher sich zuerst der Rechtswissenschaft gewidmet, hatte die juristische Laufbahn verlassen, als die preußische Jugend zu den Waffen eilte, um das Joch des ersten Napoleon abzuschütteln, war dann Soldat geblieben, und war zur Zeit der Geburt Botho von Salpius' Major im preußischen großen Generalstabe. Seine Mutter entstammte einem alten Geschlechte der Provinz Preußen, von Oldenburg. Auf den Wunsch seiner mütterlichen Familie wurde unserem Salpius später (im Jahre 1855) auch der Name der letzteren beigelegt; deshalb hieß er seitdem von Salpius genannt von Oldenburg. Geschrieben hat er freilich seinen Namen nie mit dem späteren Zusatze.

Seine Schulbildung erhielt er auf dem Königlichen Friedrich-Wilhelms-Gymnasium zu Berlin, welches er, noch nicht 16 Jahre alt, um Ostern 1839 verließ. Sein Wunsch war es, Mathematik und Naturwissenschaften zu studiren. Sein Abgangszeugniß von der Schule bezeugt, daß er sich in diesen Wissenschaften „durch Selbststudium Kenntnisse verschafft, welche in dem Kreise des Gymnasialunterrichts nicht vorausgesetzt oder erwartet werden." Obgleich er dem Wunsche seines Vaters, daß er sich der Jurisprudenz widmen möge, nachgab und trotz des Eifers, mit welchem er seiner Fachwissenschaft zugethan war, hat er doch mathematischen Studien sich bis an sein Ende mit Vorliebe gewidmet. Es war nicht selten, daß noch in den letzten Jahren seines Lebens seine Freunde ihn in seinem Arbeitszimmer vor einem Tische fanden, welcher mit vielen Bogen mathematischer Berechnungen bedeckt war.

Nachdem Salpius den Sommer 1839 der Kräftigung seiner besonders n seiner Jugend zarten Gesundheit gewidmet hatte, begann er um Michaelis desselben Jahrs seine Studien auf der Berliner Universität, wobei er sich aber nicht auf die Jurisprudenz beschränkte, sondern zunächst sogar den größeren Theil seiner Zeit den cameralistischen und den Naturwissenschaften gewidmet zu haben scheint. Savigny gewann auch seine Neigung der Rechtswissenschaft. Zu Ostern 1841 ging er nach Bonn, wo besonders Bethmann-Hollweg ihnanzog, kehrte nach einem Jahre nach Berlin zurück und beendete nach einem weiteren Jahre dort seine Universitätsstudien.

Nach bestandener Prüfung trat er im April 1843 bei dem Stadtgerichte zu Berlin in den practischen Justizdienst ein, wurde 1845, nachdem er zum Referendarius ernannt war, an das Oberlandesgericht zu Marienwerder versetzt, arbeitete dann theils bei diesem Gerichte, theils bei den Land- und Stadtgerichten zu Danzig und zu Kulm und wurde im Herbste 1848 nach absolvirter großer Staatsprüfung zum Assessor bei dem Kammergerichte zu Berlin ernannt. Ein Jahr später wurde er an das Kreisgericht zu Oppeln versetzt, bei welchem ihm, unter Ernennung zum Kreisrichter, eine ordentliche Richterstelle verliehen wurde. Im März 1852 ward ihm die Stelle eines Justitiars (Forst-Assessors) bei der königlichen Regierung zu Frankfurt a. O. übertragen. Die Beschäftigung bei der Verwaltung sagte ihm aber nicht zu; er sehnte sich nach richterlicher Thätigkeit zurück, beantragte deshalb seine Wiederaufnahme in den Justizdienst und bat insbesondere, in einem Landestheile angestellt zu werden, wo gemeines Recht gilt. Dieser Wunsch ging in Erfüllung; es wurde ihm die Anstellung bei dem Kreisgerichte zu Stralsund zugesagt. Bis zur Uebernahme dieses Richteramtes fungirte er zwei Monate lang bei der Staatsanwaltschaft zu Stettin. Im Juli 1853 trat er als Mitglied in das Kreisgericht zu Stralsund ein, welches damals eine Anzahl wissenschaftlich strebsamer Richter enthielt. Hier ergriff ihn, durch praktische Thätigkeit und den Verkehr mit seinen Collegen angeregt, jene Vorliebe für gemeinrechtliche Studien, welcher wir sein Werk über „Novation und Delegation nach römischem Recht" verdanken. Dasselbe erschien im Jahre 1864 und hat seinem Verfasser einen Ehrenplatz in der juristischen Literatur gesichert. Die Universität Greifswald ernannte ihn in Anerkennung dieser wissenschaftlichen Leistung zum Doctor juris. Er erhielt Anträge wegen Uebernahme von Professuren und Richterstellen in den höchsten Gerichten kleinerer Staaten. Aber er blieb in Stralsund bis zum Jahre 1867. Das Königreich Hannover war in Preußen einverleibt. Es war eine Stelle bei dem höchsten Gerichte der neuen Provinz zu besetzen. Diese Stelle wurde unserem Salpius angetragen; er nahm sie mit Freuden an. Die neue Stellung als Ober-Appellations-Rath in Celle regte ihn zu neuen wissenschaftlichen Studien auf dem Felde des deutschen Rechts an, welche leider im Stadium umfangreicher Vorarbeiten für eine Revision der Lehre von dem deutschen ehelichen Güterrechte geblieben sind. — Das

Urtheil des Reichs-Oberhandelsgerichts zu Leipzig vom 21. Februar 1871 über den Einfluß des französischen Gesetzes vom 13. August 1870, welches den französischen Wechselschuldnern ein Moratorium gewährte, auf den im Gebiete der deutschen Wechselordnung zu nehmenden Wechselregreß veranlaßte ihn, die Abhandlung zu schreiben, welche in Goldschmidt's Zeitschrift für Handelsrecht Band 19 S. 1 ff. unter dem Titel: „Ueber die Anwendung ausländischen Rechts auf den Wechselregreß", veröffentlicht ist. Salpius bekämpft darin die Entscheidung des Oberhandelsgerichts und eröffnet auf Grund historischer Forschungen neue Gesichtspunkte über die Bedeutung des Wechselprotestes, welche neues Licht über diese Materie verbreiten. — Sein letztes, erst nach seinem Tode veröffentlichtes Werk ist das Gutachten, welches er für den Juristentag erstattet hat, und welches im ersten Bande der Verhandlungen des zwölften Juristentages abgedruckt ist. Es ist eine Zierde der Druckschriften des Juristentages.

Salpius hatte viel musikalisches Talent; er hatte sich schon in früher Jugend in der Composition versucht. Am 1. Juni 1874 vollendete er eine Composition des 91. Psalms („Trost in Sterbensgefahr") und brachte die Noten in eine Reinschrift, um letztere seiner auf einer Besuchsreise abwesenden Gattin bei ihrer Rückkehr zu übergeben. Am Abend desselben Tages machte er mit seinen Kindern einen Spaziergang, überwachte noch in derselben Nacht während eines heftigen Gewitters diese Kinder und begab sich bald nach Mitternacht zur Ruhe. Am Morgen des 2. Juni blieb er länger in seinem Schlafzimmer als gewöhnlich. Seine älteste vierzehnjährige Tochter, welche ihn wecken wollte, fand ihn todt in seinem Bette. Ein Herzschlag hatte seinem Leben jäh ein Ende gemacht; die ruhigen Gesichtszüge des Entseelten ließen darauf schließen, daß der Tod über ihn gekommen war, ohne daß er es empfunden hatte.

Salpius war ein Mann von der größten Begabung und einer Vielseitigkeit des Wissens, wie man sie selten findet, ein liebenswürdiger Mensch, ein tüchtiger Charakter. Er selbst schrieb den wesentlichsten Einfluß auf seine Bildung und die Richtung seiner Anschauungen seinem Vater, welcher als General in Berlin gestorben ist, und seinem Großvater, dem General-Landschaftsrath von Oldenburg, zu. Letzterer lebte auf seinem Gute in Ostpreußen und war früher ein naher Freund des Ober-Präsidenten von Schön gewesen. Die politische Richtung, auf welche bei wiederholten längeren Besuchen im großväterlichen Hause Salpius — vielleicht ohne daß der Großvater selbst es wollte — hingewiesen wurde, war die der Anhänger Schön's, welche man später als die alt-liberale zu bezeichnen pflegte. Salpius hat diese Richtung stets festgehalten. Er verbarg seine freisinnigen Ansichten nicht, als die Reaction in den fünfziger Jahren ihre Siege feierte und diese Offenheit ihn persönlich schädigte, aber er war auch ein entschiedener Feind demokratischer Zügellosigkeiten; er war überzeugt (wie er in einem handschriftlichen Aufsatze sagt) „von der Nothwendigkeit einer starken und geordneten Regierungsgewalt."

Als Jurist war er einer der seltenen Praktiker, welche ihr Richteramt lieben um der wissenschaftlichen Anregung willen, welche die Praxis ihnen bringt, welchen aber die eingehendsten wissenschaftlichen Studien den klaren Blick für die Beurtheilung des einzelnen Falles nicht verschließen. Seine literarischen Leistungen und seine Verdienste um die Rechtswissenschaft würden nach größer geworden sein, wenn er mehr äußeren Ehrgeiz besessen und sich nicht zu oft begnügt hätte mit dem Genusse, welchen das Forschen selbst ihm gewährte. So ist es zu erklären, daß er nicht das Bedürfniß hatte, die Resultate seiner Forschungen zusammenzustellen und zu veröffentlichen. Darum ist er nicht dazu gekommen, die lange festgehaltene Idee auszuführen, das Werk über Novation und Delegation fortzusetzen oder zu erweitern zu einer Geschichte der einschlagenden handelsrechtlichen Institute, namentlich des Wechsels. Deshalb ist die Revision der Lehre von den ehelichen Güterrechten durch ein wissenschaftliches Werk nicht erfolgt; deshalb sind noch andere literarische Pläne nicht in's Leben getreten.

Aber Dasjenige, was er für die Rechtswissenschaft geleistet hat, giebt ihm Anspruch auf unsern Dank. Und die Blätter, welche seine letzte Arbeit den deutschen Juristen vorlegen, sind wohl ein geeigneter Ort, den letzteren auch ein kurzes Lebensbild unseres Salpius zu bringen.

Sein Andenken sei alle Zeit von den Juristen in Ehren gehalten! Seine Freunde werden ihn nie vergessen!

Kühne.

Berichtigungen.

I.

In dem Verzeichniß der Mitglieder der ständigen Deputation in den Plenarverhandlungen des XI. deutschen Juristentages, Seite 365 des stenogr. Berichts, ist der Name des Appellationsgerichtspräsidenten Dr. Kühne in Celle durch ein Versehen ausgefallen.

II.

In dem Gutachten des Obergerichts-Assessor Dr. Westerkamp in Hannover über Einführung der Jury in den deutschen Civilproceß, S. 103 des ersten Bandes der Verhandlungen des zwölften deutschen Juristentages, ist die bill of rights angezogen anstatt des statute 13 Will. III. ch. 2, durch welches verordnet wurde, daß die Bestallungen der Richter des gemeinen Rechts nicht mehr wie bisher durante bono placito sondern quamdiu bene se gesserint lauten sollten; was der Verfasser hiermit berichtigt.

III.

S. 172 Z. 18 von unten l. Vormundschafts statt Vermundschafs.
S. 184 Z. 9 von unten l. Mildthätigkeit statt Mildhätigkeit.
S. 249 Z. 5 von unten l. entstanden statt enstanden.
S. 253 Z. 16 von oben l. leichte statt eichte.
S. 270 Z. 20 von oben l. der statt den.

Druck von G. Jansen in Berlin.

FSC
www.fsc.org
MIX
Papier | Fördert gute Waldnutzung
FSC® C083411

Kolibri 360 GmbH
Ferdinand-Jühlke-Straße 7
99095 Erfurt, Deutschland
produktsicherheit@kolibri360.de